세월호 침몰

-한국 재난 거버넌스의 진단-

공동성 · 심동현 · 윤기웅

도서출판 대영문화사

반성문

먼저 너무 미안하다.

세월호 침몰사고는 우리 기성세대의 잘못이다. 선장을 욕하기에 앞서, 그리고 정부를 욕하기에 앞서 우리 기성세대의 총체적 잘못이다. 저자도 한 때 침몰하는 세월호를 보면서 분노하였지만, 나 자신 또한 남을 욕할 자격이 없음을 깨닫는다. 조금이나마 속죄하는 길은 다시는 이런 일이 발생하지 않도록 준비하고 또 준비하고 그래도 사고가 난다면 국민의 생명을 구하기 위해 최선을 다할 수 있도록 우리 모두 노력하는 것이다. 이를 위해 이 책을 쓴다. 단순히 현장에 있는 사람을 욕하기에 앞서 왜 그 사람들이 그렇게 하게 되었는지를 말하고 싶어서다. 그래야 근본적인 해결책을 마련할 수 있기 때문이다. 아직 사고에 대한 공식적이고 객관적인 원인규명이 되지 않았지만 비교적 객관화된 사실을 중심으로 조심스럽게 문제점을 분석하고 그 근본원인을 규명하고자 한다. 세월호의 큰 교훈의 하나는 화려한 말보다는 묵묵히 실천하는 정의이다.

이제 대한민국은 차분한 혁명이 필요하다.

머리말

세월호 사고는 선박관리, 선원관리, 여객선운송사업 관리 · 감독, 해상인명구조, 수로관리 분야에 큰 충격을 주었고 정부의 대비 · 대응태세에 대한 의문을 제기하였다. 세월호 사고는 교통사고이고 이러한 종류의 사고에 대한 대비 · 대응태세의 확립은 정부의 상시적 업무에 해당한다. 상시적 업무라는 것은 이러한 것을 준비할 수 있는 충분한 시간이 있었음을 의미한다. 해양수산부와 해경은 관계부처를 설득하여 사고를 방지하였거나 사고에 효율적으로 대응할 수 있었어야 했다. 여객선 운항 관리자에 대하여 국가가 급여를 지급해야만 하는 문제는 지난 22년 동안 실현되지 못했다. 선원근로감독은 법률 · 제도 · 인력 · 예산이 모두 구비되어 있음에 불구하고 해양수산부는 이 업무집행을 회피하였고 그로 인해 선원이 여객을 방기하고 도주하게 하였다. 해양수산부가 여객선사업의 관리 · 감독을 부실하게 하여 사고가 발생하였고, 손해배상재원이 절실히 필요할 때 피해자는 보험금을 받을 수 없으며, 사업자는 손해배상 책임재산이 없다고 한다. 안전행정부는 재난관리법 개정을 통하여 기능 확장을 하였는데 중앙재난안전대책본부에 해운, 선박에 관한 전문인력을 충원 · 배치하지 않고서 내부인력만 배치를 하였다. 해경은 본원적 업무인 인명구조를 위하여 예산 · 장비확보 · 인력양성 · 기술개발 등을 준비를 했어야 했는데 수사 · 정보기능에 집중하여 권력기관화를 추구하였다. 정부는 해경이 진도 VTS운용에 실패했다고 해서 벌칙을 가하면서 해양수산부가 운용에 실패한 적이 없고 진도VTS보다 수천 배나 중요한 전국 항만VTS를 해경이 담당하라고 결정하였다.

미국이 엑손발데즈호 사고를 겪으면서 OPA(Oil Pollution Act)를 제정하고 철저한 유류오염사고 대비태세를 갖춘 것처럼 세월호 사고가 여객선 안전에 대한 일대 쇄신의 계기가 되었으면 한다. 쇄신을 위해서는 앞에서 거론한 6가지를 먼저 변경해야 하고 그 외에도 선박공유제, 선박검사제도, 여객선운송사업의 진입제도 및 운임요금제도 등을 고쳐야 한다.

유감스럽게도 정부는 세월호 사고에 따른 시신수습이나 선체인양에 수습자원을 낭비하고 기진하여 정작 중요한 재발방지대책은 소홀히 하고, 우리 국민은 세월호 사고 자체를 잊어버리려고 하는 경향이 있는 것 같다.

이 책에 수록된 글은 당초 세월호 사고수습에 대하여 관계부처, 심○○, 이○○ 의원의 자문에 응하기 위하여 작성한 것인데 이를 편집하여 책으로 만든 것이다. 해양과학기술원 자문위원으로 있을 때 권도엽 전 국토해양부장관께서 "이 글을 정리해서 책으로 펴내는 것이 좋겠다. 좀 부족하더라도 책으로 펴내면 후배들에게 도움이 될 것 같고 또 다른 사람이 쓰기 어려울 것으로 생각한다. 그냥 있는 그대로 제시하면 된다"고 하였다. 여러 글을 편집하다보니 내용상 중첩이 있고 생략된 부분이 있다.

세월호 사고는 우리에게 뼈아픈 고통을 안겨주었다. 이제는 그 고통을 기억하면서 여객선 안전을 크게 개선시켜야 하겠다. 먼저 자원사용에 관한 우선순위를 변경해야 한다. 정부가 특히 인건비 지급을 꺼려하지 않았으면 한다. 기술이나 기능이 체화된 인력이나 책임을 부담하고 있는 인력에 대하여 정당한 인건비를 지급하거나 지급되도록 하여야 한다. 그리고 국민소득이 증가하고 안전의식이 성장하고 있으므로 여객선운항과 관련하여 보험, 운임, 사업제도 등이 변경될 수밖에 없다. 규제완화를 적극적으로 추진하는 동안에는 선진국에는 있으나 우리나라에는 아직 없는 제도에 주목하여야 한다. 여객선운송시장은 선진국과 같아지는데 선진국에 있는 선박공유제와 같은 제도가 우리나라에 없으면 안전부문이 희생될 가능성이 높아진다.

끝으로 성균관대 국정전문대학원 석사과정생인 한창묵 군의 편집과 교정에 감사의 말을 전한다.

2016. 5.

심동현

추천사

심동현 박사와는 함께 해양과학기술원 자문위원으로 있으면서 세월호 사고 후 사고의 원인과 수습문제에 대하여 많은 걱정을 나누었고 또 많은 토론도 했었다. 심 박사는 다양한 화제의 보유자일 뿐 아니라 1993년 일어났던 서해페리호 사고의 수습과정에서 실무담당자로서 직접 참여하였으며 의사결정과정에서 최종적인 참모의 역할을 담당하였다. 1995년 발생한 씨프린스호 원유유출사고의 수습과정에도 관여하였고 강력한 원유운송규제를 창설하고 석유 가격을 인상하여 인상차액을 유류오염방지 및 방제를 위한 재원으로 투입하였다. 그 후 10년 동안 유류오염사고가 발생하지 않았다. 해양재난의 수습에 대한 경험이 풍부하고 관련된 국내외 정책을 꿰뚫고 있어 정책적 아이디어도 아주 다양했었다. 특히 실무자로서 재난현장을 누볐던 관계로 재난현장에 대한 세세한 사항을 완전하게 소화하고 있었다. 그래서 그 당시의 토론내용은 물론, 심 박사의 경험과 아이디어가 일실되거나 잊혀지지 않도록 하기 위하여 세월호 사고수습과 관련된 내용을 묶어서 책으로 출판하기를 권유하였다. 완벽하지 않더라도 책으로 남겨 놓아야 후배들이 이를 비판하거나 보충함으로써 발전할 수 있는 기반이 될 수 있고, 새로운 각도로 사물을 볼 수 있는 기회도 가질 수 있을 것이기 때문이다. 이 책은 세월호 사고와 관련된 정책에서부터 세부적인 수습과정에 이르기까지를 체계적으로 다룬 최초의 책이 아닌가 싶다. 이 책이 해난사고를 비롯한 우리나라 재난수습에 많은 도움이 될 수 있기를 바란다. 쉽게 써서 읽기 편하게 하려는 저자의 노력이 남달랐음에도, 이 분야에 익숙하지 않은 일반 독자들에게는 난해한 부분도 있어 보이지만, 정책담당자, 집행공무원, 해운 및 선박 관계자, 재난관리담당자, 예산관계자 등에게 큰 도움을 줄 수 있을 것으로 본다. 차후 사고수습담당자들로 하여금 당황하지 않도록 하고, 정부 내 협동작업을 촉진하며 가장 효율적인 수습경로를 택할 수 있게 하는 좋은 지침서가 될 수 있을 것이다. 그리고 이 책이 재난관리나 위기관리, 사고수습에 관한 전문서적 발간의 기폭제가 되어 우리 사회의 안전 분야에 대한 지적역량이 크게 축적될 수 있기를 기대한다.

2016. 5.

전 국토해양부장관 권도엽

차 례

제 1 장

세월호 침몰사고 개요

제 1 절 세월호 제원 및 배경 정보

1 세월호[1)]

세월호(6825t급)는 선사 청해진해운 소속 카페리 여객선으로, 길이 145m, 폭 22m, 5개 층으로 이뤄져 있다. 세월호는 1994년 일본 하야시카네 조선소에서 건조되어 일본에서 18년간 운항하다가 2012년 10월 국내에 도입돼 이듬해 3월 인천에서 처음 운항을 시작했다. 세월호의 여객 정원은 921명이며 차량 220여대(적재 면적에 따라 달라질 수 있음), 20피트짜리 컨테이너 152개를 동시에 적재할 수 있다.

세월호는 로열실, 패밀리룸, 단체여행객용 객실과 식당 · 커피숍 · 편의점 · 샤워실 등 각종 편의시설도 갖추고 있다. 여객선 안에는 버스나 일반 페리선에 설치된 좌석은 없고, 대신 모두 방 구조의 객실이 자리해 있다. 1층과 2층은 화물칸이며 객실은 3층부터 시작된다. 청해진해운 측은 "일반 객실이 주로 있는 4층 객실에 학생 및 단체손님이 대부분 수용된다"며 "안산 단원고 학생들도 일반 객실이 마련된

그림 1-1 사고선박 세월호 제원

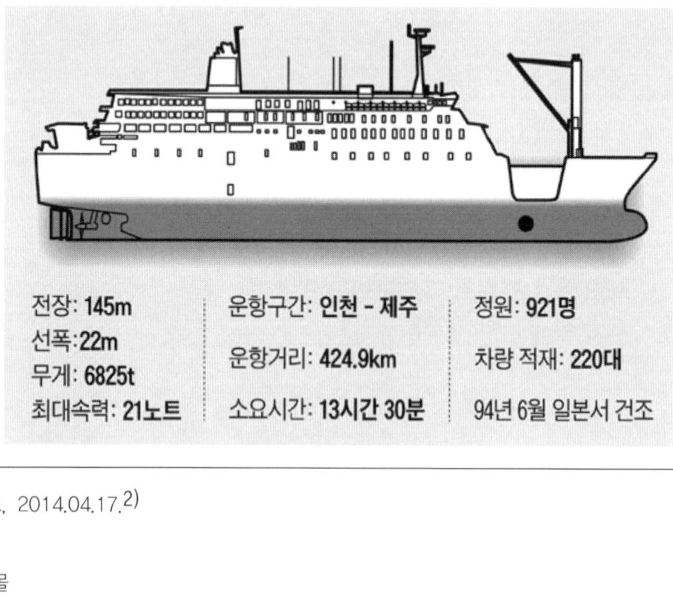

자료: 조선일보, 2014.04.17.[2)]

4층에 있었을 것"이라고 말했다. 선원들과 일부 일반 손님들은 3층 객실을 이용하며, 5층에는 로열실이 있다. 세월호는 77억원 규모의 선박보험에 가입됐으며, 1인당 최대 3억 5,000만원(1억달러 한도)까지 보상이 가능한 해운공제의 배상책임보험에도 가입돼 있었다.

2 청해진해운

1999년 2월에 창립한 청해진해운은 인천시 중구 항동 연안여객터미널에 본사를 둔 중소 연안여객선사로 인천~제주, 인천~백령, 전남 여수~거문도 등 3개 항로에 총 4척의 여객선을 운영하고 있었다. 청해진해운은 2003년 3월 인천~제주 항로에 대형 카페리 오하마나호(6천322t급)를 도입했다. 2013년 3월에는 세월호(6천825t급)를 추가로 투입하며 사업을 확장했다.[3] 그러나 2014년 4월 16일 세월호 침몰사고로 인해 2014년 5월 면허가 취소되었다.

3 선원

선원들에 대한 불합리한 처우도 세월호 사고의 인명피해 규모를 확대하였다는 지적이 있다. 대한민국의 내항선 선박직들(선장 · 항해사 · 조타수 · 기관사 등) 대부분은 1년 이하 계약직으로 일하는 것이 대부분이며, 사고 당시 세월호 선장인 이준석씨도 월 급여 270만원을 받는 1년 계약직 선장이었다. 또한 선원에 대한 교육관리도 열악하기는 마찬가지였다. 청해진해운은 2013년 선원 교육비용으로 고작 54만 1천원을 썼다.[4]

4 인천~제주 항로

인천~제주 항로는 청해진해운의 전신이라고 할 수 있는 ㈜세모의 '세모고속페리'호가 1995년 5월 6일 투입됨으로써 최초로 개설되었다. 대형 카페리선 세모고속페리호(3,872t급)는 주 3회 여객 500명을 태우고 인천과 제주를 오갔다.[5] 2001년 7월 23일부터 청해진해운은 춘향호(3,600t급)를 추가로 투입하여 인천~제주 항로를 주 6회(일요일 제외) 운항하게 되었다.[6] 2003년 3월에는 기존 여객선인 춘향호를 승객 695명, 컨테이너 109개, 승용차 63대, 8t 트럭 42대 등을 동시에 실을 수 있는 정도의 크기인 오하마나호(6,322t급)로 교체하였다.[7] 2013년에는 승객 921명, 차량 150대,[8] 20피트짜리 컨테이너 152개를 동시 적재할 수 있는 대형 카페리선 세월호(6,825t급)가 청해진고속페리호를 대체하였다.[9] 인천~제주 간 항로는 세월호 침몰사고 이후 휴항되었고, 2014년 5월에 청해진해운의 면허가 11년만에 취소됨에 따라 운행이 중단되었다.[10]

5 사고해역[11]

세월호 침몰사고가 발생한 해역은 전남 진도군 조도면 병풍도 북쪽 20km 해상으로 조류가 빠르기로 유명한 곳이다. 이곳은 전라남도 해남과 진도 사이 울돌목(이순신 장군이 명량대첩을 승리로 이끈 곳) 다음으로 조류가 센 곳이다(최대 6노트). 이 해역은 맹골수도(孟骨水道)로 일컬어지며 서해를 통과하는 주요 항로로서 인천 등 서해에서 남해로 가는 대형 여객선이 주로 이용하는 해역이다. 비록 섬 주변에는 많은 암초가 있지만 항로의 깊이는 30m 이상으로 암초 등 항해 장애물이 없다.

제 2 절 세월호 침몰사고 발생 및 대응 과정

세월호 침몰사고는 2014년 4월 16일 오전 8시 50분경 대한민국 전라남도 진도군 조도면 부근 해상에서 인천에서 출발해 제주도로 향하던 청해진해운의 여객선 세월호가 전복되어 침몰한 사고이다. 2014년 4월 18일 세월호는 완전히 침몰하였으며, 탑승인원 476명 중 172명만이 구조되고, 295명이 사망, 9명이 실종되었다.

1 사고발생 및 초동대응

1) 사고발생 전날(2014년 4월 15일)

원래 저녁 6시 30분에 출발하기로 예정되어 있던 세월호는 안개로 2시간 30분 지연된 오후 9시에 인천항에서 제주도로 출발하였다.[12] 출항 당시 세월호에는 단원고등학교 2학년 학생 325명, 교사 14명, 일반인 104명, 선원 33명 등 총 476명의 인원이 탑승하였다.[13] 세월호 출항 전에 보고된 바로는 차량 150대, 화물 657톤이지만, 실제로 사고 이후 밝혀진 화물만 차량 180대, 화물 1,157톤이 실렸고, 이는 적재 한도를 초과한 것으로 알려져 있다.[14] [그림 1-2]는 세월호 출항 전 수학여행을 떠나는 안산 단원고 학생들이 찍은 사진이다.

그림 1-2 세월호 출항 전 학생들의 사진

자료: 뉴스타파, 2014.07.24.[15]

2) 세월호 침몰 과정(2014년 4월 16일)[16)]

4월 16일 오전 8시 48분 세월호는 사고해역인 맹골수도를 지나면서 오전 8시 52분경 135도에서 145도로 항로를 변경하던 중 돌연 좌현으로 약 30도 가량 기울

그림 1-3 시간대별 세월호 침몰 상황

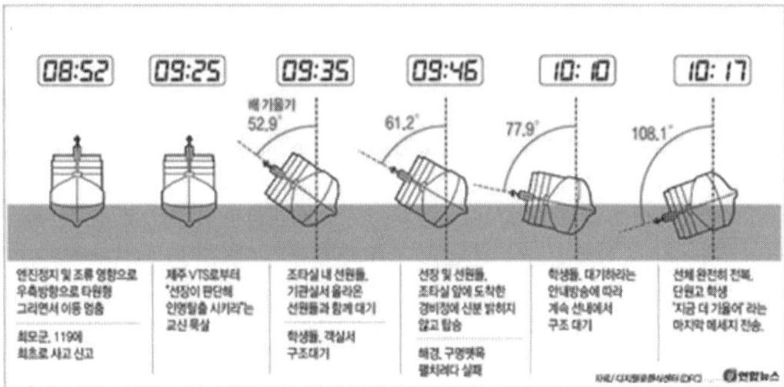

자료: 연합뉴스, 2014.05.15.[17)]

그림 1-4 세월호 침몰 사진

4월 16일 09시 32분

4월 16일 09시 35분

4월 16일 09시 41분

4월 16일 10시 17분

자료: 경향신문, 2014.04.28.[18)]

었다. 이후 9시 34분까지 52.2도 미만의 기울기로 침몰이 진행되고 9시 35분에는 52.9도로 기울었다.[19] 계속해서 기울어지다가 "10시 17분경 108.1도까지 기운 뒤, 11시 18분에 선수의 일부만 남기고 바다 밑으로 침몰되었다"(민변, 2014: 16). 이후 4월 18일 오전 8시 경에는 뱃머리 부분 1m 가량만 물 위로 모습을 드러내고, 대부분 물에 잠겨버렸다.[20]

3) 초동대응 과정

해양수산부 선박자동식별장치(AIS)[21]의 항적 분석 결과와 세월호 사고 생존자들의 증언[22]에 따라 세월호 침몰의 직접적인 원인은 급격한 변침으로 결론이 날 가능성이 크다.

(1) 사고신고 및 접수

위의 그림에서 볼 수 있듯이, 세월호는 16일 오전 8시 30분경 서거차도와 맹골도 사이를 통과한 뒤 8시 48분경 병풍도 지난 해상에서 우측으로 급선회 한 이후

그림 1-5 사고 원인 '변침'

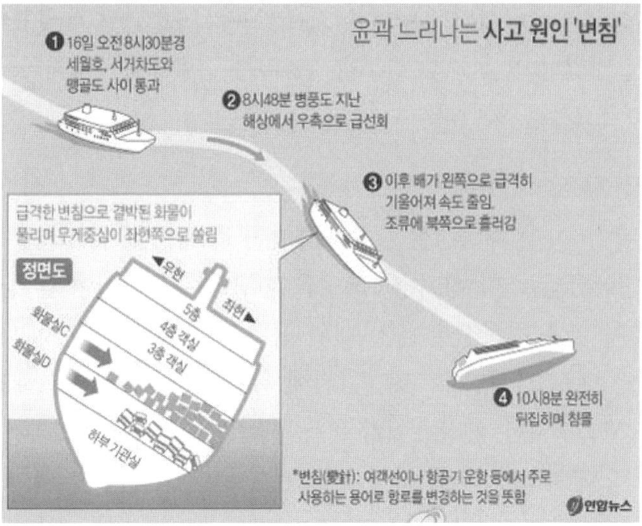

자료: 연합뉴스, 2015.04.17.[23]

배가 왼쪽으로 급격히 기울어졌다. 이후 오전 8시 52분 32초 불안감을 느낀 한 학생이 전남 소방본부 119상황실에 신고전화를 하고 전남 소방본부 관계자는 8시 54분 7초에 전화를 목포해경으로 연결해주었다.[24] 목표 해경 관계자는 사고신고자인 학생에게 배의 위치(경도와 위도)부터 물어봤지만 학생이 알 리가 없었고, 1분 30초가 지나서야 배의 이름을 묻고 사고가 난 선박이 세월호임을 알게 되었다.[25] 세월호 승무원은 최초 신고보다 늦은 3분 후(8시 55분), 제주관제센터(VTS)로 연락을 하였고, 그리고 다시 이 제주관제센터는 8시 58분 제주해경에 연락했으며, 9시 1분에야 비로소 목포해경이 사고를 접수했다. 이후 상황파악을 한 진도관제센터는 9시 4분이 되어서야 세월호와 교신하여 직접 관제를 시작하였다.[26] 그리고 9시 15분이 되어서야 세월호 선원이 배가 50도 이상 기울어져 있다고 보고하였다.[27]

진도관제센터와 세월호 및 둘라에이스(Doola Ace)호 간 교신 내용에 따르면,[28] 9시 7분에 2,755톤급의 유조선 둘라에이스호가 육안으로 세월호를 확인하였다. 진도관제센터는 둘라에이스호에게 구조 협조를 부탁하였고 둘라에이스호는 세월호의 구조를 위해 접근하였다. 9시 15분에는 드래곤에이스 11호가 구조작업에 지원을 하였고, 진도관제센터는 신속히 세월호 쪽으로 이동해 줄 것을 요청하였다. 9시 29분에는 세월호가 구조를 위해 접근해 있는 둘라에이스를 확인하고, 선수쪽 말고 좌현에 대기할 것을 요구하였다. 그러나 들물이라서 계속 밀려 좌현쪽에 접근하는 것이 용이하지 않았다. 9시 30분 진도관제센터는 전남동부관제센터를 비롯해 여러 선박에 구조협조요청을 하였다.

(2) 출동 및 구조

사고접수 후, 9시 쯤 해양경찰은 출동하여 구조에 나섰다. 해경은 헬기 511호와 512호 2대 및 100톤급 소형 경비정 123정을 현장으로 투입하여 헬기로 승객 6명을 구조하고, 100여 명은 경비정에 옮겨 태워 목포와 진도 등 인근지역으로 이송하였다.[29] 대한민국 해군도 세월호 구조를 위해 출동하였다. 즉, 사고해역으로 유도탄 고속함 1척과 고속정 6척, 해상초계가 가능한 링스헬기 1대 등을 투입했다.[30] 민간 어선도 구조작업에 참여하였다. 낚싯배 명인스타호(9.77t) 선장 박영섭(56)씨는 새벽 조업을 마치고 귀항준비를 하던 중 구조요청 신호를 받고, 뱃머리를 병풍도 쪽으로 돌렸다. 오전 10시 30분 경 사고해역에 도착한 박영섭씨는 해경과 함께 구조작업에 참여해 세월호 옆으로 배를 몰아 바다로 뛰어내린 승객 27명을 구조하였다.[31] 또한 김현오(47) 조도면 청년회원은 1.1t급 소형 어선을 몰고 구조작업에 참여해 총 25명의 승객을 구조하였다. 그 외에도 어선 60여척, 어민 150여명이 사고현장으로 달려가 구조작업에 참여하여 초동구조에 민간 어선들이 큰 역할을 하였다.[32] 한편, 정부는 오전 10시부터 대형 재난이 발생할 때 범정부 차원의 대응을 위해 구성되는 중앙재난안전대책본부(중대본)를 구성하여 가동하였다.[33] 사고 당일 구조자는 총 172명으로 승무원 23명, 단원고생 75명, 교사 3명, 일반인 71명이었다.[34]

그림 1-6 어선들의 구조활동

4월 16일 09시 57분

4월 16일 10시 13분

4월 16일 10시 15분

자료: 유튜브, 2014.04.16.[35]; 경향신문, 2014.04.18.[36]

2 수색 및 시신수습

수색 및 시신수습 작업은 사고가 발생한 4월 16일부터 대한민국 정부가 수색 작업 종료를 발표한 11월 11일까지 총 209일간 계속되었다.[37] 시신수습 작업 결과 304명(=476명-172명) 중 295명의 시신은 수습을 하였으나 9명은 끝내 시신을 수습하지 못했다. 209일간의 수색작업은 빠른 유속과 탁한 시야로 인해 많은 어려움을 겪었고, 중간 중간 기상조건의 악화로 수색과정이 지연되었다. 수색방법(다이빙벨 투입)과 관련해서도 많은 논란이 있었을 뿐만 아니라 세월호 설계도면과 실제 세월호의 선체구조가 달라 어려움을 겪기도 하였다. 특히, 일정이 길어짐에 따라 피로의 누적으로 인한 구조인력 인명피해 사고가 발생하기도 하였다.

세월호 사고 시신수습 과정에 해군, 해경, 육군, 민간잠수사 등으로 구성된 민·관·군 합동구조팀이 동원되어 210일간 6,304명의 잠수사가 투입되었고, 3,150회의 잠수(1일 평균 15회)가 이루어졌다.[38] 합동구조팀은 밤낮으로 구조 및 시신수습을 위해 노력하였고, 이들의 노력으로 대부분의 시신을 수습할 수 있었다. [그림 1-7]은 사고 발생일인 4월 16일부터 수색 종료일인 11월 11일까지 209일간 시

그림 1-7 시신수습 현황

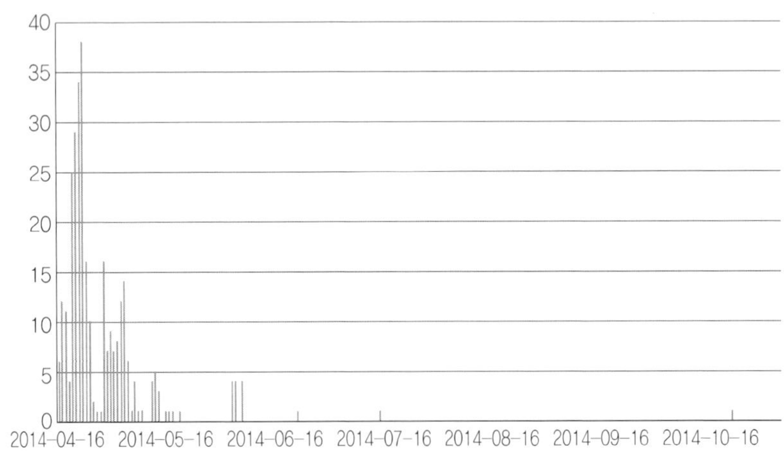

표 1-1 시신수습 장소

수습장소			사망자 수	소 계
선체 내	3층[1]	선수	7	38
		중앙	22	
		선미	9	
	4층[2]	선수	107	185
		중앙	8	
		선미	70	
	5층[3]	선수	2	16
		중앙	14	
선체 밖			42	42

주1) 3층의 경우, 선수(다인실부터 로비 앞까지의 격실), 중앙(로비부터 주방까지의 격실), 선미(선원식당, 선원침실, 기사침실)

주2) 4층의 경우, 선수(다인실, 여객침실), 중앙(로비부터 연돌 앞까지의 격실)

주3) 5층의 경우, 선수(조타실부터 로비 앞까지), 중앙(로비부터 휴게실 앞까지)

신수습 현황을 요약한 것이다. 그림에서 확인할 수 있듯이 사고발생일로부터 한 달간 대부분의 시신이 수습되었다.

5월 15일에 발표된 범정부 사고대책본부의 수색·구조 통계자료에 따르면, 5월 15일 기준 사망자 281명 중 남자는 157명, 여자는 124명이 수습되었다. 시신수습 장소에 따른 통계는 위의 <표 1-1>과 같다. 수습된 시신 중 대다수는 4층에서 발견이 되었고, 선체 밖에서 발견된 시신도 42명인 것으로 나타났다. 선체 밖에서 발견된 시신은 결국 시신 유실의 위험이 있었음을 보여주는 것이라고 할 수 있다.

이날까지 수습된 시신 중 245구는 구명조끼를 착용한 채 발견되었고, 나머지 36구는 미착용 상태로 발견이 되었다. 따라서 사망자 중 대부분은 구명조끼를 입고 탈출·구조에 대비하고 있었던 것으로 볼 수 있다. 일부 언론은 초기대응만 잘했으면 좀더 많은 인명을 구할 수 있는 정황적 증거라고 설명하면서 부적절한 초기대응에 대해 안타까워했다.[39]

세월호 사고수습을 위해 동원된 자원을 살펴보면, 이날까지 선박은 5,816척(민간어선 1,636척 포함), 항공기 1,078대, 잠수요원 18,744명(선체 수색 인원 1,720명)이 동원되었다. 즉, 1일 평균으로는 선박 약 201척, 항공기 약 37대, 잠수요원 약

646명이 동원되었다. 항공기 투하 조명탄은 1만1천858발(해경 2천28발, 공군 9천452발, 해군 378발)로 집계됐다. 따라서 세월호 사고수습을 위해 많은 자원이 투입되었다고 볼 수 있다.

사고 발생일로부터 수색 종료일까지의 주요 내용을 좀더 구체적으로 살펴보면, 다음과 같다.

1) 사고 발생일~30일

4월 16일(사고발생 당일)에는 선박 155척(해경 70척, 해군 19척, 관공선 12척, 민간 54척)과 항공기 17대(해경 14대, 해군 3대)를 동원하여[40] 해상수색 및 수중수색을 실시하였다. 이날 수중수색은 총 3차례에 걸쳐 이루어졌고 총 16명의 해군·해경 구조대가 투입되었다. 1차 수색은 오후 5시에 이루어졌는데 조류가 빨라 실패하고,[41] 오후 6시 30분에 잠수부 4명을 선체로 투입해 수색을 다시 시작하였다.[42] 한편 정부는 이날 오전 10시부터 대형 재난이 발생할 때 범정부 차원의 대응을 위해 구성되는 중앙재난안전대책본부(중대본)를 구성하여 가동하였고,[43] 사고수습을 위해 중앙사고수습본부(해양수산부), 중앙구조본부(해경청), 지방사고수습본부(목포·인천항만청)를 설치하였다.[44]

해수부장관은 밤샘수색을 지시하였고 4월 17일(사고발생 2일째) 새벽에 해경 잠수요원이 수중수색을 수차례 시도하였으나, 저시정·강조류로 불가하였다.[45] 오전 6시부터는 수색이 재개되어,[46] 저녁 8시 30분경에는 사고해역에서 10번째 시신 1구를 추가로 수습하였다.[47] 오후에는 구조활동을 벌이던 민간잠수부 3명이 실종 후 20분만에 수색작업에 나선 낚싯배들에 의해 극적으로 구조되는 등 유속이 매우 빠를 뿐만 아니라 비까지 와서 수색작업이 난항을 겪었다.[48] 저녁 8시 40분에는 잠정 중단했던 수중수색을 재개하기 위해 잠수부들과 무인로봇이 투입되었고,[49] 오후 11시 29분까지 시신 8구를 추가로 수습하였다(사망 18명).[50] 한편 정부는 이날 해양수산부장관을 본부장으로 하고 각 부처국장을 반원으로 하는 범부처 사고대책본부를 구성하였다.[51]

4월 18일(사고발생 3일째)에는 새벽 1시 14분까지 시신 7구를 추가로 수습하였다.[52] 오전 10시 56분에는 50대 남성으로 추정되는 시신 1구가 사고해역 450m 인근 해역에서 발견됨에 따라 시신이 유실될 우려가 제기되었다.[53] 오전 11시 19분에는 잠수부를 동원하여 선내 공기주입을 실시하였다.[54] 오후 12시 50분에는 시신 2구를 추가로 수습하였다.[55] 오후 2시 35분부터 선체 수색을 시작한 구조대 잠수요원들은 세 번의 시도 끝에 2층 화물칸 문을 열고 진입하는데 성공하였으나,[56] 화물이 너무 많을 뿐만 아니라 선체 외부와 연결된 가이드라인(로프)이 끊어짐에 따라 18분 만에 철수하였다.[57] 오후 11시 45분에는 시신 1구를 추가 수습하여, 4월 18일까지 사망자 수는 29명으로 집계되었다.[58]

4월 19일(사고발생 4일째) 오전 5시 50분경 잠수 요원들이 3층에서 4층으로 올라가는 계단 통로를 확보하는 과정 중에 유리창을 통해 4층 객실 안에 구명조끼를 입은 사망자 3명을 발견하여 유리창을 깨려 하였으나 실패하였다. 해경은 또한 조류의 영향으로 시신이 유실될 우려가 커짐에 따라 먼 거리에 그물을 치기 시작하였다.[59] 오후 4시 55분에는 세월호 선체에서 10m 가량 떨어진 해상에서 구명조끼를 착용한 여성 시신 1구를 발견하였고,[60] 이후 오후 11시 48분 민・관・군 합동 구조팀이 선체 유리창을 깨고 선내에 진입하는데 성공하여 선내 사망자 3명의 시신을 수습하였다(사망자 수 33명).[61]

4월 20일(사고발생 5일째)에는 함정 212척, 항공기 36대, 잠수요원 641명을 투입하여 해상수색 및 선체수색을 집중적으로 실시하였고, 그 결과 오후 5시까지 시신 25구를 추가로 수습하여 사망자는 58명으로 집계되었다.[62] 한편, 국무총리는 이날 피해자와의 면담을 하였고, 이날 오후에는 '세월호 사고수습 관계장관회의'를 열어, 안산시와 진도군을 특별재난지역으로 선포하는 것을 대통령에게 건의하기로 결정하였다.[63] 그리고 박근혜 대통령은 세월호 침몰사고와 관련하여 국가적 차원의 지원을 강화하기 위해 이를 받아들여 선포하였다.[64]

4월 21일(사고발생 6일째) 오전 7시 20분까지 시신 5구를 추가로 수습하여 사망자 수는 64명으로 늘었다.[65] 세월호 수색작업에 다이빙벨을 투입하는 것에 대해 이종인 알파잠수기술공사 대표(낙관론)와 황대식 해양구조협회 본부장(비관론)이 대립한 상황에서,[66] 오후 12시 40분경 이종인 대표는 다이빙벨을 싣고 현장으로 출동하였다.[67] 그러나 다이빙벨은 투입되지 않았고, 그 이유로 정부는 "다이빙벨은 시야확보가 매우 제한적"이고 "격실구조가 복잡한 선체내부 수색의 경우 공기공급 호스가 꺾여 공기 공급이 중단될 가능성과 오랫동안 수중체류로 인한 잠수병에 노출될 위험성이 있다"고 밝혔다.[68] 이날 오후 9시 15분까지 시신 23구를 추가로 수

습해 사망자 수는 87명으로 집계되었다.[69)]

4월 22일(사고발생 7일째) 오후 7시까지 시신 26구를 추가로 수습하였다(사망 113명).[70)] 이날부터 24일까지는 조류가 가장 느린 소조기 기간이고 민・관・군 합동구조팀은 이 기간 동안 24시간 집중수색에 돌입하였다.[71)] 구조팀은 22일 오후 3시쯤 선내 3층 식당 진입에 성공하여 수색작업을 벌였고, 뒤엉킨 부유물 때문에 식당 문을 여는데 어려움을 겪다가 이날 하루만에 성공하였다. 고명석 해양경찰청 장비기술국장은 "식당 옆 라운지에서 실종자를 찾아낸 뒤 다음 목표가 식당이었다"며 "라운지와 식당칸 사이에는 격벽이 있는데, 그것을 부수는게 쉽지 않았다"고 설명했다. 이날은 해상 입체수색을 위해 함정 239척과 항공기 32대가 동원됐으며, 수중수색에는 755명의 구조인력이 투입되는 등 전날보다 더 많은 인력 및 장비를 투입해서 수색한 결과 시신 34구를 추가 인양해 사망자는 총 121명으로 늘어났다.[72)]

사고 발생 8일째인 4월 23일에는 3~4층 다인실을 집중수색한 결과,[73)] 시신 38구를 수습해 사망자는 159명으로 늘었다.[74)]

4월 24일(사고발생 9일째)에는 합동잠수팀이 가이드라인을 5개 설치하여 격실을 집중적으로 수색하였고,[75)] 그 결과 시신 16구를 추가 수습하였다(사망자 수: 175명).[76)] 4월 25일(사고발생 10일째)에는 다이빙벨 및 무인수중탐사장비가 현장에 도착하였고, 민・관・군 합동구조팀이 격실 내부를 집중 수색한 결과 시신 10구를 수습하여 사망자 수는 185명으로 늘었다.[77)]

4월 26일(사고발생 11일째)에는 3층 중앙식당에서 시신 2구를 추가로 수습하여 사망자 수는 187명으로 늘었다.[78)] 열흘이 넘어감에 따라 잠수사들의 체력은 거의 고갈되었고, 조류, 시야, 장애물과 같은 삼중고를 겪는 바람에 수색 작업은 난항을 겪게 되었다. 또한 다이빙벨을 투입하려고 하였으나 바지선 고정을 위해 내려야 하는 닻줄이 기존의 잠수사들을 태운 바지선들과 충돌 없는 선에서 이루어지기 힘든 상황이라 결국 철수하고 말았다.[79)]

4월 27일(사고발생 12일째)에는 기상 악천후로 인해 선내 4층에서 시신 1구를 수습하는데 그쳤다(사망 188명).[80)] 잠수사들은 빠른 유속과 시야의 확보 문제를 극복한다고 하더라도 객실 안으로 들어가는 것 자체가 문제라고 주장하였다. 그 결과 객실 안으로 들어가기 위해 나온 두 가지 대안이 용접과 소량의 폭약 사용이었지만, 이 두 가지 대안 모두 시신 훼손 가능성이 있어 해군은 가족들의 동의가 이루

어진 후 사용하겠다고 방침을 세웠다. 이날은 특히 풍랑주의보가 내려 기상조건은 더욱 더 악화되었다.[81]

이후 계속적인 수색활동을 펼친 결과 사망자수는 계속해서 늘어났다. 구체적으로는 4월 28일(사고발생 13일째)에는 시신 1구를 추가로 수습,[82] 4월 29일(사고발생 14일째)에는 세월호 5층 로비와 4층 선수 좌현 방 등에서 사망자 16명의 시신을 추가로 수습,[83] 4월 30일(사고 발생 15일째)에는 7명의 시신을 추가로 수습하였다(사망자 212명).[84] 한편, 다이빙벨은 이날 오후 3시 45분 경 선미 쪽에 투입되었지만 산소케이블 고장으로 28분 만에 다시 철수하였다.[85]

사고 발생 16일째인 5월 1일에는 4층 뱃머리 좌측과 5층 로비를 집중 수색한 결과 9명의 시신을 추가로 수습하였다(사망자 221명). 이날 주요수색 대상 객실 64개 가운데 44개 객실에 대한 수색을 끝마쳤다.[86] 한편, 구조수색에 도움을 줄 것으로 기대되었던 다이빙벨은 성과를 거두지 못한 채 철수하고 말았으며, 이 대표는 수색 과정에서 분란을 일으킨 것에 대해 실종자 가족들에게 사과하였다.[87]

이후 계속된 수색과정 속에서 시신을 추가로 수습하였고, 그에 따라 사망자 수는 늘어났다. 일자별로 살펴보면, 5월 2일 시신 7구 추가 수습(사망자 228명),[88] 5월 3일 시신 8구 추가 수습(사망자 236명),[89] 5월 4일 시신 12구 추가 수습(사망자 248명),[90] 5월 5일 시신 14구 추가 수습(사망자 262명),[91] 5월 6일 시신 6구 추가 수습(사망자 268명),[92] 5월 7일 시신 1구 추가 수습(사망자 269명),[93] 5월 8일 시신 4구 추가 수습(사망자 273명),[94] 5월 9일 시신 1구 추가 수습(사망자 274명),[95] 5월 10일 시신 1구를 추가 수습(사망자 275명),[96] 5월 11일부터 5월 12일까지 수색작업 중단, 5월 13일 수색을 재개해 시신 1구 추가 수습,[97] 5월 14일 시신 5구 추가 수습(사망자 281명),[98] 5월 15일 시신 3구 추가 수습으로 사고발생 후 30일간 시신은 총 284구가 발견되었다.[99]

2) 사고발생 31일 이후

사고가 발생한 후 30일 내에 304명 중 284구가 발견되었고, 사고발생 31일째인 5월 17일 이후로는 추가 수습이 거의 이루어지지 않았고, 11월 11일까지 약 6개월간 수색을 펼친 결과 시신 11구를 추가로 수습하는데 그쳤다. 일자별로 살펴보면, 5월 17일 시신 1구 추가 수습(사망자 285명),[100] 5월 18일 시신 1구 추가 수습(사망자 286명),[101] 5월 19일 시신 1구 추가 수습(사망자 287명),[102] 5월 21일 시신 1구 추가 수습(사망자 288명),[103] 6월 5일 시신 1구 추가 수습(사망자 289명),[104] 6월 6일 시신 1구 추가 수습(사망자 290명),[105] 6월 8일 시신 2구 추가 수습(사망자 292명),[106] 6월 24일 시신 1구 추가 수습(사망자 293명),[107] 7월 18일 시신 1구 추가 수습(사망자 294명),[108] 10월 28일 시신 1구를 추가 수습하여 수색결과 사망자 수는 295명으로 집계되었다.[109] 이후 사고가 발생한지 210일 째인 11월 11일 정부가 실종자 수색을 공식적으로 중단한다고 발표했다.

3 구조인력 인명 피해

수색과정 중 피로의 누적, 부주의한 행동, 지원의 미비 등으로 인해 안타까운 인명피해 사고가 여러 건 발생했다. 5월 15일 발표된 범정부 사고대책본부 수색·구조 통계자료에 따르면, 잠수사 사상자는 총 34명(사망 1명, 잠수병 30명 포함 부상자 33명)이다. 민간인이 15명(사망 1명도 포함)으로 가장 많고 해군 10명, 해경 7명, 소방 2명이다. 일자별로 몇 가지 주요사건들을 살펴보면, ① 4월 20일(사고발생 5일째)에 현장에 투입된 해군 대조영함에서 작업 중이던 승조원 윤모 병장이 머리를 다쳐 숨지는 사고가 발생하였다.[110] ② 5월 6일(사고발생 21일째)에는 사고 현장에서 수색작업을 하던 중 민간잠수사 이모씨(잠수사)가 작업 중 의식을 잃어 병원에 옮겨졌지만 숨지는 사고가 발생하였다. 이 사고로 수색작업 현장의 문제점이 드러났다. 즉, 바지선에 의료시스템이 갖춰져 있지 않는 등 구조현장에서 탈진과 잠수병 등에 시달리고 있는 민간잠수사들에 대한 지원이 적절히 이루어지지 못하고 있었다.[111] ③ 5월 7일(사고발생 22일째)에는 한편, 침몰 해역에서 대기 중인 목포해양경찰서 3009함에서 해양경찰청 인천항공대 소속 정모 경사가 과로로 인해 쓰러져 의식 불명에 빠졌다.[112] 정모 경사는 세월호 수색구조를 위해 33시간 반 동안 쉬지 않고 일한 것으로 밝혀졌다.[113] 다음날 정모 경사는 4시간 수술 끝에 다행히도 의식을 되찾았다.[114] ④ 5월 30일(사고발생 45일째) 선체 외판 절개작업 중 민간잠수사 이모씨가 부상을 입어 인근 병원으로 옮겨졌지만 사망했다.[115] ⑤ 7월 17일(사고 발생 93일째)에 수색 현장 지원을 마치고 복귀하던 소방헬기가 광주 도

심에서 추락해 탑승자 5명 전원이 숨지는 사고가 발생하였다.[116)]

제 3 절 선박인양

1 인양시기 결정

사고 발생일인 4월 16일에 선체인양을 위해 대형 크레인을 사고 해상으로 이동시켰고,[117)] 사고 발생 3일째인 4월 18일 새벽 1시부터 선체인양을 할 크레인 3대가 사고해역에 도착하기 시작하였다. 그러나 생존자가 있을 경우 선체인양으로 인해 에어포켓에 해수가 밀려들어 도리어 목숨을 잃게 될 가능성이 있기 때문에, 선체인양은 신중히 결정할 필요가 있었다.[118)] 4월 28일 범정부 사고대책본부는 브리핑에서 처음 공식적으로 선체인양에 대한 이야기를 꺼낸 바 있으며 4월 30일 문화일보 기사에 따르면, 대책본부 관계자는 "선체인양은 가족들의 동의가 없으면 절대 진행할 수 없다"며 "수색 구조활동이 어느 정도 마무리되는 시점에서 가족들의 동의를 얻으면 신속하게 진행할 수 있도록 하자는 게 기본 방침"이라고 설명했다.[119)]

2014년 4월 24일 실종자 가족들은 그 동안 불가 입장을 밝혀온 세월호 선체인양과 관련하여 최초로 수색의 최종수단으로 선체인양을 검토하는 입장을 밝혔다.[120)] 27일 오후 2시에 무기명 투표를 한 결과 실종자 10명의 9가족 중 선체인양에 찬성하는 가족이 4가족 밖에 되지 않아 부결되었다.[121)] 이후 11월에 들어서 수온이 낮아진데다 세월호가 많이 붕괴되어 수색이 현실적으로 불가능해져서 범정부 대책본부는 실종자 가족을 설득하기 시작하였고, 실종자 가족들도 대부분 철수 의견에 동의하였다.[122)] 11월 11일 정부는 수색 중단을 공식적으로 발표하였고, 실종자 가족들은 이날 "남은 9명의 실종자를 찾기 위해 정부가 세월호 선체인양 방법을 깊이 고민해달라고"고 요구했다.[123)]

세월호 수색 중단 이후 세월호 인양과 관련해서 비용부담으로 인해 하지 않는 것을 고려해야 한다는 의견이 나오면서 세월호를 인양해야 한다는 의견과 하지 말아야 한다는 의견으로 나누어져 논란이 일어났다.[124] 11월 27일에는 실종자 가족과 진도군민들이 모여 세월호 인양을 강력히 요구하는 기자회견을 했다.[125] 또한 2014년 12월 10일에는 진도군이 포함되어 있는 전라남도의 의회가 '세월호 인양 촉구 결의안'을 채택하였다.[126]

정부는 세월호 참사 발생 266일째인 2015년 1월 8일에 선체인양 여부를 결정하기 위한 본격적인 조사 활동에 들어갔다.[127] 한편, 세월호 수색작업 종료 후 해양수산부 장관 직을 내려놓은 이주영 전 장관은 1월 18일 "세월호 선체를 인양하는 것이 바람직하다"는 의견을 내놓았다.[128] 세월호 인양을 검토하기 위한 2단계 조사인 선체 조사가 2015년 1월 26일에 마무리되었다.[129] 이후 세월호 인양과 관련한 찬반의견이 대립하는 가운데, 4월 6일이 되어서야 박근혜 대통령이 세월호 인양과 관련, "인양이 기술적으로 가능하다고 결론이 나면 실종자 가족과 전문가들의 의견과 여론을 수렴해서 선체인양을 적극적으로 검토할 것"이라고 밝혔다.[130] 4월 10일에는 해양수산부가 '세월호 선체 처리 기술검토 태스크포스(TF)'의 조사결과(1월 8일부터 3월까지 조사)를 바탕으로 '세월호 선체인양 기술검토 중간 결과' 브리핑을 통해 "최종 검토가 완료되지는 않았지만 세월호 인양은 기술적으로 가능하다"고 밝혔다.[131] 이후 세월호 참사 1주기를 맞은 2015년 4월 16일 박근혜 대통령은 팽목항을 방문하여 "필요한 절차를 신속하게 진행해서 가능한 빠른 시일 내에 선체 인양에 나서도록 하겠다"고 말했고 해양수산부도 세월호 선체인양 결정을 위한 절차를 신속히 추진하기로 하였을 뿐만 아니라, 국회는 '선체인양 촉구 결의안'을 채택하였다.[132][133][134] 이후 20일에 해양수산부는 국민안전처 중앙재난안전대책본부에 세월호 선체인양 결정을 내려달라는 내용의 심의를 요청했다고 밝혔고,[135] 22일 중앙재난안전대책본부는 세월호 선체인양을 결정하였다.[136]

당시 정부는 세월호 인양 기간과 관련해 완료까지 12개월에서 18개월 소요될 것으로 추산했고, 비용은 1000~1500억원이 소요될 것으로 예상했다. 인양방식은 선체에 93개의 구멍을 뚫어 체인을 걸은 뒤 초대형 해상크레인 2대와 플로팅 독(floating dock)을 함께 활용해 누워 있는 현 상태 그대로 통째로 인양하기로 했다.[137]

2 인양 업체 선정 및 인양 시작

세월호 인양을 담당할 조직을 구성하기 위해 5월 7일 해양수산부는 선체인양 업무만을 전담하는 '인양 추진 테스크포스(TF)'를 구성하였다. TF는 해수부 직원 10명과 국민안전처, 해군, 조달청 직원 파견자 6명 등 총 16명으로 구성되었다.[138] 5월 12일에는 세월호 사고 후속조치 전반을 체계적으로 추진하기 위해 '세월호 후속조치 추진본부'를 발족했다. 세월호 후속조치 추진본부는 산하에 지난 5월 7일 구성한 TF를 확대・개편하여 해양정책실장을 단장으로 한 '세월호 선체인양 추진단과 배・보상에 대해서는 세월호 피해구제특별법에 따라 구성・운영 중인 '배상 및 보상지원단'을 추진본부 산하에 두었다.[139] 그리고 5월 15일에는 세월호 인양 현장 사무소를 진도 서망항에 개소해 세월호 인양이 진행되는 과정 전반에 대한 일선업무를 담당하게 하였다.[140]

이후 5월 22일 해양수산부는 세월호 선체 인양업체 선정을 위해 국제 입찰공고를 내고(사업비용 1천억원 이내, 100점 만점에 기술점수 90점과 가격점수 10점 배정), 29일 오후 정부세종청사에서 국내외 관계자 100여명이 참석한 자리에서 사업설명회를 개최하였다.[141] 22일에는 입찰이 마감되었고 마감결과 7개 컨소시엄, 총 27개 업체가 참여하였다. 7개 컨소시엄 중 5개는 해외・국내 업체가 손을 잡았고, 2개는 국내업체끼리 컨소시엄을 구성하였다.[142] 이들 중 기술평가점수와 가격평가점수를 합산한 결과, 한・중 컨소시엄인 상하이 살비지 컨소시엄(중국 국영기업인 상하이 살비지+우리나라 해양 조사・시공 전문업체인 오션씨엔아이)이 우선협상대상업체로 선정이 되었고,[143] 8월 4일 최종적으로 선정되었다. 인양대금은 총 851억원으로 결정되었고 세 차례에 걸쳐 나눠 지급하기로 합의하였다. 살비지 컨소시엄은 해양수산부에서 처음 제시한 구멍을 뚫는 방식 대신 부력재와 철재빔을 이용해 이루어지는 것[144]으로 결정되었다.[145]

계약 체결 후 8월 19일 수중조사를 시작으로 세월호 인양작업이 시작되었다.[146] 1차 사전조사는 잠수사들이 선체 내부에 들어가 인양을 위한 기초자료를 확보하는 조사로 작업은 9월 16일에 완료되었다.[147] 이 후 2016년 2월 현재까지도 세월호 선체인양 작업은 계속 진행 중이다.

[주]

1) 조선일보(2014-04-17). 「[진도 여객선 침몰 / 밤샘 구조] 정원 921명 국내 최대 카페리 여객船…日서 18년 운항하다 재작년 도입」.
2) 조선일보, 「[진도 여객선 침몰 / 밤샘 구조] 정원 921명 국내 최대 카페리 여객船…日서 18년 운항하다 재작년 도입」.
(http://media.daum.net/issue/627/newsview?issueId=627&newsid=20140417030207959)
3) 연합뉴스(2014-04-16). 「[여객선침몰] 사고 여객선사 청해진해운은」.
(http://www.yonhapnews.co.kr/local/2014/04/16/0804000000AKR20140416219800065.HTML)
4) 머니투데이(2014-04-22). 「총체적 '인재'의 결정판 세월호…"곳곳에 원인 있었다"」.
(http://news.mt.co.kr/mtview.php?no=2014042215321225070&type=1&VML)
5) 한국일보(1995-05-03) 「인천~제주 카페리 첫 운항…6일부터 주 3회 왕복」.
(http://www.hankyung.com/news/app/newsview.php?aid=1995050300171&intype=1)
6) 한국일보(2001-07-12) 「[여행 신상품] 인천~제주 여객선 추가…청해진해운」.
(http://www.hankyung.com/news/app/newsview.php?aid=2001071262331&intype=1)
7) 동아일보(2003-02-27). 「인천~제주 국내최대 여객선 띄운다」.
(http://news.naver.com/main/read.nhn?mode=LSD&mid=sec&sid1=102&oid=020&aid=0000178429)
8) 차량 적재수는 언론사 별로 다르게 표기하고 있어 차후에 이에 대한 공식적인 확인이 요구됨.
9) 한국경제(2013-02-12). 「인천~제주 여객선 주 6일 운항」.
(http://www.hankyung.com/news/app/newsview.php?aid=201302128106i)
10) 제주의 소리(2014-05-12). 「청해진해운, 제주~인천 뱃길 면허취소」.
(http://www.jejusori.net/?mod=news&act=articleView&idxno=145708)
11) 연합뉴스(2014-04-16). 「[여객선침몰] 사고해역 '맹골수도' 어떤 곳」.
(http://news.naver.com/main/read.nhn?mode=LSD&mid=sec&sid1=102&oid=001&aid=0006866239)
12) 연합뉴스(2014-05-15). 「[세월호 참사 한달] 출항 · 침몰 · 수색 일지」.
(http://www.yonhapnews.co.kr/society/2014/05/14/0701000000AKR20140514158800054.HTML)
13) 연합뉴스(2014-05-08). 「[세월호 참사] 사망자 3명 중 2명꼴 4층서 발견」.
(http://www.yonhapnews.co.kr/society/2014/05/08/0701000000AKR20140508178800054.HTML)
14) 머니투데이(2014-04-22). 「총체적 '인재'의 결정판 세월호…"곳곳에 원인 있었다"」.
(http://www.mt.co.kr/view/mtview.php?type=1&no=2014042215321225070&outlink=1)
15) 뉴스타파(2014-07-24). <세월호 골든 타임, 국가는 없었다>.
(https://www.youtube.com/watch?v=Fm81fi5F5EE)
16) 시간대는 세월호 기록팀이 발간한 「세월호, 그날의 기록」을 참조하여 수정하였다.
17) 연합뉴스, <그래픽> 시간대별 세월호 침몰 상황.
http://www.yonhapnews.co.kr/photos/1991000000.html?cid=GYH20140515002300044&from=search
18) 경향신문, 「[동영상 뉴스] 세월호 침몰 시간대별 영상…9시 32분에서 10시 17분 까지」.

(http://news.khan.co.kr/kh_news/khan_art_view.html?artid=201404281721111)

19) 뉴시스(2014-05-17). 「[세월호 참사] 시간대별 기울기 복원, 해경 과실 입증되나」. (http://www.newsis.com/ar_detail/view.html?ar_id=NISX20140515_0012919894&cID=10203&pID=10200)

20) 연합뉴스(2014-04-18). 「[여객선 침몰] 세월호 뱃머리 물밖으로 1m만 남아(종합)」. (http://media.daum.net/issue/627/newsview?issueId=627&newsid=20140418083106742)

21) 선박자동식별장치란 "일정 범위의 설비를 장착한 선박의 선명·침로·선속·위치 등의 항행정보를 자동으로 표시해주는 장비"를 의미한다(선박항해용어사전: 선박자동식별장치, http://terms.naver.com/entry.nhn?docId=382102&cid=42329&categoryId=42329).

22) 승선원 전모(61)씨는 "오전 7시 40분께 업무를 마치고 업무 일지를 쓰던 중 갑자기 배가 기울었다. 창문이 박살 나고 사람들이 한쪽으로 쏠릴 정도였다"고 진술하였고, 조타수 오용석(58)씨도 "배가 왼쪽으로 확 기우는데 10초도 안 걸릴 정도로 순식간이었다"며 "배가 이미 60도 이상 기운 상태라 배의 균형을 잡는 힐링을 하기가 쉽지 않았다"고 진술하였다(연합뉴스, 2015-04-17. 「세월호 침몰 원인, '급격한 변침'에 무게 실린다」).

23) 연합뉴스, 「세월호 침몰 원인, '급격한 변침'에 무게 실린다」. (http://www.yonhapnews.co.kr/society/2014/04/17/0701000000AKR20140417200800034.HTML)

24) JTBC(2014-04-22). 「최초 신고자 학생이었다…승무원보다 3분 먼저 '119 신고'」. (http://news.jtbc.joins.com/article/article.aspx?news_id=NB10468757).

25) JTBC(2014-04-22). 「"살려주세요" 신고 학생에…선박명 안 묻고 "위·경도 어디냐"」. (http://news.jtbc.joins.com/article/article.aspx?news_id=NB10468756&cloc=jtbc)

26) JTBC(2014-04-22). 「진도VTS로 신고만 했어도…잃어버린 '18분의 골든 타임'」. (http://news.jtbc.joins.com/article/article.aspx?news_id=NB10468755)

27) 한겨레(2014-04-21). 「세월호-진도관제센터 31분간 교신 녹취록 전문」. (http://www.hani.co.kr/arti/society/society_general/633649.html)

28) 한겨레(2014-04-21). 「세월호-진도관제센터 31분간 교신 녹취록 전문」. (http://www.hani.co.kr/arti/society/society_general/633649.html)

29) 경향신문(2014-04-16). 「[속보] 진도 해상 침몰 중 수학여행 여객선서 329명 중 100명 구조」. (http://news.khan.co.kr/kh_news/khan_art_view.html?artid=201404160927351&code=940202)

30) 연합뉴스(2014-04-16). 「진도 해상서 조난 여객선 구조차 해군 긴급출동」. (http://news.naver.com/main/read.nhn?mode=LSD&mid=sec&sid1=102&oid=001&aid=0006864753)

31) 연합뉴스(2014-04-17). 「[여객선 침몰] 27명 구조한 낚싯배선장 "만사 제쳐놓고 달려가"」. (http://media.daum.net/special/5/newsview?newsId=20140417134209778&specialId=5)

32) 조선일보(2014-04-17). 「[진도 여객선 침몰/밤샘 구조] 구조 동참한 조도面 어민 150명, 배 60척 이끌고 수십명 구해」. (http://media.daum.net/issue/627/newsview?issueId=627&newsid=20140417030208960)

33) 연합뉴스(2014-04-16). 「정부, 여객선 침몰사고 중앙재난안전대책본부 가동」. (http://news.naver.com/main/read.nhn?mode=LSD&mid=sec&sid1=102&oid=001&aid=00068648

13)

34) 연합뉴스(2014-05-08). 「[세월호 참사] 사망자 3명 중 2명꼴 4층서 발견」.
(http://www.yonhapnews.co.kr/society/2014/05/08/0701000000AKR20140508178800054.HTML)

35) 유튜브, <헬기에서 촬영한 '세월호' 구조현장>.
(https://www.youtube.com/watch?v=IavlXv-5OiU#t=153)

36) 경향신문, 세월호 시간대별 침몰 및 구조사진.
(http://www.clien.net/cs2/bbs/board.php?bo_table=park&wr_id=28517709)

37) 연합뉴스(2014-11-11). 「정부, '세월호 수색작업 종료' 발표(종합2보)」.
(http://www.yonhapnews.co.kr/bulletin/2014/11/11/0200000000AKR20141111049554003.HTML)

38) 해양수산부(2014-11-17). 「(보도자료) 세월호 침몰사고 범정부사고대책본부 해체」.

39) 연합뉴스(2014-05-15). 「<세월호 참사> 승객 10명 중 9명 가까이 탈출 준비 완료」.
(http://www.yonhapnews.co.kr/bulletin/2014/05/15/0200000000AKR20140515160400054.HTML?from=search)

40) 해양수산부 중앙사고수습본부, <여객선 세월호 침수·전복사고 조치사항 및 계획>, 2014.04.16. 20:30 보도자료.

41) 연합뉴스(2014-04-16). 「<여객선침몰> "해군 구조대원 선실 3곳 진입…사람은 발견못해"」.
(http://news.naver.com/main/hotissue/read.nhn?mid=hot&sid1=102&cid=984650&iid=1069163&oid=001&aid=0006866402&ptype=011)

42) 연합뉴스(2014-04-16). 「<여객선침몰> 잠수부 4명 투입…야간 수색 강행」.
(http://news.naver.com/main/read.nhn?mode=LSD&mid=sec&sid1=101&oid=001&aid=0006866425)

43) 연합뉴스(2014-04-16). 「정부, 여객선 침몰사고 중앙재난안전대책본부 가동」.
(http://news.naver.com/main/read.nhn?mode=LSD&mid=sec&sid1=102&oid=001&aid=0006864813)

44) 해양수산부 중앙사고수습본부, <여객선 세월호 침수·전복사고 조치사항 및 계획>, 2014.04.16. 20:30 보도자료.

45) 해양수산부 중앙사고수습본부, <여객선 세월호 침수·전복사고 조치사항 및 계획>, 2014.04.17. 06:00 보도자료.

46) 서울신문(2014-04-17). 「[속보] 세월호 구조 현황, 사망자 명단, 침몰 원인 '변침' 주목…진도 여객선 참사 사망자 추가 확인 총 9명 "에어포켓 만이 희망"」.
(http://www.seoul.co.kr/news/newsView.php?id=20140417500097)

47) 머니투데이(2014-04-17). 「'침몰 세월호' 10번째 사망자 발견…신원불상」.
(http://media.daum.net/issue/627/newsview?issueId=627&newsid=20140417203907062)

48) SBS CNBC(2014-04-17). 「민간잠수부 실종 후 구조…실종됐던 이유 들어보니」.
(http://sbscnbc.sbs.co.kr/read.jsp?pmArticleId=10000649570)

49) 연합뉴스(2014-04-17). 「해경 무인로봇 동원 수색 재개…사망자 14명으로 늘어」.
(http://media.daum.net/issue/627/newsview?issueId=627&newsid=20140417220704549)

50) 연합뉴스(2014-04-17). 「남녀 시신 2구씩 추가 발견…사망자 18명(속보)」. (http://media.daum.net/issue/627/newsview?issueId=627&newsid=20140417232906267)

51) 해양수산부 중앙사고수습본부, <여객선 세월호 침수 · 전복사고 조치사항 및 계획>, 2014.04.17. 17 : 30 보도자료.

52) YTN (2014-04-18). 「<속보> 60대 남성 시신 추가 인양…사망자 25명」. (http://www.ytn.co.kr/_ln/0103_201404180114222471)

53) 머니투데이(2014-04-18). 「'침몰 세월호' 시신 1구 추가 발견…총 26명 사망」. (http://media.daum.net/issue/627/newsview?issueId=627&newsid=20140418112712132)

54) 해양수산부 중앙사고수습본부, <여객선 세월호 침수 · 전복사고 조치사항 및 계획>, 2014.04.18. 15 : 00 보도자료.

55) 연합뉴스(2014-04-18). 「여객선 침몰 사망자 28명으로 늘어(속보)」. (http://media.daum.net/issue/627/newsview?issueId=627&newsid=20140418125005999)

56) 뉴시스(2014-04-18). 「[진도 여객선 침몰] 화물칸 문 개방…객실 진입 시도」. (http://media.daum.net/issue/627/newsview?issueId=627&newsid=20140418161211360)

57) 조선일보(2014-04-18). 「'세월호 침몰' 구조요원, 화물칸 진입 이후 18분만에 철수 '가이드라인 끊어졌다'」. (http://news.chosun.com/site/data/html_dir/2014/04/18/2014041802287.html)

58) 뉴시스(2014-04-19). 「[진도 여객선 침몰] 60대女 시신 인양…29번째 사망자」. (http://media.daum.net/issue/627/newsview?issueId=627&newsid=20140419004209122)

59) 연합뉴스(2014-04-19). 「<여객선 침몰> 4층 객실 내 시신 첫 확인」. (http://media.daum.net/issue/627/newsview?issueId=627&newsid=20140419074005814)

60) 머니투데이(2014-04-19). 「해경 "선체 인근서 女시신 1구 발견…30번째 사망자"」. (http://media.daum.net/society/affair/newsview?newsid=20140419170805887&RIGHT_COMM=R1)

61) 범정부 사고대책본부, <최초 선내 진입 시신 수습 성공>, 2014.04.19. 보도자료.

62) 범정부 사고대책본부, <세월호 침몰 수색 · 구조 상황 공지>, 2014.04.20. 18 : 00 보도자료.

63) 범정부 사고대책본부, <정부, 안산시 · 진도군 '특별재난지역 선포' 건의 확정 보상금 선지원 후 사고원인자에게 구상권 청구 검토>, 2014.04.20. 보도자료.

64) 범정부 사고대책본부, <박근혜 대통령, 안산시 · 진도군 특별재난지역 선포>, 2014.04.20. 보도자료.

65) 메트로신문(2014-04-21). 「세월호 침몰, 시신 5구 추가 발견…사망자 64명」. (http://www.metroseoul.co.kr/news/newsview?newscd=2014042100020)

66) 황 본부장은 이날 SBS 라디오 전화 인터뷰에서 "이론적으로는 그럴 수 있지만 이쪽의 조류가 워낙 세고 탁도가 높기 때문에 부피가 큰 다이빙벨을 선체 내부에 넣지 못한다"며 현재 상황에서는 다이버에 의한 수색 구조방법이 최선이라고 주장하였다(한국경제(2014-04-21). 「'다이빙벨' 사용 여부 두고 이종인 vs 황대식 의견 대립……"누가 맞건 일단 해봅시다"」 (http://www.wowtv.co.kr/newscenter/news/view.asp?bcode=T30001000&artid=A201404210361)

67) 데일리안(2014-04-21). 「이종인 '다이빙벨' 이끌고 사고 현장으로 출항」.

(http://www.dailian.co.kr/news/view/433932)

68) 뉴시스(2014-04-21).「[세월호 참사] '다이빙벨: 투입 안된 이유…잠수사 안전 때문」. (http://media.daum.net/issue/627/newsview?issueId=627&newsid=20140421221906938)

69) 노컷뉴스(2014-04-21).「[여객선 침몰] 시신 23구 발견…사망자 87명(1보)」. (http://news.naver.com/main/read.nhn?mode=LSD&mid=sec&sid1=001&oid=079&aid=0002588113)

70) 뉴시스(2014-04-22).「[세월호 참사] 야간수색 돌입…사망자 113명」. (http://media.daum.net/issue/627/newsview?issueId=627&newsid=20140422191106069)

71) 뉴시스(2014-04-22).「[세월호 참사] 야간수색 돌입…사망자 113명」. (http://media.daum.net/issue/627/newsview?issueId=627&newsid=20140422191106069)

72) 세계일보(2014-04-22).「격벽에 막혀 3층 식당칸 진입 난항…24일 고비」. (http://media.daum.net/issue/627/newsview?issueId=627&newsid=20140422192607329)

73) 파이낸셜뉴스(2014-04-23).「[여객선 침몰참사] 구조팀 "3~4층에 학생들 다수…30~50인 침실 '다인실' 집중 수색"」. (http://media.daum.net/issue/627/newsview?newsId=20140423114409111&issueId=627&page=1&type=all)

74) 뉴시스(2014-04-23).「[세월호 참사] 시신 2구 추가 수습…사망자 159명」. (http://media.daum.net/issue/627/newsview?issueId=627&newsid=20140423231505777)

75) 해양수산부 중앙사고수습본부, <여객선 세월호 침몰사고 관련 조치사항>, 2014.04.24. 10：00 보도자료.

76) 범정부 사고대책본부, <범정부 사고대책본부 수색·구조상황 공지>, 2014.04.24. 23：00 보도자료.

77) 노컷뉴스(2014-04-25).「[세월호 참사] 시신 2구 추가 수습…사망자 185명」. (http://www.nocutnews.co.kr/news/4014269)

78) 뉴시스(2014-04-26).「[세월호 참사] 선내 3층 식당서 시신 2구 수습, 사망자 187명」. http://www.newsis.com/ar_detail/view.html?ar_id=NISX20140426_0012880175&cID=10202&pID=10200

79) JTBC(2014-04-26).「시신 2구 수습…잠수사들, 조류-시야-장애물 '삼중고'」. (http://news.jtbc.joins.com/article/article.aspx?news_id=NB10470877)

80) 노컷뉴스(2014-04-27).「[세월호 참사] '풍랑특보' 선내 4층서 시신 1구 수습」. (http://www.nocutnews.co.kr/news/4014807)

81) JTBC(2014-04-27).「구조 상황 더 악화…용접 등 객실 진입 방법 논의」. (http://news.jtbc.joins.com/article/article.aspx?news_id=NB10471164)

82) 뉴시스(2014-04-28).「[세월호 참사] 선내 4층 선수서 희생자 시신 1구 수습…사망자 189명」. (http://www.newsis.com/ar_detail/view.html?ar_id=NISX20140428_0012883761&cID=10201&pID=10200)

83) 경향신문(2014-04-29).「[여객선 참사 속보] 시신 12구 추가 수습…세월호 사망자 205명으로」. (http://news.khan.co.kr/kh_news/khan_art_view.html?artid=201404291655511&code=940202)

84) 노컷뉴스(2014－04－30). 「[세월호 참사] 세월호 시신 2구 추가 수습…사망자 212명」. (http://www.nocutnews.co.kr/news/4016799)

85) 연합뉴스(2014－04－30). 「[세월호 참사] '다이빙벨' 내일 새벽 2~3시 재투입(종합 2보)」. (http://www.yonhapnews.co.kr/bulletin/2014/04/30/0200000000AKR20140430191800053.HTML?from=search)

86) JTBC(2014－05－01). 「주요 64개 객실 중 44개 수색 마쳐…희생자 9명 발견」. (http://news.jtbc.joins.com/article/article.aspx?news_id=NB10473537)

87) JTBC(2014－05－01). 「다이빙벨, 성과 없이 현장서 철수…"실종자 가족에 죄송"」. http://news.jtbc.joins.com/article/article.aspx?news_id=NB10473522

88) 뉴시스(2014－05－02). 「[세월호 참사] 2일 오후 시신 2구 추가 수습…사망 228명」. (http://www.newsis.com/ar_detail/view.html?ar_id=NISX20140502_0012893543&cID=10201&pID=10200)

89) 뉴시스(2014－05－03). 「[세월호 참사] 3일 오후 시신 2구 추가 수습…희생자 236명」. (http://www.newsis.com/ar_detail/view.html?ar_id=NISX20140503_0012895081&cID=10201&pID=10200)

90) 뉴시스(2014－05－04). 「[세월호 참사] '내일이 생일인데…' 4일 오후 4구 수습…희생자 248명」. http://www.newsis.com/ar_detail/view.html?ar_id=NISX20140504_0012896253&cID=10201&pID=10200

91) 뉴시스(2014－05－05). 「[세월호 참사] 5일 오후 시신 2구 추가 수습…희생자 262명」. (http://www.newsis.com/ar_detail/view.html?ar_id=NISX20140505_0012897651&cID=10201&pID=10200)

92) YTN(2014－05－06). 「희생자 추가 발견…사망 268명」. (http://www.ytn.co.kr/_ln/0115_201405062253230265)

93) 세계일보(2014－05－07). 「[세월호 침몰] 7일 시신 1구 추가 수습…사망자 269명」. (http://www.sportsworldi.com/content/html/2014/05/07/20140507023391.html)

94) TVREPORT(2014－05－09). 「세월호 참사 24일째, 시신 4구 추가 수습…사망자 273명 · 실종자 31명」. (http://www.tvreport.co.kr/?c=news&m=newsview&idx=498751).

95) 경향신문(2014－05－09). 「[세월호참사 속보] 9일 오후 10시 현재…사망 274명, 실종 30명」. (http://news.khan.co.kr/kh_news/khan_art_view.html?artid=201405092303111&code=940202)

96) 연합뉴스(2014－05－10). 「[세월호 참사] 사고 해역 풍랑예비특보…수색 잠정 중단」. (http://www.yonhapnews.co.kr/society/2014/05/10/0701000000AKR20140510029600062.HTML)

97) 연합뉴스(2014－05－13). 「[세월호 참사] 수색 사흘만에 시신 1구 수습…사망 276명, 실종 28명」. (http://www.yonhapnews.co.kr/bulletin/2014/05/13/0200000000AKR20140513116100054.HTML)

98) 연합뉴스(2014－05－14). 「[세월호 참사] 14일 시신 5구 수습…사망 281 · 실종 23명(종합2보)」. (http://www.yonhapnews.co.kr/bulletin/2014/05/14/0200000000AKR20140514120752054.HTML?from=search)

99) 연합뉴스(2014－05－15). 「[세월호 참사] 승객 10명 중 9명 가까이 탈출 준비 완료」. (http://www.yonhapnews.co.kr/bulletin/2014/05/15/0200000000AKR20140515160400054.HTML?

from=search)

100) 연합뉴스(2014-05-17). 「[세월호 참사] 새벽시간 시신 1구 수습…실종자 19명」. (http://www.yonhapnews.co.kr/bulletin/2014/05/17/0200000000AKR20140517017700054.HTML?from=search)

101) 연합뉴스(2014-05-18). 「[세월호 참사] 여성 시신 1구 인양…실종자 18명」. (http://www.yonhapnews.co.kr/society/2014/05/18/0701000000AKR20140518008700054.HTML)

102) 머니투데이(2014-05-20). 「"아이들 구명조끼 입혀야돼" 어머니 전화 끊은 교사, 끝내…」. (http://www.mt.co.kr/view/mtview.php?type=1&no=2014052007240767468&outlink=1)

103) 연합뉴스(2014-05-21). 「[세월호 참사] 사고 36일째…1명 발견, 실종자 16명(종합)」 http://www.yonhapnews.co.kr/bulletin/2014/05/21/0200000000AKR20140521007451054.HTML

104) 연합뉴스(2014-06-05). 「[세월호 참사] 40㎞ 떨어진 해역서 일반 승객 시신 발견(종합3보)」. (http://www.yonhapnews.co.kr/bulletin/2014/06/05/0200000000AKR20140605157353054.HTML?from=search)

105) 연합뉴스(2014-06-06). 「[세월호 참사] 3층서 남성 1명 추가 수습…실종자 14명」. (http://www.yonhapnews.co.kr/society/2014/06/06/0701000000AKR20140606027500054.HTML)

106) 연합뉴스(2014-06-08). 「[세월호 참사] 4층서 남성 추정 시신 추가 수습…실종자 12명」. (http://www.yonhapnews.co.kr/bulletin/2014/06/09/0200000000AKR20140609000200054.HTML?from=search)

107) 뉴스1(2014-06-23). 「16일만에 여성 시신 1구 수습…남은 실종자 11명」. (http://www.news1.kr/articles/?1737388)

108) 연합뉴스(2014-07-18). 「[잠수방식 바꾸고 첫 실종자 수습…효과 있나?]」. (http://www.yonhapnews.co.kr/bulletin/2014/07/18/0200000000AKR20140718059200054.HTML)

109) 해양수산부(2014-10-29). 「(보도자료) 희생자 1명 수습(범대본)」. (http://www.mof.go.kr/article/view.do?articleKey=4603&searchSelect=title&boardKey=21&menuKey=319&currentPageNo=2)

110) 연합뉴스(2014-05-07). 「[세월호 참사] 구조지원 나선 해경 항공대원 쓰러져 의식불명(종합)」. (http://www.yonhapnews.co.kr/bulletin/2014/05/07/0200000000AKR20140507196800054.HTML?from=search)

111) 국제신문(2014-05-06). 「바지선에 의사 없고 건강체크 안해…민간잠수사 목숨건 수색」. (http://www.kookje.co.kr/news2011/asp/newsbody.asp?code=0300&key=20140507.22006210439)

112) 연합뉴스(2014-05-07). 「[세월호 참사] 구조지원 나선 해경 항공대원 쓰러져 의식불명(종합)」. (http://www.yonhapnews.co.kr/bulletin/2014/05/07/0200000000AKR20140507196800054.HTML?from=search)

113) 동아일보(2014-05-09). 「24시간 근무뒤 잠도 못자고 8시간 헬기 수색하더니…」. (http://news.donga.com/Main/3/all/20140509/63344410/1).

114) 동아일보(2014-05-09). 「24시간 근무뒤 잠도 못자고 8시간 헬기 수색하더니…」. (http://news.donga.com/Main/3/all/20140509/63344410/1).

115) 뉴시스(2014－05－30). 「[종합2보] 선체 절단작업 민간잠수사 숨져…충격음 들려」.
(http://www.newsis.com/ar_detail/view.html?ar_id＝NISX20140530_0012952948&cID＝10201&pID＝10200)

116) 뉴시스(2014－07－17). 「[종합2보] 광주서 세월호 지원 소방헬기 추락 5명 사망」.
(http://www.newsis.com/ar_detail/view.html?ar_id＝NISX20140717_0013053101&cID＝10202&pID＝10200)

117) 이데일리(2014－04－16). 「[진도 여객선 침몰] 368명 구조…해군 특수요원 선실 진입 시도」.
(http://www.edaily.co.kr/news/NewsRead.edy?SCD＝JG31&newsid＝02627286606056776&DCD＝A00703&OutLnkChk＝Y)

118) 연합뉴스(2014－04－18). 「[세월호 침몰] 크레인 1시부터 속속 도착…신속 인양 '딜레마'」.
(http://media.daum.net/issue/627/newsview?issueId＝627&newsid＝20140418005507879)

119) 문화일보(2014－04－30). 「[사회] 구조 15일째 "더 이상 지체하면 시신 육안 확인 어려울 듯"」.
(http://www.munhwa.com/news/view.html?no＝2014043001031127159002)

120) 매일경제(2014－10－24). 「"세월호 인양 '실종자가족 2/3 다수결로 결정' 논의"」.
(http://news.mk.co.kr/newsRead.php?year＝2014&no＝1348634)

121) 뉴스1(2014－10－27). 「세월호 실종자 가족, 선체인양 투표 부결…지속 수색 결정(2보)」.
(http://news1.kr/articles/?1923776)

122) TV조선(2014－11－10).「[뉴스 7] "세월호 실종자 수색 더이상 어렵다"…범대본 실종자 가족 설득 중」.
(http://news.tvchosun.com/site/data/html_dir/2014/11/10/2014111090015.html)

123) 한국경제(2014 11 11). 「세월호 가족 "고심 끝 중단 요청…인양 후 실종자 찾아달라"」.
(http://www.hankyung.com/news/app/newsview.php?aid＝201411114281g)

124) 아이뉴스(2014－11－13). 「세월호 수색 중단 며칠됐다고…인양 불가 논란」.
(http://news.inews24.com/php/news_view.php?g_serial＝863230&g_menu＝050220&rrf＝nv)

125) 오마이뉴스(2014－11－27). 「실종자 가족 · 진도군민 "세월호 인양 강력 촉구"」.
(http://www.ohmynews.com/NWS_Web/View/at_pg.aspx?CNTN_CD＝A0002057284)

126) YTN(2014－12－10). 「전남도의회 '세월호 인양 촉구 결의안' 채택」.
(http://www.ytn.co.kr/_ln/0115_201412101419485104)

127) 연합뉴스(2015－01－08). 「세월호 인양 가능할까…사고해역 조사 착수 <경남>」.
(http://news.naver.com/main/read.nhn?mode＝LSD&mid＝sec&sid1＝102&oid＝422&aid＝0000097299)

128) 아시아투데이(2015－01－18). 「이주영 "세월호 선체인양하는 것이 바람직해"」.
(http://www.asiatoday.co.kr/view.php?key＝20150118010009147)

129) KBS뉴스(2015－01－26). 「세월호 인양 검토 위한 2단계 선체 조사 마무리」.
(http://news.kbs.co.kr/news/view.do?ref＝A&ncd＝3009143)

130) 이데일리(2015－04－06). 「朴대통령 "세월호 선체인양 적극적으로 검토할 것"」.
(http://www.edaily.co.kr/news/NewsRead.edy?SCD＝JF11&newsid＝02154966609333496&DCD＝A00601&OutLnkChk＝Y)

131) 경향신문(2015-04-10). 「[속보] 해수부, “세월호 선체인양, 기술적으로 가능”」.
(http://biz.khan.co.kr/khan_art_view.html?artid=201504101601581&code=920100&med=khan)

132) 뉴시스(2015-04-16). 「朴대통령 “빠른 시일 내 세월호 인양 나설 것”」.
(http://www.newsis.com/ar_detail/view.html?ar_id=NISX20150416_0013604611&cID=10217&pID=10200)

133) 뉴시스(2015-04-16). 「해수부 “세월호 선체인양 절차 신속히 추진할 것”」.
(http://www.newsis.com/ar_detail/view.html?ar_id=NISX20150416_0013605410&cID=10217&pID=10200)

134) MBN(2015-04-17). 「‘세월호 참사 1주기’ 선체인양 작업, 국회 본회의 통과…여야 모두 합의」.
(http://star.mbn.co.kr/view.php?no=365509&year=2015&refer=portal)

135) 파이낸셜뉴스(2015-04-20). 「해수부, 국민안전처 중대본에 ‘세월호 인양’ 요청…22일 최종 결정」.
(http://www.fnnews.com/news/201504201524551204)

136) 파이낸셜뉴스(2015-04-22). 「정부 세월호 인양하기로, 현 상태 통째로 인양하기로…‘인양 시기와 비용은?’」.
(http://www.fnnews.com/news/201504222338348048)

137) 파이낸셜뉴스(2015-04-22). 「정부 세월호 인양하기로, 현 상태 통째로 인양하기로…‘인양 시기와 비용은?’」.
(http://www.fnnews.com/news/201504222338348048)

138) 동아일보(2015-05-07). 「해수부, 세월호 선체인양 전담 TF 구성 완료…9월부터 작업 착수」.
(http://news.donga.com/3/all/20150507/71120194/1)

139) 정책뉴스(2015-05-12). 「해수부, ‘세월호 후속조치 추진본부’ 발족」.
(http://www.korea.kr/policy/pressReleaseView.do?newsId=156050774)

140) 국민일보(2015-05-15). 「세월호 인양 현장에 답있다…세월호 인양 현장사무소 개소」.
(http://news.kmib.co.kr/article/view.asp?arcid=0009446321&code=61121111&cp=nv)

141) 연합뉴스(2015-05-29). 「세월호 입찰 설명회 국내외 100여명 참석…높은 관심」.
(http://www.yonhapnews.co.kr/bulletin/2015/05/29/0200000000AKR20150529148500003.HTML?input=1195m)

142) 한국일보(2015-06-23). 「해수부, “세월호 인양 국제입찰에 7개 컨소시엄 참여”」.
(http://www.hankookilbo.com/v/cdf3121da7034511b7983acb0213b4a1)

143) 이데일리(2015-07-15). 「세월호 인양 우선협상대상업체에 韓·中컨소시엄」.
(http://www.edaily.co.kr/news/NewsRead.edy?SCD=JA11&newsid=01977846609434848&DCD=A00101&OutLnkChk=Y)

144) 살비지 컨소시엄이 제시한 세월호 인양방식은 다음과 같은 순서로 진행된다: “① 잔존유 제거 ② 창문·출입구 안전망으로 폐쇄 등 유실방지 작업 ③ 선내 막대형(1.5m×30m)부력재 30여개 및 압축공기 주입 ④ 선수 부분 와이어 감아 크레인 연결해 살짝 들어올림 ⑤ 세월호 아래에 3.5m 간격으로 24개 철제 리프팅빔 설치 ⑥ 리프팅빔을 크레인 1대에 연결해 수심 23m까지 올려 동거차도 쪽 2㎞ 이동 ⑦ 플로팅 독에 올려 목포신항까지 90㎞ 이동해 육지로 올린다”(연합뉴스(2015-08-04). 「세월호 인양 업체 상하이 살비지 선정…내년 7월전 인양」).

145) 연합뉴스(2015-08-04). 「세월호 인양 업체 상하이 살비지 선정…내년 7월전 인양」. (http://www.yonhapnews.co.kr/bulletin/2015/08/04/0200000000AKR20150804092500003.HTML?input=1195m)

146) 매일신문(2015-08-19). 「세월호 인양 첫 수중조사, '실종자 9명이 남아있는 배'로 절단 없이 통째로 인양하는 첫 사례」. (http://www.imaeil.com/sub_news/sub_news_view.php?news_id=46492&yy=2015)

147) KBS(2015-09-16). 「세월호 인양 1차 조사 완료…유실 방지망 설치」. (http://news.kbs.co.kr/news/view.do?ncd=3148951&ref=A)

제 2 장

문제점 및 원인 분석

제 1 절　사전예방조치상의 문제점
제 2 절　사전예방조치상의 문제점에 대한 원인 분석
제 3 절　초동대응상의 문제점
제 4 절　초동대응상의 문제점에 대한 원인 분석

세월호 침몰의 직접적인 원인은 정부에서 공식적으로 밝힌 급격한 변침이라고 할 수 있으나, 대규모 인명 피해를 초래한 대형 참사로 이어진 데에는 한국 사회 전반의 안전시스템 붕괴 때문이라고 할 수 있다. 이와 관련해 민주사회를 위한 변호사 모임에서 발간한 『민변의 기록』(2014년 발간)은 사고를 참사로 만든 10대 원인으로 무분별한 규제완화로 사라진 안전장치, 바다를 덮친 민영화의 위험, 정부의 재난 대응역량 부재, 원칙 없는 정부조직 개편, 안전관리 능력이 없는 무능한 감독기관, 컨트롤타워 역할을 하지 못한 청와대와 대통령, 해경의 손 놓은 초동대응, 해경의 외부지원 거부 및 배제 의혹, 돈벌이를 위한 해운사의 위험한 선박 운항, 교육 및 안전훈련 부재와 선원들의 무책임 등을 들고 있다.

한 대형 재난의 문제점 및 원인을 밝히는 과정은 문제를 보는 관점에 따라 달라질 수 있다. 또한 세월호 침몰사고에 대한 원인 및 책임에 대한 논의는 아직도 계속 진행 중이다. 따라서 아직은 논쟁의 여지가 다분하지만, 지금까지 밝혀진 자료를 바탕으로 조심스럽게 세월호 침몰사고의 문제점 및 원인을 규명하고자 한다. 다양한 논쟁의 여지가 있음에도 불구하고 원인 규명을 시도하는 것은 하루라도 빨리 정상적인 재난관리시스템을 구축하여 이러한 대형 사고를 사전에 예방할 수 있도록 하기 위함이다. 따라서 본 저서에서는 국가 거버넌스 차원에서 정부의 역할에 초점을 맞추어 세월호 침몰사고의 문제점 및 원인을 밝히고자 한다.

따라서 본 장에서는 세월호 사고와 관련된 문제적 상황을 사고발생 전과 사고발생 후로 구분하고, 사고발생 전 문제적 상황은 선박도입, 선박개조, 선박운항 등의 순서로 시간의 흐름에 따라 살펴보고, 사고발생 후 초등대응 과정은 관제센터, 컨트롤타워, 해경 및 관련 기관, 선원 등 각 주체별로 어떤 문제들이 있었는지를 짚어본다. 그리고 각 문제적 상황별로 왜 그러한 문제가 발생하였는지에 대해 그 근본적인 원인을 진단해보기로 한다.

제 1 절 사전예방조치상의 문제점

1 노후선박 활용과 안전점검 미흡

세월호는 원래 1994년 일본에서 건조되어 18년간 가고시마~오키나와(나하) 간을 운항한 후 퇴역한 선박을 2012년 9월 청해진해운이 도입한 선박이다. 따라서 도입 당시 세월호는 건조된 지 18년이나 지난 여객선으로 매우 노후화되어 거의 폐선에 가까운 여객선이라고 할 수 있다. 뉴스타파에 따르면, 2013년 기준으로 연안 여객선 중 세월호와 마찬가지로 20년 이상 노후화된 선박은 총 67척으로 전체 31%를 차지하고 있고, 이는 언제 터질지 모르는 시한폭탄을 안고 있는 것과 마찬가지라고 할 수 있다.[1] 물론 노후화된 선박을 활용하는 것은 비용적인 측면에서 긍정적인 면은 있을 수 있으나, 노후선박에 대한 안전점검이 신중하게 그리고 계속적으로 이루어지지 않아 사고를 사전에 철저하게 예방하지 못한 문제점을 안고 있다고 할 수 있다.

2 변조된 증선 신청서와 인가 부실

세월호를 도입하기 전 청해진해운은 2011년 7월 증선 인가를 신청하였고, 감사원의 감사결과(2014)에 따르면, 당시 서류를 위조한 사실이 밝혀졌다. 즉, 청해진해운이 인가기준[2]을 맞추기 위해 선박계약서(청해진해운과 일본 선사 간 합의각서) 원본 내용과 다르게 재화중량톤수를 3,963톤에서 3,063톤으로 임의로 축소한 사본을 증빙자료로 인천항만청에 제출하였던 것이다. 또한, 청해진해운은 "선박검사기관의 자료(재화중량 3,981톤, 여객정원 804명)가 아닌 변조된 세월호 선박계약서 등(재화중량 3,000톤, 여객정원 750명)에 근거[하여], 평균운송수입률을 과다 산정(24.3% → 26.9%)"하였다(감사원, 2014: 4). 그러나 인천항만청은 증선 신청서류를 꼼꼼히 검토하지 않고 동년 9월에 조건부 인가를 해주었다.

참고 「해운법 시행규칙」(2011.4.11. 시행)

○ 제11조(사업계획의 변경신고 또는 변경인가) 여객운송사업자는 법 제12조에 따라 사업계획의 변경신고를 하거나 변경인가를 받으려는 경우에는 별지 제8호서식의 사업계획 변경신고서(변경인가신청서)에 사업계획서를 첨부하여 국토해양부장관 또는 지방해양항만청장에게 제출하여야 한다.

○ 제12조(사업계획변경의 인가기준) 「해운법 시행령」(이하 "영"이라 한다) 제8조 제2호에서 "국토해양부령으로 정하는 수송수요기준"이란 제4조 제4항에 따라 산출한 평균 승선 및 적취율이 100분의 25 이상을 유지하는 것을 말한다.

3 무리한 선박 증축과 선박 안전검사 부실

선박 증축과 관련해서는 청해진해운의 무리한 객실 증축과 이에 대한 부실한 안전검사 두 가지 문제적 상황이 발생하였다. 청해진해운은 2012년 10월 세월호를 담보로 산업은행으로부터 개보수 자금 30억원 등 100억원의 차입금을 받았고, 이 돈 중 상당한 금액을 세월호 증축에 사용하였다. 3~5층에 객실이 증설되었고, 탑승 가능 정원은 117명이 추가돼 804명에서 921명으로 늘어났으며, 선박의 무게도 239톤 증가하였다([그림 2-1] 참조). 무리한 세월호 증축과 관련해 한국해양대 해사수송과학부 김길수 교수는 "배를 급격히 돌린다고 전복이 되지는 않는다"고 할 수 있지만, "구조 변경 과정에서 무게 중심이 위로 올라갔다면 내·외부에서 충격이 가해졌을 때 배가 뒤집힌다"고 설명하였다.[3]

한편, 청해진해운은 객실만 증축한 것이 아니라, 배의 선수 오른편에 있던 50톤 가량의 램프웨이도 철거하였다. 출입구를 철거함으로써 화물을 더 실을 수 있을 뿐만 아니라, 배 전체의 무게를 줄여 그만큼 객실 증축을 하는데 유리하였을 것이라는 추정이 나왔다. 그리고 이와 관련해 김길수 교수는 "램프는 차들이 들어가야 하니까 무게가 엄청 나가잖아요. 그걸 없애고, 그렇게 되니까 배가 전체적으로 조금 불안해졌을 가능성이 있네요, 여러 가지 면에서. 똑바로 안 가고 한쪽으로 약간 기운다든지…"라고 설명하면서, 램프의 철거가 세월호가 침몰하는데 영향을 미쳤을 수 있음을 지적하였다.[4]

그림 2-1 침몰 세월호 증설 전후 화물 중량 비교

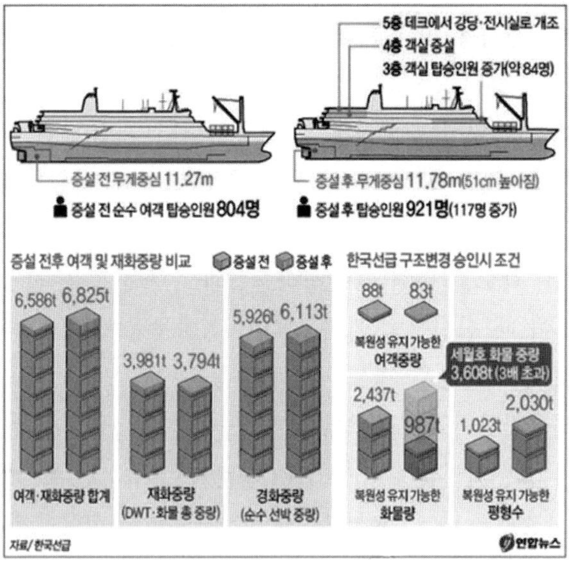

자료: 연합뉴스, 2014. 04. 22.[5]

문제는 무리한 선박 증축에 대한 감독기관의 부실한 선박검사이다. 한국선급은 「선박안전법」 제7조 제4항에 따라 세월호 증축(2012년 10월~2013년 2월)에 대한 선박검사("별도건조검사")를 실시하였다. 선박검사는 ① 증축 도면 등 승인, ② 선박 개조, ③ 경사시험(선박 경하중량 및 무게중심 산정), ④ 선박 복원성 계산서 승인, ⑤ 선박검사증서 발급 순으로 이루어진다. 그리고 이러한 선박검사에 대해 한 한국선급 관계자는 "객실 증설은 합법적인 공사였고, 점검 결과 운항에 문제가 없다는 결론이 나와 등록검사를 정상 통과했다"고 밝혔다.[6] 그러나 감사원의 감사결과(2014)에 따르면, 한국선급의 검사는 부실하게 이루어진 것으로 드러났다. 감사원은 크게 ① 선박검사업무 태만, ② 복원성 계산서 부당 승인, ③ 손상 복원성 부당 승인 등 세 가지 측면을 지적하였다.

구체적인 내용을 살펴보면, 첫째, 한국선급은 "세월호의 비상탈출용 미끄럼틀(강하식 탑승장치)을 무자격업체에서 정비 및 검사하였는데도 그대로 인정하였고 … 세월호가 당초 승인받은 도면과 다르게 증축되었는데도 이를 미확인"하였다(감

사원, 2014: 5). 구체적으로 청해진해운은 당초 승인받은 도면에서는 4층 여객실 출입문이 16개였는데 이를 12개로 시공하였고, 5층 전시실에 승인받은 도면에는 없는 대리석으로 만든 전시용 벽체를 설치하였다. 그럼에도 불구하고 한국선급은 이에 대한 문제 제기를 하지 않았다.

둘째, 한국선급은 복원성 계산서를 부당 승인하였다. 2013년 1월 "세월호 복원성 계산의 기초인 경하중량 및 무게중심을 산출하기 위해 세월호에 대한 경사시험을 실시"하였다(감사원, 2014: 6). 경사시험이란 "배 위의 중량물의 위치를 옮기면서 배가 기울어지는 각도를 측정하여 경하중량과 무게중심을 산정"하는 시험이다(감사원, 2014: 6). 이 때 신성선박(설계업체)이 경하중량을 약 100톤[7] 적게 제시하였는데도 불구하고 한국선급은 경사시험 결과를 승인하였다.

그 뿐만 아니라 "경사시험 결과, 세월호의 … 선박 복원성이 나쁜 것으로 나타나자 설계업체에서는 승인기준에 맞추기 위해 컨테이너의 단위무게를 조정하는 등 여객 및 화물무게(1,497톤 → 1,069톤)를 줄였는데도 한국선급에서는 그대로 승인"하였다(감사원, 2014: 6). 컨테이너 최대 적재량은 당초 5.65톤 컨테이너 54대로 총 305톤이었는데 컨테이너의 무게를 3톤으로 변경해서 컨테이너 최대 적재량을 162톤으로 변경하였다. 인천~제주 노선을 운항하는 다른 선박인 오하마나호 선장이 통상 컨테이너 무게가 6톤 정도라고 진술한 점을 감안할 때 이는 매우 중대한 기만행위라고 할 수 있다. 이러한 오류·부당사항을 수정하여 재계산시 복원성 기준을 초과하는 것으로 나타났다.

참고 「선박안전법」(2010.11.4. 시행)

○ 제7조(건조검사) ① 선박을 건조하고자 하는 자는 선박에 설치되는 선박시설에 대하여 국토해양부령이 정하는 바에 따라 국토해양부장관의 검사(이하 "건조검사"라 한다)를 받아야 한다. ② 국토해양부장관은 건조검사에 합격한 선박에 대하여 국토해양부령이 정하는 건조검사증서를 교부하여야 한다. ③ 제1항의 규정에 따른 건조검사에 합격한 선박시설에 대하여는 제8조 제1항의 규정에 따른 정기검사 중 선박을 최초로 항해에 사용하는 때 실시하는 검사는 이를 합격한 것으로 본다. ④ 국토해양부장관은 외국에서 수입되는 선박 등 제1항의 규정에 따른 건조검사를 받지 아니하는 선박에 대하여 건조검사에 준하는 검사로서 국토해양부령이 정하는 검사(이하 "별도건조검사"라 한다)를 받게 할 수 있다. 이 경우 제2항 및 제3항의 규정은 별도건조검사에 합격한 선박에 대하여 이를 준용한다.

○ 제20조(우수사업장의 지정) ① 국토해양부장관이 정하여 고시하는 선박용물건 또는 소형선박을 제조 또는 정비하는 자는 해당사업장에 대하여 국토해양부장관으로부터 우수제조사업장 또는 우수정비사업장(이하 "우수사업장"이라 한다)으로 지정받을 수 있다. ② 제1항의 규정에 따라 우수사업장으로 지정받고자 하는 자는 그 시설・설비, 제조・정비의 기준, 자체검사기준 및 인력 등에 대하여 국토해양부령이 정하는 기준에 따라 국토해양부장관의 승인을 얻어야 한다. 승인을 얻은 사항을 변경하고자 하는 때에도 또한 같다. ③ 제1항의 규정에 따라 국토해양부장관이 지정한 우수사업장에서 제조 또는 정비하여 제2항의 규정에 따른 자체검사기준에 합격한 선박용물건 또는 소형선박에 대하여는 건조검사 또는 선박검사 중 최초로 실시하는 검사는 이를 합격한 것으로 본다. 다만, 국토해양부장관이 정하여 고시하는 선박용물건 또는 소형선박에 대하여는 국토해양부장관으로부터 직접 확인을 받은 경우에 한하여 동 검사에 합격한 것으로 본다. ④ 제3항의 규정에 따라 자체검사기준에 합격한 선박용물건 또는 소형 선박에 대하여 우수사업장이 직접 합격증서를 발행하고, 해당선박용물건에는 자체검사에 합격하였음을 나타내는 표시를 하여야 한다. 다만, 제3항 단서의 규정에 따라 국토해양부장관으로부터 직접 확인을 받아야 하는 선박용물건 또는 소형선박에 대하여는 국토해양부장관이 확인서를 교부하고, 해당 선박용물건에는 확인을 나타내는 표시를 하여야 한다. ⑤ 국토해양부장관은 제1항의 규정에 따라 우수사업장을 지정한 때에는 제2항의 규정에 따라 승인을 얻은 내용대로 제조・정비 및 운용・관리되고 있는지 지도・감독하여야 한다. ⑥ 제1항 내지 제5항의 규정에 따른 우수사업장의 지정절차, 우수사업장의 적합 여부에 대한 확인절차, 합격증서・확인서의 서식・교부 및 우수사업장에 대한 지도・감독 등에 관하여 필요한 사항은 국토해양부령으로 정한다.

셋째, "선박사고로 인해 연료탱크 등이 손상되는 경우를 가정한 '손상 복원성 검사'를 실시하면서 교차침수설비의 규모가 작아 복원성 확보에 약 18분이 소요, 복원성 기준을 초과하는데도 이에 대한 확인 없이 '적합' 승인"을 하였다(감사원, 2014: 7). 또한 "한국선급은 설계업체에서 차량을 조밀하게 배열하여 제출한 '고박배치도'에 대해 실제 고박이 가능한지를 검토하지 않은 채 수정・보완요청 등 없이 그대로 승인"하였다.

결국 한국선급의 이러한 부적절한 검사 및 부당한 승인은 검사의 신뢰성을 손상하였을 뿐만 아니라 세월호 사고를 예방하지 못하는 결과를 낳았다. 따라서 청해진해운의 무리한 증축이 일차적으로 문제라 할 수 있지만, 이러한 문제를 적시에 제대로 잡아내지 못한 감독기관의 책임 또한 크다고 할 수 있다.

4 부실한 세월호 운항관리규정과 형식적 심사 · 승인

부실한 세월호 운항관리규정과 이를 꼼꼼하게 확인하지 않는 형식적 심사 또한 문제라 할 수 있다. 인천해경서 직원 3명은 세월호 운항관리규정 심사 4일 전인 2013년 2월 15일(금요일)에 세월호 시험운항 참관을 명목으로 제주도 출장을 가서 2월 19일(화요일)에 인천으로 돌아왔다. 인천에 도착한 당일 오후에 심사를 하는데 청해진해운이 필요한 관련 구비서류를 모두 제출하지 않았음에도 불구하고 세월호 운항관리규정을 심사하고 이를 통과시켰다. 그 결과 세월호 운항관리규정 상 재화중량(3,963톤) 및 차량적재대수(총 148대)가 복원성 계산서 등에서 승인된 값(재화중량 3,794톤, 차량적재대수 97대)을 초과함에도 불구하고 이에 대한 시정조치가 내려지지 않고 통과되었다. 또한 심사결과 제기된 12개 보완 요구사항 중 3개 사항에 대해 청해진해운이 보완을 적절히 하지 않았음에도 불구하고 2013년 2월 25일에 심사증명서가 발급되었다(감사원, 2014: 8). 이러한 세월호 운항관리규정의 허술함과 관련해 한 언론사는 다음과 같이 기술하였다.

[세월호 참사] "부실 · 방치 · 우왕좌왕" 해경 책임론 비등

– 상략 –

세월호 운항관리규정은 A4용지 44쪽 분량으로 안전관리 조직을 비롯해 출항과 여객 승하선, 차량 화물 적재 방법, 해상사고 발생시 조치, 안전운항 및 해양사고 방지교육 등을 담고 있다. 이 규정은 해경과 해운조합, 항만청, 한국선급, 선박안전기술공단이 포함된 위원회에서 심사해 지난해 2월 25일 인천해경이 최종 승인했다. 하지만 청해진해운이 공개한 운항관리규정에서 선원들의 역할을 명시한 비상부서 배치표는 고작 2쪽에 불과하고, 비상부서 배치표에는 직책별 임무와 비상신호 체계가 전부다. 승객의 대피장소는 명시돼 있지 않았다. 해운업계 한 관계자는 "전문가들이 규정을 심사하는데 반려하는 경우는 드물다"며 "세월호 참사가 커진 데에는 부실한 규정과 관행적으로 이를 승인한 당국의 잘못이 큰 몫을 차지한다"고 지적했다.

– 하략 –

자료: 뉴시스, 2014.04.23.[8)]

5 인천항만청의 부실한 최종인가

감사원의 감사결과(2014)에 따르면, 인천항만청은 세월호 증축(2012년 10월~2013년 2월)이 완료된 이후 여객정원 및 재화중량톤수가 변동됨에 따라 운송수입률이 24.2%로 감소되었는데도 불구하고 2013년 3월 최종인가를 하였다. 그 결과 "규정에 따르면 [도입이 불가능했던] 세월호가 도입되게 되었고, 다른 경쟁업체는 해당 항로에 면허를 신청할 기회를 얻지 못하게 되는 등 청해진해운에 특혜[가] 부여"되었다(감사원, 2014: 5).

6 인천해경의 부실한 특별안전점검

인천해경은 2014년 2월 17일부터 3월 4일까지 세월호를 비롯한 다중이용선박 130척을 대상으로 농무기 특별안전점검을 벌여 세월호에 대해 모든 분야에서 '양호' 판정을 내렸다.[9] 특별안전점검은 항해・기관・통신・구명・소화장비 작동실태를 감독하고 선박종사자들이 안전운항, 사고발생시 긴급조치 요령, 인명구조 설차 등을 얼마나 숙지하고 있는지 점검하는 것인데, 인천해경 관계사에 따르면 "구명보트 등 전 분야에서 '양호'를 받았다고 기록돼 있다"며 "교육은 잘 모르고 있는 부분이 일부 있어 숙지하도록 했다"고 말했다. 하지만 4월 16일 사고 당시 세월호에 있던 구명보트 46개 중 작동하는 것은 1개뿐이었다.[10] 또한 특별안전점검시 운항관리자가 '출항 전 점검보고서'를 확인하고 화물 등의 적재상태를 확인하는 임무를 적절히 수행하고 있는지 여부를 검토하고 지도해야 함에도 불구하고 이를 제대로 검토하지 않고, 해경 본청에 아무런 문제가 없는 것으로 보고하였다(감사원, 2014: 9).

7 부실한 출항 전 안전점검

출항 전 안전점검도 매우 허술하게 이루어졌다. 여객선 출항 전에 운항관리자는 규정에 따라 '출항 전 점검보고서'의 화물중량 및 차량대수가 정확한지를 점검 및 확인해야 한다. 그러나 운항관리자들은 출항 전에 세월호의 화물중량 및 차량대수 등이 '출항 전 점검보고서'와 일치하는지 등을 직접 확인하지 않은 채 승무원이 무전 등으로 알려준 수치를 그대로 받아들였다. 또한 승인을 받은 '차량 적재도' 등과 다르게 차량이 적재되어 있음에도 불구하고 확인하지 않은 채 출항을 허가하였다(감사원, 2014: 9). 실제로 청해진해운은 세월호의 출항 전 운항관리자에게 차량 150대, 화물 675톤을 실었다고 보고했으나, 사고 이후 밝혀진 화물만 차량 180대, 화물 1,157톤이었다.[11]

8 계속된 과적 운항과 관행적 묵인

세월호는 2013년 3월부터 인천~제주 구간을 240회 운항했고, 이 중 139차례 과적하여서 약 30억원 가까운 불법 수익을 챙겼다.[12] 이러한 화물 과적은 어떻게 가능하였던 것일까? 세월호의 화물 과적과 관련하여 '민변 세월호 참사 진상규명과 법률지원특별위원회'는 항운노조 현장 조합원들과의 면접조사를 통해 엉터리 '운항관리규정' 승인, 일상화된 과적, 차떼기 관행 묵인을 그 이유로 제시하였다(아래 박스 참조). 이와 관련하여 검찰관계자는 "인천지부 운항관리자들은 과승, 과적 문제를 알고 있었던 것으로 보인다"면서 "문제는 단 한 번도 적발되어 출항정지명령이 내려진 적이 없었고 해경 간부의 봐주기로 넘어간 정황도 있다"고 설명했다.[13]

[세월호 과적 가능했던 이유 있었다]
"운항관리규정 허위 작성 … 차량화물 무게 1/5로 줄여"

– 상략 –

2) 일상화된 '과적'

더 큰 문제는 화물 중량을 축소하는 산정방식과 관행으로 연안항 여객·화물선들 사이에 과적이 일상화됐다는 점이다. 특위에 따르면 대부분 해운사는 화물의 무게를 실제 측정하지 않고 있다. 대신 화물 종류와 관계없이 용적톤수(부피로 무게를 산정한 값·MS/T)로 평가한 후 일률적으로 20%를 곱해 중량톤수(실제 무게 · K/T)를 산정하고 있다. 화물의 비중에 따라 부피와 중량 간 비율이 달라지는데도 이를 무시하고 있는 셈이다. 예를 들어 25톤 화물차량으로 운반된 실제 무게 50톤 화물의 경우, 적하목록에는 용적톤수의 20%로 산정된 10K/T로 기록된다. 그러나 육지에서 화물차량들의 일상적인 과적을 고려할 때, 25톤 화물차량에 실리는 화물중량은 일반적으로 최소 25K/T은 넘을 것으로 예상된다. 결국 선박의 화물적하목록에 기재되는 화물의 중량톤수(10K/T)는 실제 중량의 절반 이하로 축소되는 셈이다. 특위는 기자회견에서 "고속도로 화물 중량무게 측정 장치 등을 이용하면 선적 화물의 실제 중량을 측정하는 것이 어려운 일이 아니다"며 "그럼에도 선사 물류팀은 축소된 화물 목록을 보고하고, 선박운항관리자는 선체가 수면 밑으로 잠기는 깊이(만재흘수선) 만으로 과적 여부를 판단하고 있다"고 지적했다. 이어 특위는 "결국 현재의 화물선적 시스템에서는 배에 적재된 화물의 실제 중량을 정확하게 확인할 수 없다"며 "선사가 선박의 기준을 유지해 주는 평형수를 조정하는 방식으로 과적을 감춘다면 얼마든지 '합법적인 과적'이 가능하다"고 주장했다. 실제로 검찰은 세월호 승무원 공소사실에서 1065톤을 과적한 것으로 기재하고 있지만 실제 화물중량은 그보다 훨씬 더 무거웠을 가능성이 높다.

3) '차떼기' 관행 묵인

특위는 또 차량 단위로 일률적으로 용적톤수를 산정해 화물량을 더 축소하는 이른바 '차떼기' 방식도 관행적으로 이루어져 왔다고 주장했다. 이는 청해진해운, 물류업체, 항운노조 집행부 사이의 공모가 있었기 때문에 가능했을 것이란 지적이다. 예를 들어 적재중량 25톤 화물차의 경우 통상적으로 약 40~50MS/T의 화물을 적재할 수 있다. 그러나 청해진해운은 25톤 화물차 1대당 인천에서는 '17.7 MS/T'으로, 제주항에서는 '24 MS/T'으로 용적톤수를 적용해 화물의 중량을 2배 이상 축소했다. 그 결과 25톤 화물차에 적재된 화물이 실제 무게 1/5도 안되는 4.8K/T(인천항 기준)로 기록됐다는 것이 특위의 설명이다. 기자회견에서 특위는 "화물의 과적 여부는 한국해운조합이 선임한 선박운항관리자가 확인하고 있으며 해양경찰서장은 운항관리자의 직무수행상태, 자격 등을 지도감독한 후 해양경찰청장에게 보고해야 한다"며 "청해진해운의 차떼기 관행은 입 · 출항 보고서에 첨부되는 화물 적하목록만 확인하면 쉽게 알 수 있는데도 수년간 묵인되어 왔다"고 주장했다. 특위는 이어 "특히 차떼기 방식은 하역업무를 수행하는 항운노조 조합원들에게 돌아갈 하역비를 줄어들게 하는데도 항운노조 집행부는 이에 대해 한번도 문제제기를 하지 않았다"며 "부정한 유착관계가 의심되는 선사-물류업체-항운노조 집행부는 물론이거니와 관리감독청인 해양경찰서와 해양경찰청에 대한 검찰 수사도 이뤄져야 한다"고 주장했다.

자료: 내일신문, 2014.05.26.[14)]

제 2 절 사전예방조치상의 문제점에 대한 원인 분석

지금까지 열거한 것만 보아도 세월호 침몰사고는 사전예방조치단계에서 충분히 예방할 수 있었던 인재(人災)이다. 그 많은 안전검사 중에서 단 한번이라도 안전검사가 제대로 이루어졌다면 대참사는 없었을 것이다. 그렇다면 왜 몇 겹의 안전점검 장치를 구비하고도 세월호 침몰사고와 같은 대참사를 막지 못하였는가? 다시 말해 지금까지 열거한 문제점을 유발한 더 근본적인 원인은 무엇인가?

그 원인은 크게 개인적 차원에서의 원인과 사회구조적 차원에서의 원인으로 대별할 수 있다. 개인적 차원에서의 원인은 특정 해운사 또는 안전담당자의 개인적 일탈로 인해 사고가 발생한 경우를 말한다. 즉, 대부분의 해운사나 안전담당자는 예방적 안전에 성실히 임하고 있으나, 특정 해운사나 안전담당자가 예외적으로 예방적 안전에 소홀한 경우이다. 이러한 경우에는 해당 해운사 또는 안전담당자 개인에게 그 책임을 묻고, 감독기능을 강화하는 것으로 문제를 해결할 수 있다.

다음으로 사회구조적 차원에서의 원인은 특정 개인의 예외적인 일탈행위로 인해 발생하기보다는 개인의 행태를 규정짓는 공식적 또는 사회문화적 제도에 의해 문제가 발생하는 경우를 말한다. 다시 말해, 대부분의 해운사가 예방적 안전을 소홀히 하고 있으며, 대부분의 안전담당자나 감독기관 또한 안전검사를 소홀히 하는 경우이다. 이러한 경우, 사고가 발생하면 그 책임을 통감하기보다는 운이 나쁜 것으로 치부하는 경향이 있다. 특히 어쩌다 한번 일어나는 사고의 경우 이런 경향은 두드러진다. 따라서 그 근본적 원인이 사회구조적 차원에서 발생한 경우, 개인에 대한 처벌은 정서적 보상에 불과할 뿐이고 장기적인 대책이 되지는 못한다. 즉, 공식적 그리고 사회문화적 제도를 바꾸지 않고는 언젠가 또 비슷한 사고는 발생할 수 있다.

그렇다면, 세월호 침몰사고의 근본원인은 어디에 있는가? 개인적 차원인가 아니면 사회문화적 차원인가? 둘 다 상존한다고 볼 수 있다. 그러나 본 저서에서는 개인적 차원보다는 사회구조적 차원에 초점을 맞춘다. 그 이유는 개인적 차원의 이슈는 정확한 법적 근거에 의해 규명되어야 하므로 현재 진행 중인 사건에 대해 저자들의 주관적인 의견을 밝히는 것은 적절하지 않다고 판단하기 때문이다. 그렇다고 사회구조적 원인을 규명하는 과정이 객관적이라고 주장하는 것은 아니다. 사실 사회구조적 원인에 대한 규명은 증거에 근거한 객관적 추론이기보다는 경험적 통찰에 의존할 수밖에 없다. 특히, 문제의 핵심에 있는 사람들의 양심적 고백에 의해서만 증거를 확보할 수밖에 없는 경우 원인규명 과정은 다소 주관적일 수밖에 없다. 그럼에도 불구하고 사회구조적 원인을 추론하는 것은 세월호 침몰사고와 같은 대참사는 또 일어날 수 있기 때문이다. 저자는 사회구조적 원인을 크게 세 가지로 구분한다: 묵인 · 선심행정과 전관예우, 단기적 순환보직과 장기적 대책마련 소홀, 양적 성장 위주 정책과 규제완화.

1 선심행정과 전관예우

퇴직을 앞둔 공무원 지인들에게서 흔히 듣는 말이 있다: '이제 얼마 남지 않았으니 베풀어야죠'. 언뜻 좋은 말이다. 나이가 들면서 남에게 따뜻하게 대하는 마음이 더욱더 익어가는 말이라면 참 좋다. 부하 직원 그리고 국민에 대한 따뜻함이라면 더욱더 좋다. 그러나 그 대상이 이해관계가 있는 피감독기관이라면 생각이 180도 달라진다. 왜 법과 규정대로 엄격하고 동일한 잣대로 감독하지 않고 베푼다는 것인가? 이 말은 생각하면 할수록 무서운 말이다. 이에 대해 명명백백한 증거를 제시할 순 없지만, 많은 사람은 그 이유를 전관예우에서 찾는다.

세월호 침몰사고의 직접적인 원인 중 하나는 느슨한 선박 안전관리라고 할 수 있다. 그리고 이러한 느슨한 안전관리가 가능했던 이유 중 하나는 해피아(해양수산부+마피아) 문제라고 할 수 있다. 선박 안전관리를 담당하고 있는 한국선급, 한국해운조합, 선박안전기술공단 모두 해수부 퇴직 관리들이 재취업을 하는 대표적인 기관이라고 할 수 있다. 그리고 이들의 느슨한 검사를 해양수산부에서 전관예우 차원에서 눈을 감아주었기 때문에 계속해서 검사를 제대로 하지 않는 문제가 발생했다고 볼 수 있다. 이와 관련해 한 언론사는 다음과 같이 비판을 한다.

'그들만의 리그' '해피아' 무엇이 문제인가

– 상략 –

이번 세월호 선박검사를 위임받은 민간기관인 한국선급 역시 해수부 퇴직 관리들의 대표적인 재취업 기관이다. 1960년 사단법인으로 출범한 이래 11명의 회장 가운데 8명이 해양수산부와 그 전신인 해무청, 항만청 등에서 일했다. 선박의 안전운항 관리를 담당하고 있는 해운조합도 역대 이사장 12명 중 10명이 해수부 고위 관료 출신이었다. 정부를 대신해 선박 도면 승인 등의 안전검사를 맡고 있는 선박안전기술공단 역시 국토부 해양교통시설과장 등을 지낸 부원찬 전 여수지방해양항만청장이 이사장 자리를 맡고 있다.

문제는 전직 해수부 관료들이 산하 공공기관이나 관련 민간기관에 낙하산 인사로 내려가면서 해수부가 전관예우 차원의 봐주기 관행에 따라 여객선의 운항 관리감독에 소홀했다는 점이다. 해수부 마피아는 선후배간 결속력을 바탕으로 커넥션을 형성하고 있는 것으로 알려졌다. 특히 다른 부처에 비해 규모가 작은 데다 정권에 따라 부침을 반복하면서 더욱 끈끈한 결탁관계를 유지해 왔다는 분석이다.

– 하략 –

자료: 이투데이, 2014.04.22.[15)]

1) 청해진해운의 상습적 과적

검경합동수사본부에 따르면, 세월호는 2013년 3월부터 사고발생시까지 총 241회 왕복 운항 중 139회 과적을 하였고, 이러한 과적운항으로 벌어들인 초과 수익이 30억원에 달하는 것으로 나타났다. 세월호가 적정 화물을 실을 경우 수임료는 2,600만원에 불과하지만 사고 당시 6,200여만원 수임료에 해당하는 화물이 실려 있었고, 이는 금액 기준으로 2배 이상 과적을 한 것이다.[16)] 또한 청해진해운의 직원들 모두 세월호의 과적 문제를 알고는 있었지만, 이윤 극대화를 추구하는 회사의 방침으로 아무런 조치를 취하지 못한 것으로 나타났다. 다음 [그림 2-2]에서 보는 바와 같이 화물이 매출의 대부분을 차지하는 상황 속에서 청해진해운이 수익을 계속해서 얻기 위해서는 과적을 할 수밖에 없었다는 것이다. 이와 관련한 청해진해운의 증언을 정리한 기사를 살펴보면 다음과 같다.

그림 2-2 청해진해운의 최근 부문별 매출 추이

(단위: 백만원)

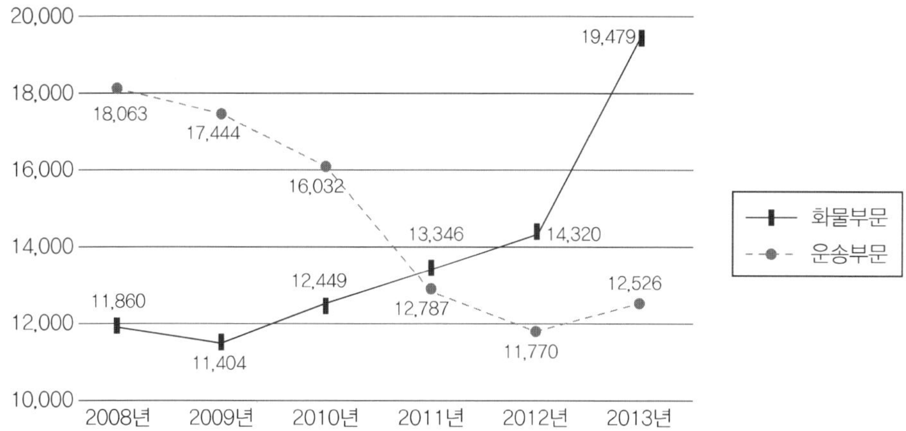

자료: 해럴드 팜, 2014.04.22.[17)]

[세월호 침몰] “과적 문제 제기하면 사표 써야 했다”

– 상략 –

이날 오후 법정에 증인으로 나선 청해진해운 해무팀 직원 홍모(44)씨는 부실 고박, 과적 등 세월호의 안전관리 업무를 해무팀장과 해무팀 직원들이 총괄적으로 담당하고 있다고 인정했다.

또 세월호가 입항한 뒤 열리는 선상회의와 매주 팀장급 이상 간부들이 참석하는 주간회의에서도 배 과적과 고박 부실, 복원성 문제에 대한 지적이 여러 차례 제기돼 지난해부터 직원 대부분이 이 문제를 알고 있었다는 취지로 답변했다.

그런데도 아무런 조치도 취하지 않았던 이유에 대해서는 “저희 회사는 (구조상) 해무팀에서 물류팀 업무에 관여한 적도, 권한도 없다”고 말했다.

이에 대해 검찰이 “출항 통제도 해무팀 업무인데 물류팀이 말을 안 듣고 과적, 부실 고박, 복원성 문제에 대한 항의가 들어오면 출항을 못하게 통제할 수도 있지 않냐”고 다그치자 홍씨는 “청해진해운 구조상 그렇게 했다가는 월급을 못 받는다. 사표를 쓰고 나가야 한다”고 설명했다.

화물 수익 비중이 높은 회사 매출의 특성상 운임수익, 영업이익에 반하는 의견을 낼 경우 회사에서 사실상 쫓겨날 수 있는 분위기였다는 것이다.

홍씨는 “화물을 최대한 많이 실어서 운송수익을 올려야 한다는 분위기가 있었느냐”는 검사의 질문에 “물류가 아니면 회사를 유지하기 힘들다는 것을 (직원들이) 알고 있었다”고 답했다.

검찰은 이날 증인으로 나섰던 청해진해운 물류팀 하모(47)씨 역시 수사기관 조사에서 “세월

호나 오하마나호가 유류비만 5000만원 이상이고 매출은 화물이 많은 비중을 차지하고 있다. 물류팀이 청해진해운의 자금 유동성이 힘들어질 수 있다는 압박감을 느끼다보니 영업이익 극대화를 위해 화물을 많이 받아 실을 수밖에 없었다"고 진술했다고 전했다.

– 하략 –

자료: 뉴시스, 2014.08.22.[18]

2) 해운사와 한국선급 간 부적절한 유착 관계

여객선은 바다 위를 항해할 때 파도로 인해 좌우로 흔들리기 때문에, 여객선을 수평으로 되돌려주는 힘이 필요하고 이를 선박복원성이라고 한다. 이러한 선박복원성을 위해 모든 선박은 평형수를 채우게 되는데, 평형수를 기준보다 미달하게 채울 경우 선박이 심하게 기울어질 뿐만 아니라, 다시 수평으로 되돌리는 힘이 부족하게 된다. 그런데 선박이 출항허가를 받기 위해서는 만재흘수선[19]이 물 밖으로 나와야 하므로 많은 화물을 싣기 위해서는 평형수를 줄일 수밖에 없다. 즉, 만재흘수선이 물위로 나와 있는지 만을 주로 점검하기 때문에, 평형수를 줄여서 선박의 무게를 줄이는 편법을 써서 화물을 과적하게 되는 것이다. 따라서 적절한 점검을 위해서는 실제 화물의 적재량이 얼마나 되는지, 그리고 평형수는 적절히 채웠는지, 화물을 제대로 고박하였는지 등을 실제 확인할 필요가 있다.

한국선급이 안전검사를 부실하게 해왔다는 의혹이 제기되기도 하였다.[20] 한국선급의 연간 매출액은 약 1,200억원 정도인데 이 가운데 주요 고객은 청해진해운과 같은 대형 선박의 선주들이다. 따라서 세월호 사건 이후 주요 고객의 요구를 외면하는 것이 어렵다는 증언이 제시되기도 하였고, 검사시 현장에 가지도 않고 서류검사만 한다는 주장도 제시된 바 있다.[21]

2 단기적 순환보직과 장기적 대책마련 소홀

저자가 알고 있는 대부분의 공무원은 무엇이 문제인가를 알고 있다. 그렇다면 문제를 알고 있으면서도 이를 고치지 않는 공무원은 나쁜 사람이라고 비판할 수 있는가? 한국 대부분의 공무원은 똑똑하고 성실하다. 그렇다면 왜 이렇게 똑똑하고 성실한 공무원들이 문제를 알면서도 고치지 못하는 것인가? 그 이유는 다양하다. 다만 특히 두드러지는 한 가지만 강조하고자 한다. 그것은 1년여 만에 보직이 바뀌는 소위 보직순환제의 단기성이다. 이러한 문제는 제도개선의 중추라 할 수 있는 과장급 이상 고위직 공무원에게서 두드러진다. 새 보직에 부임한 경우 업무 파악에 평균적으로 몇 개월이 소요된다. 그 이후 업무와 관련하여 문제점을 인지하고 개선책을 마련하기 위해서는 또 몇 개월이 필요하다. 따라서 대부분의 경우, 근본적이고 장기적인 개선안을 마련하는 것은 현재의 매우 단기적인 순환보직 하에서는 거의 불가능하다. 즉, 세월호 침몰사고와 같이 대참사가 발생하여 대통령, 언론, 국민들의 관심이 고조되지 않는 한 공무원 스스로 장기적이고 근본적인 대책을 사전에 마련하는 것은 불가능하다. 이러한 노력을 하는 선의의 공무원은 곧 순진하다는 위로를 받을 것이고, 시간이 흐를수록 단기적 사고에 익숙해질 것이다. 따라서 현재의 제도는 공무원의 스스로의 개혁을 저지한다.

3 성장정책과 규제완화

한국은 오랫 동안 양적 경제성장 위주의 정책을 견지해왔다. 물론 경제발전 전략상 초기에 이러한 정책을 펴는 것은 설득력이 있다. 그러나 이러한 양적 성장 위주의 정책이 지속될 경우 그 부작용도 만만치 않다. 사회 전반에 퍼져있는 안전불감증도 그 부작용 중의 하나이다. 어찌 보면 한국의 경제발전과정에서 피할 수 없는 부작용이라고 할 수도 있다. 문제는 더 이상 이를 방치해서는 안 된다는 것이다.

그러나 최근 한국경제가 저성장 시대로 진입하면서 양적 성장 위주의 정책을 강화하려는 경향과 함께 소위 '규제완화'가 강조되고 있다. 문제는 규제완화라는 용어에는 이미 정책방향이 내포되어 있다. 새로운 시대를 맞이해서 정책별로 그리고 사안별로 규제개혁을 하는 것은 당연히 바람직하다. 즉, 규제개혁은 사안에 따라 규제강화가 될 수도 있고 규제완화가 필요할 수도 있다. 그러나 개별적 사안에 대한 구체성을 무시한 채 한 방향성을 제시하는 '규제완화'는 적절하지 않다.

이명박 정부에 이어 박근혜 정부는 출범 초기부터 규제를 완화 또는 폐지하는 쪽으로 국정의 운영방향을 결정하였다. 특히 2014년 8월에는 규제를 새로 만들기 위해서는 생기는 비용만큼 기존의 규제를 폐지해 규제비용 총량이 추가로 늘지 않도록 관리하는 규제비용 총량제를 핵심으로 하는 행정규제기본법 개정안을 국회에 제출하였다. 이러한 대통령의 국정 기조에 따라 각 부처는 규제를 완화하기 시작하였고, 결국 이러한 규제완화로 인해 세월호 사고의 피해규모는 더 커졌다고 볼 수 있다.

특히 "해양수산부의 '규제개혁 추진자료'와 국무총리실 '규제정보포털' 등에 따르면, 박근혜 정부 출범 이후 이미 완화됐거나 완화를 추진 중인 해상안전 관련 규제는 최소한 10건 이상이다".[22] 이명박 정부부터 세월호 사고 당일까지 선박 관련 규제완화 주요 내용들을 살펴보면 다음 <표 2-1>과 같다.

표 2-1 최근 완화된 선박 관련 규제완화

(자료: 해양수산부, 박남춘 의원)

내 용	시 행
항만 안에서만 항해하는 여객선의 풍압기준 완화	2009년 1월
연안여객선 선령제한 완화(25년 → 30년)	2009년 1월
카페리 과적 및 적재기준 완화	2009년 1월
여객선 엔진개방검사 완화(7000시간 → 9000시간)	2009년 2월
2시간 미만 운항하는 선박은 위치발신장치 설치 면제	2010년 6월
항해시간 3시간 미만은 입석으로 승선 가능	2011년 1월
점검대상 선박 선령기준 완화(15년 이상 → 20년 이상)	2011년 1월
선장이 선박의 안전관리체계 부적합 보고의무 면제	2013년 6월
선박 최초 인증심사 때 내부심사 면제	2013년 6월
컨테이너 현장 안전검사 대신 서류제출	2014년 1월
선장휴식 때 1등 항해사 등이 업무 대행	2015년 1월
항내에서 선박 수리 허용	국회 상임위 통과
요트 등 수상레저기구의 항구 출입신고 면제	국회 상임위 통과

자료: 경향신문, 2014.05.15.[23]

1) 여객선 안전검사기준 완화

선박의 엔진 및 크랭크축 등 동력기관은 선박의 안전에 매우 중요한 기관으로 이 동력기관이 제대로 작동하는지를 검사하는 것은 매우 중요한 일임에도 불구하고 2009년 및 2010년 선박안전법 시행규칙 개정을 통해 안전검사기준을 완화하였다(민변, 2014: 65). 2009년 이전 선박안전법 시행규칙 별표의 '검사준비 및 서류제출의 완화 등'에서 여객선의 경우 개방검사를 받은 날부터 5년 또는 기관가동시간이 7,000시간 미만일 경우 엔진개방검사를 면제해주는 조항을 두고 있었는데, 2009년 2월 13일 개정을 통해 7,000시간을 9,000시간으로 완화해주었다. 그리고 2010년에는 기관가동시간이 5,000시간 미만일 경우 단서를 달아 5년을 최장 8년까지 연장할 수 있도록 규정을 완화해주었다(아래 박스 참조).

2009.01.01.「선박안전법 시행령」[별표 15] 검사준비 및 서류제출의 완화 등

– 상략 –

3–바. 기관을 들어내어 진부 개빙하지 아니하고는 크랭크축 등의 검시를 시행하기 곤란한 특수한 구조(고속기관 등)의 주기관 또는 보조기관에 대하여는 정비 및 작동상태의 검사와 운전시간 등을 고려한 결과 양호하다고 판단되는 경우 해당 기관에 대한 개방검사 준비를 면제할 수 있다. 이 경우 해당 기관에 대한 개방검사 준비의 면제는 별표 10의 정기검사 준비사항에 따라 개방검사를 받은 날부터 다음의 연한을 초과하여서는 아니 된다.

1) 여객선: 5년 또는 기관가동시간(<u>7000시간</u>) 중 먼저 도래하는 기간

– 하략 –

2009.02.13.「선박안전법 시행령」[별표 15] 검사준비 및 서류제출의 완화 등

– 상략 –

3–바. 위와 동일
1) 여객선: 5년 또는 기관가동시간(<u>9000시간</u>) 중 먼저 도래하는 기간

– 하략 –

2009.06.30. 「선박안전법 시행령」 [별표 15] 검사준비 및 서류제출의 완화 등

– 상략 –

3–바. 기관을 들어내어 전부 개방하지 아니하고는 크랭크축 등의 검사를 시행하기 곤란한 특수한 구조(고속기관 등)의 주기관 또는 보조기관(범선에 설치된 기관을 포함한다. 이하 같다)에 대하여는 정비 및 작동상태의 검사와 운전시간 등을 고려한 결과 양호하다고 판단되는 경우 해당 기관에 대한 개방검사 준비를 면제할 수 있다. 이 경우 해당 기관(범선에 설치된 기관을 제외한다. 이하 같다)에 대한 개방검사 준비의 면제는 별표 10의 정기검사준비사항에 따라 개방검사를 받은 날부터 다음의 구분에 따른 시간을 초과하여서는 아니 된다.

1) 여객선: 5년 또는 기관가동시간(9000시간) 중 먼저 도래하는 시간. 다만, 정기검사준비사항에 따라 개방검사를 받은 날부터 5년이 되는 시점에서 기관가동시간이 5,000시간 미만인 경우에는 대행검사기관이 다음에 해당하는 검사를 실시하여 양호하다고 판단되는 경우 그 기관가동시간 7,000시간 이내(기관제조자가 권고하는 개방시기를 초과해서는 아니 된다)에서 1년씩 최대 3년까지 연장할 수 있다.
   가) 기관제조자가 권고하는 기관가동시간에 따른 점검항목에 대한 검사
   나) 내시경을 통한 연소실검사, 실린더내 압력계측, 시간당 연료소모량 계측 및 총사용연료량 계측 등 기관제조자가 권고하는 방법에 따른 기관 상태 검사
   다) 해상 시운전

– 하략 –

2) 여객선 차량적재기준 완화

정부는 "차량을 육상교통 등에 이용되는 그대로 적재·운송할 수 있는 갑판이 설치되어 있는" '카페리선박의 구조 및 설비 등에 관한 기준'을 2009년에 개정함으로써 차량적재도 승인규정을 완화하였다. 개정 전에는 차량적재도를 국토해양부장관의 승인을 받은 뒤 카페리에 배치하고 승인받은 적재도와 다른 차량을 적재할 경우에는 새로 승인을 받도록 되어 있었다. 그러나 2009년 11월에 기준을 고시하면서, 기본 차종에 대한 승인을 받으면 적재량 허용 범위 내에서 유사 차종을 적재할 수 있도록 변경을 하였다. 또한 1시간 미만 항해하는 선박에 대해 개정 전에는 차량을 쐐기로 고박하도록 규정하였는데, 개정 후 요철갑판에 고정된 사각 바(BAR)로 고박할 수 있도록 완화하였다.[24]

2009.8.10. 고시 「카페리선박의 구조 및 설비 등에 관한 기준」

제18조(차량적재도의 승인) ① 카페리선박의 소유자는 차량구역내의 차량 또는 화물의 배치·적재방법(묶어매는 방법을 포함한다)·소화·배수 및 통로 등이 표시된 차량적재도에 대하여 국토해양부장관(정부대행검사기관에서 선박검사를 받는 선박은 정부대행검사기관을 말한다. 이하 같다)의 승인을 받아 당해 선박에 비치하여야 한다. ② 제1항의 규정에 의한 차량적재도의 차량배치는 전후좌우의 차량간격이 600밀리미터 이상이 되도록 배치하여야 한다. 이 경우 소집장소 및 승정장소 등 탈출경로에 이르는 통로를 충분히 확보할 수 있도록 배치하여야 한다.

제20조(차량의 적재 등) 카페리선박에 차량을 적재하는 때에는 승인받은 차량적재도에 따라 적재하여야 한다. 다만, 다음 각 호의 선박으로서 해상상태가 평온하고 항해 중 쐐기 등으로 차량의 미끄러짐을 방지할 수 있는 적절한 조치를 한 경우에는 차량을 묶어 매지 아니할 수 있다.

2009.11.18. 고시 「카페리선박의 구조 및 설비 등에 관한 기준」

제18조(차량적재도의 승인) 카페리선박의 소유자는 차량구역내의 차량 또는 화물의 배치·적재방법(묶어매는 방법을 포함한다)·소화·배수 및 통로 등이 표시된 차량적재도에 대하여 다음 각 호의 규정에 따라 국토해양부장관(정부대행검사기관에서 선박검사를 받는 선박은 정부대행검사기관을 말한다. 이하 같다)의 승인을 받아 해당 선박에 비치하여야 한다.

1. 자동차관리법 시행규칙 별표1에 따른 경형 승용자동차, 최대적재량 18톤 또는 25톤 화물자동차(이하 "기본차종"이라 한다)에 대한 차량배치 및 적재방법을 표시할 것(이 경우 다른 승용자동차, 승합자동차 및 최대적재량 18톤 또는 25톤 이하 화물자동차도 이를 준용하여 적재할 수 있다), 다만 카페리선박의 소유자가 적재하고자 하는 차량의 종류를 특별히 정한 경우에는 해당 차량에 대한 차량적재도를 승인받을 것
2. 기본차종 이외에 굴착기 등 특수한 형태의 차량과 최대적재량 25톤(18톤 화물자동차에 대해서만 차량적재도를 승인받은 선박은 18톤)을 초과하는 대형차량을 적재하고자 하는 경우에는 해당 차량의 배치 및 적재방법 등을 표시한 차량적재도를 추가로 승인받을 것
3. 전후좌우의 차량간격이 600밀리미터 이상이 되도록 차량을 배치할 것
4. 비상시 소집장소 및 승정장소 등 탈출경로에 이르는 통로를 충분히 확보할 수 있도록 차량을 배치할 것

제20조(차량의 적재 등) 카페리선박에 차량을 적재하는 때에는 승인받은 차량적재도에 따라 적재하여야 한다. 다만, 다음 각 호의 선박으로서 해상상태가 평온하고 항해 중 쐐기,

요철갑판에 고정된 사각 바(BAR) 등으로 차량의 미끄러짐을 방지할 수 있는 적절한 조치를 한 경우에는 차량을 묶어 매지 아니할 수 있다.

3) 선박연령기준 완화

선박이 노후화될수록 선체의 안정성이 떨어지고 그 결과 사고가 일어날 확률은 늘어날 수밖에 없다. 그러나 해운업을 하는 회사 입장에서는 일본이나 선진국에서 운항을 하던 중고 선박을 구입해서 최대한 오랫 동안 운항을 해야 이윤을 극대화할 수 있다. 이에 국내 해운회사들의 이익집단인 한국해운조합은 계속해서 선박연령기준 완화를 요청해왔고 정부는 이를 받아들였다. 즉, 2009년 1월 13일 시행된 「해운법 시행규칙」에서 최대 선령기준을 25년에서 30년으로 연장한 것이다.

2008.03.14. 시행 「해운법 시행규칙」

제5조(여객선의 보유량 등) ① 법 제5조 제1항 제5호에 따른 해상여객운송사업의 여객선 보유량기준은 별표 2와 같다. ② 법 제5조 제1항 제5호에 따른 해상여객운송사업의 여객선 선령(船齡)기준은 20년 이하로 한다. 다만, 국토해양부장관이 정하는 선박검사 결과 안전운항에 지장이 없는 것으로 판정된 여객선은 5년의 범위에서 1년 단위로 연장할 수 있다. ③ 제2항에도 불구하고 「해상에 있어서 인명의 안전을 위한 국제협약 등에 의한 증서에 관한 규칙」 제3조 제1항 제1호에 따른 여객선안전증서를 받은 여객선은 선령기준을 적용하지 아니한다. ④ 제2항에 따른 선령은 해당 선박의 진수일부터 기산하되, 진수한 날을 알 수 없으면 진수한 달의 1일을, 진수한 달을 알 수 없으면 진수한 해의 1월 1일을 진수일로 본다.

2009.01.13. 시행 「해운법 시행규칙」

제5조 (여객선의 보유량 등) ① 법 제5조 제1항 제5호에 따른 해상여객운송사업의 여객선 보유량기준은 별표 2와 같다. ② 법 제5조 제1항 제5호에 따른 해상여객운송사업의 여객선 선령(船齡)기준은 20년 이하로 한다. ③ 제2항에도 불구하고 선령이 20년을 초과한 여객선으로서 국토해양부장관이 정하여 고시하는 선박검사기준에 따라 선박을 검사한 결과 안전운항에 지장이 없는 것으로 판정된 여객선은 5년의 범위에서 1년 단위로 선령을 연장할 수 있고, 선령이 25년을 초과한 여객선[강화플라스틱(FRP) 재질의 선박은 제외한다]으

로서 국토해양부장관이 정하여 고시하는 선박검사기준에 따라 선박을 검사한 결과 및 국토해양부장관이 정하여 고시하는 선박관리평가기준에 따라 선박을 평가한 결과 안전운항에 지장이 없는 것으로 판정된 여객선은 5년의 범위에서 1년 단위로 선령을 연장할 수 있다. ④ 제2항 및 제3항에도 불구하고 「선박안전법 시행규칙」 제23조 제1항 제1호에 따른 여객선안전증서를 받은 여객선은 선령기준을 적용하지 아니한다. ⑤ 제2항 및 제3항에 따른 선령은 해당 선박의 진수일부터 기산하되, 진수한 날을 알 수 없으면 진수한 달의 1일을, 진수한 달을 알 수 없으면 진수한 해의 1월 1일을 진수일로 본다.

당시 국토해양부는 "여객선의 선령(船齡) 제한을 완화하면 기업 비용이 연간 200억원 절감될 것"이라고 밝혔다.[25]

「세월호 참사 반년 진상규명 과제」
여전히 남은 의문들 … 진실은 '성역' 속에 있다

– 상략 –

2009년 1월 이명박 정부는 해운법 시행규칙을 개정해 예외 규정을 통해 여객선 선령제한을 20년에서 30년으로 완화했다. 이 외에 안전점검 대상 노후선박의 선령기준, 풍속기준, 방열설비, 입석승선 등 각종 안전규정들도 줄줄이 완화했다. 이 후 해상 조난사고가 급증했다. 2006~2008년 1000건을 넘지 않던 사고 건수는 2009년 1921건으로 치솟아 이후에도 1600~1700건대를 유지, 2배 가까이 급증했다. 선령 등 선박 관련 규제완화가 사고와 직결됐음을 보여주는 대목이다. 그러나 검찰도 감사원도 이에 대한 조사결과를 내놓지는 않았다.

– 하략 –

자료: 내일신문, 2014.10.16.[26]

뉴스타파의 보도에 따르면, [그림 2-3]에서 보는 바와 같이, 해운법 시행규칙이 개정되기 전인 2008년도에 비해 20년 이상 노후화된 국내 여객선의 수는 3배 이상 증가하였고, 비율로 살펴보더라도 약 3배 이상 증가하였다.

그림 2-3 국내 연안여객선 노후화 현황

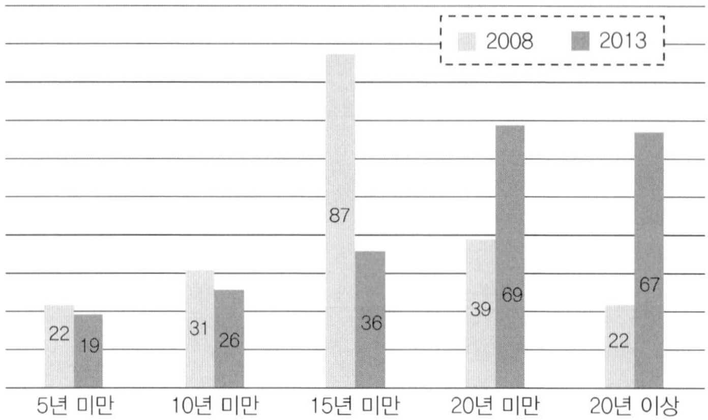

자료: 뉴스타파, 2014.04.24.[27)]

4) 노후선박에 대한 안전점검기준 완화

해상안전과 관련하여, 정부는 2012년부터 매년 해양사고 및 인명피해를 줄이겠다고 '해사안전 시행계획'을 발표하고 있고, 세월호 사고가 발생한 해인 2014년에도 동 계획을 발표하였다. 당시 정부는 ① 해상종사자의 안전역량 제고, ② 선박 안전성 강화, ③ 해사안전관리 시스템 고도화, ④ 스마트한 해상교통 환경 구축, ⑤ 국제협력 및 해양안전문화 정착, ⑥ 비상대응체계의 선진화 등 6대 전략과제를 수립하였다. 이러한 전략과제가 제대로 수행되었다면, 세월호 사고를 막을 수 있었겠지만, 실제 전략과제들이 제대로 수행되지 않아 참사를 만들고 말았다.

노후선박과 관련해서도 위의 6대 전략과제 중 두 번째 과제인 '선박 안전성 강화'의 세부과제로 '노후선박의 안전검사 강화' 과제가 있다. 그러나 실제로 노후 선박의 안전검사 강화가 이루어졌는지에 대해서 일부 언론 및 민변은 문제제기를 하고 있다. 기본적인 문제는 선령이 몇 년 이상이어야 노후선박인가 하는 문제이다. 민변 및 세월호 사고에 대해 문제제기를 하는 입장에서는 20년이 넘은 선박을 노후선박으로 보는 반면, 해사안전 시행계획에 따르면 30년이 넘는 선박이 노후선박이다. 즉, 노후선박에 대한 개념 정의부터 새롭게 할 필요가 있는 것이다. 이러한 논의는 뒤로 한다고 하더라도, 2011년 정부는 "노후선박 특별점검 대상선박을 2011년 여객선안전관리지침 개정을 통해 15년 이상 선박에서 20년 이상 선박으로 완화해준 것으로 확인되었다. 또, 풍속기준, 방열설비, 입석승선 등에 대한 규정도 줄줄이 완화했다."[28)]

제 3 절 초동대응상의 문제점

1 진도VTS의 관제 실패

1) 초기 관제 실패

진도VTS 센터는 연안VTS로 「연안 해상교통관제 운영 및 관리에 관한 규칙」 제2조에 따라 "관제해역 내에서 선박의 좌초 · 충돌 등의 위험이 있는지를 관찰하여 해양사고 예방 등 선박안전 운항을 위하여 정보를 제공하는 업무"를 수행할 책임이 있다. 구체적인 임무내용은 동 규칙 제12조에 제시되어 있는데, 실질적인 관제업무를 수행하는 관제팀장과 관제요원의 임무내용으로 정리를 하면, ① 관할 관제구역 내의 선박동정 추적감시, ② 선박과 항만이용자에 선박운항과 관련한 정보 제공, ③ 각종 사고 발생시 신속한 대응 및 보고 등의 임무를 수행하도록 규정되어 있다. 그러나 세월호 사고 발생시각인 4월 16일 08 : 49분 진도 VTS 관제실 내 관제사 8명을 비롯하여 10명이 있었음에도 불구하고, 세월호의 이상 징후를 발견하지 못했다. 결국 이러한 사고 초기 관제 실패는 인명구조의 귀중한 골든 타임을 놓쳐버리는 안타까운 결과를 초래했다. 뿐만 아니라 09 : 07분부터 세월호와의 교신을 통해 세월호의 상황에 대해 파악을 하였으면서도 이를 구조세력에 전파하지 않아 초기 적절한 대응을 하지 못하는 결과를 초래했다. 이러한 초기 관제 실패에 대한 감사원의 공식적인 감사결과는 다음과 같다.

「해상 관제」를 소홀히 하여 사고사실 「조기 인지」 실패

진도VTS 센터(서해해경청 소속)는 주요 관찰대상인 세월호가 급선회[한 후], 표류하는데도 [불구하고 사고 발생 후] 09 : 06(목포해경서 연락)까지 약 20여분 간 이를 [관찰하지 못했다. 즉,] 「연안VTS운영규칙」에서 정한 관제대상 선박은 18척이고, 「진도VTS 매뉴얼」에 감시 · 추적 대상으로 열거된 선박은 세월호를 포함하여 4척에 불과[한데도 이를 관찰하지 못한 것이다.] 그 결과 구조세력의 출동 시각을 앞당길 수 있는 기회를 일실하였[다. 또한,] 09 : 07부터 세월호와 직접 교신[을 함으로써] 승객들이 선실 내에 그대로 있는 상황을 파악하고도 이를 목포해경서나 구조세력(123정, 헬기)에게 [전파하지 않음으로써 초기 적절한 대응을 하지 못하게 만들었다.]

— 하략 —

자료: 감사원(2014: 11)

2) 관행적 근무태만 및 감독체계 부실

한편, 진도VTS 센터 '근무명령'은 관제대상구역을 2개 섹터로 구분하고, 각 섹터별 관제사 1명씩 책임을 지고 관제를 하도록 규정하고 있음에도 불구하고, 이를 지키지 않았다. 즉, 2010년 7월경부터 야간에 관제사 1명이 2개 섹터를 모두 관제하고 다른 관제사 1명은 휴식을 취하는 등 변칙 근무를 하였다. 이와 관련하여 '희진호' 등 충돌사고 발생시(2014년 3월 28일), 2개 섹터를 관제사 1명씩 관제하지 않고 1명이 1 · 2섹터를 모두 관제한 사실이 적발되어 경고를 받았음에도 불구하고 (다른 1명의 관제사는 보고문서 작성) 여전히 시정되지 않은 것이다. 따라서 이러한 것은 관제요원들의 개인적인 문제에 그치지 않고 이를 제대로 감독하지 못한 관리상의 문제도 있다고 볼 수 있다.

또한 이러한 직무태만을 은닉하기 위해, CCTV 카메라를 진도VTS 센터 내가 아닌 창문 쪽으로 돌려놓고 운영하다가 사고 이후 센터장 지시로 철거하고 관련 영상까지 삭제한 사실도 밝혀진 바 있다(감사원, 2014: 11).

「해상 관제」를 소홀히 하여 사고사실 「조기 인지」 실패

– 상략 –

한편, 진도VTS 센터 '근무명령' 등에 따르면 전체 관제구역을 2개 섹터로 나눠, 각 섹터별로 관제사 1명이 책임관제하여야 하는데도 '10. 7월경부터 야간에는 관제사들의 휴식시간을 늘리기 위해 관제사 1명이 2개 섹터를 모두 관제(다른 관제사는 휴식)하는 등 변칙 근무[를 하였다. 이와 관련하여] '14.3.28. '희진호' 등 충돌사고 발생시, 2섹터 관제사가 관제 업무 도중 보고문서를 작성한다는 이유로 1섹터 관제사가 1・2섹터를 모두 관제한 사실이 적발[되어], 서해해경청장으로부터 '경고'를 받은 사실도 있[다.] 더욱이, 진도VTS 센터 內 CCTV 카메라를 창문 쪽으로 돌려놓고 운영하다가 사고 이후 센터장 지시로 철거하고 관련 영상까지 삭제한 사실도 밝혀진 바 있다.

자료: 감사원(2014: 11)

진도VTS의 관제요원들의 직무유기 또는 직무태만 행태와 관련하여 검찰은 기소를 하였고, 그 기소내용을 간략히 정리한 기사를 살펴보면 다음과 같다.

檢 관제소홀 진도VTS 관제요원 13명 전원 기소

– 상략 –

검찰에 따르면 김 팀장 등은 지난 3월 15일부터 세월호 참사가 발생한 4월 16일까지 2개 섹터를 가동해 관제근무를 했어야 함에도 불구하고 1섹터 관제요원만 근무하고 나머지 관제요원은 관제업무를 하지 않은 혐의(직무유기)를 받고 있다.

또 지난 3월 28일부터 세월호 참사 발생 당일까지 2섹터를 지나는 선박과 교신을 하지 않았으면서도 2섹터 관제요원이 선박들과 교신한 것처럼 교신일지를 허위로 작성한 혐의도 함께 받고 있다.

이들은 특히 세월호 참사 직후 관제업무에 문제점이 드러나자 당시 관제센터를 녹화한 CCTV 카메라를 떼어내 동영상 파일을 삭제한 혐의도 받고 있다.

세월호 사고 당시에도 이들은 오전 6시부터 10시 30분까지 2개 섹터로 나누어 각 섹터별로 1시간 30분씩 2명이 동시에 모니터링 등 근무를 해야 했지만 실제로는 1개 섹터에서만 1명이 10분~45분 동안 단독으로 근무하고 나머지 1개 섹터 담당자들은 그나마도 근무하지 않은 것으로 이번 조사에서 드러났다.

검찰은 또 진도VTS 관제요원들이 오래 전부터 야간근무시간대에 돌아가면서 관제요원 1명

만 관제업무를 전담하고 나머지 요원들은 잠을 자거나 인터넷 검색을 하는 등 섹터별 관제업무를 의도적으로 방임 또는 포기했다고 밝혔다.

특히 이들은 세월호 참사 직전 선박충돌 사건이 발생해 감찰을 받은 뒤 경고조치를 받았지만 교신일지를 허위로 조작하기로 공모하거나 세월호 사고 후 감사원 감사나 검찰 조사를 앞두고는 말을 맞추기 위해 예행연습을 하고, 전원이 모여 회의를 거쳐 CCTV철거 및 녹화파일을 삭제한 것으로 밝혀졌다.

검찰 관계자는 진도VTS 관제요원들의 협의와 관련해 "정상적으로 업무를 수행했다면 세월호 사고 당시 해경이 5~10분 먼저 도착해 인명을 더 구하고 사고확대를 막을 수 있었다"며 "사안이 매우 중대하다"고 지적했다.

자료: 뉴스토마토, 2014.07.21.[29]

2 응급 사고신고 접수체계 허술

안산 단원고 학생에게서 전남소방본부 119상황실로 신고전화가 온 것은 8시 52분이었다. 이후 배가 침몰하는 급박한 상황 속에서도 곧바로 상황조치를 하지 못하고 배의 경도와 위도를 물어보는 등 부적절한 질문을 하고 결국 8시 55분이 되어서야 침몰하는 배가 세월호임을 알게 되었다. 이러는 와중에 귀중한 골든 타임은 낭비되고 있었던 것이다. 다음은 전남소방본부 119 상황실, 목포해경청, 단원고 학생 간 4분 동안의 신고 녹취록 전문이다.

전남소방본부 119상황실, 목포해경청, 단원고 학생 간 4분 동안의 신고 녹취록 전문. (주요시각만 표기)

(오전 8시 52분 32초)

○ 전남소방본부 119상황실 : 119상황실입니다.

● 학생 : 살려 주세요.

○ 전남소방본부 119상황실 : 여보세요.

● 학생 : 여보세요.

○ 전남소방본부 119상황실 : 네 119상황실입니다.

● 학생 : 여기 배인데 여기 배가 침몰하는 거 같아요.

○ 전남소방본부 119상황실 : 배가 침몰해요?

● 학생 : 제주도 가고 있었는데 여기 지금 배가 침몰하는 것 같아요.

○ 전남소방본부 119상황실 : 자…잠깐만요. 자…지금 타고 계신 배가 침몰한다는 소리에요? 아니면 옆에 있는 다른 배가 침몰한다는 소리에요?

● 학생 : 타고 가는 배가요. 타고 가는 배가!

○ 전남소방본부 119상황실 : 여보세요?

● 학생 : 네

○ 전남소방본부 119상황실 : 잠깐만요. 제가 해경으로 바로 연결해 드릴게요. 저 배 이름이 뭐에요. 혹시.

● 학생 :선생님 바꿔 드릴까요?

○ 전남소방본부 119상황실 : 네. 선생님 좀 바꿔줘 보세요.

● 학생 : 네

○ 전남소방본부 119상황실 : 여보세요

⊙ 교사 : 여기 배가 침몰했어요.

○ 전남소방본부 119상황실 : 배가 침몰했어요? 배 이름이 뭐에요? 여보세요?

● 학생 :네

○ 전남소방본부 119상황실 : 배 이름이 뭐에요? 제가 해경으로 바로 연결해 드릴게요.

● 학생 : 잠시만요. 세월호요. 세월호.

○ 전남소방본부 119상황실 : 잠시만 기다려주세요. 제가 해경으로 바로 연결할게요.

(오전 8시 54분 7초-목포해경에 신고 내용 전달)

○ 전남소방본부 119상황실 : 예. 수고하십니다. 여기 119상황실인데요.

◎ 목포해경 : 네.

○ 전남소방본부 119상황실 : 지금 배가 침몰하고 있다고, 배가 침몰하고 있다고 신고가 왔는데요.

◎ 목포해경 : 배가 침몰하고 있다고요? 배 위치요? 위치?

○ 전남소방본부 119상황실 : 지금 핸드폰 기지국 위치는 진도 조도요.

◎ 목포해경 : 진도 조도로 나온다고요?

○ 전남소방본부 119상황실 : 서거차도리

◎ 목포해경 : 서거차도리?

○ 전남소방본부 119상황실 : 네. 서거차도리로 지금 뜨고 있거든요. 신고자 전화번호 드릴게요. 010－0000－0000

◎ 목포해경 : 끝 번호 몇 번이요?

○ 전남소방본부 119상황실 : 0000이요. 지금 신고자 연결돼 있거든요.

(오전 8시 54분 38초-3자 통화)

○ 전남소방본부 119상황실 : 신고자 분 지금 해양경찰 나왔습니다. 바로 지금 통화 좀 하세요.

◎ 목포해경 : 여보세요. 목포 해양경찰입니다. 위치 말해주세요.

● 학생 : 네?

◎ 목포해경 : 위치. 경위(경도와 위도)도 말해주세요.

● 학생 : 네?

○ 전남소방본부 119상황실 : 경위도는 아니고요. 배 탑승하신 분. 배 탑승하신 분

● 학생 : 핸드폰이요?

◎ 목포해경 : 여보세요. 여기 목포해경 상황실입니다. 지금 침몰 중이라는데 배 위치 말해주세요. 배 위치 지금 배가 어디 있습니까?

● 학생 : 위치는 잘 모르겠어요. 지금 이곳….

◎ 목포해경 : 위치를 모르신다고요? 거기 GPS 경위도 안 나오나요. 경도하고 위도!

● 학생 : 여기 섬이 이렇게 보이긴 하는데.

◎ 목포해경 : 네?

● 학생 : 그걸 잘 모르겠어요.

◎ 목포해경 : 섬이 보이긴 하는데 잘 모르겠다고요? 어디서 출항하셨어요?

● 학생 : 어제..어제..

◎ 목포해경 : 어제 출항했다고요?

● 학생 : 어제 (오후) 8시 그쯤인 거 같아요.

◎ 목포해경 : 어제 8시에 출항했다고요? 어디서? 어디서?

● 학생 : 인천항인가 거기서 출항했을 걸요.

◎ 목포해경 : 인천항에서 출항했다고요?

● 학생 : 네.

◎ 목포해경 : 배 이름이 뭡니까? 배 이름?

(오전 8시 55분 38초-세월호 최초 확인)

● 학생 : 세월호요. 세월호.

◎ 목포해경 : 세월?

● 학생 : 네.
◎ 목포해경 : 배 종류가 뭐에요? 배종류…. 여객선인가요? 아니면 어선인가요?
● 학생 : 여객선일 거에요.
◎ 목포해경 : 여객선이요?
● 학생 : 네.
◎ 목포해경 : 여객선이고, 세월호고 지금 침몰 중이다고요? 배가?
● 학생 : 네?
◎ 목포해경 : 침몰 중이다고요? 배가?
● 학생 : 네. 그런 거 같다고요. 지금 한쪽으로 기울어서.
◎ 목포해경 : 한쪽으로 기울어서 침몰 중이다고요. 여보세요? 혹시 옆에 누구 있습니까?
● 학생 : 선생님 계시긴 하는데 선생님이 지금 정신이 없으셔가지고요.
◎ 목포해경 : 선생님이 정신이 없으시다고요?
● 학생 : 네. 제가 대신 전화했어요.
◎ 목포해경 : 네. 지금 보니까 8시에 인천항에서 출항하셨네요.
○ 전남소방본부 119상황실 : 아. 여보세요?
● 학생 : 네.
○ 전남소방본부 119상황실 : 해경입니까? 여기 119상황실인데요. 여기 전화가 계속 들어오거든요. 다른 전화로. 다른 분들은 동거차도라고 해서 신고가 지금 계속 들어오네요.
◎ 목포해경 : 신고가 계속 들어와요? 저희가 하나 컨택했습니다.

(오전 8시 56분 57초-해경 · 신고사 연결 후 통화 종료)

또한 9시 4분에는 세월호 선원인 강○○씨가 목포해경 상황실에 전화를 걸었다. 강○○씨는 선내상황을 비교적 자세히 목포해경에 설명하였고, 움직일 수 없을 정도로 배가 기울어져 있음을 알렸다. 이런 상황에서는 승객들이 갑판으로 나와 구조를 기다리게 조치하는 것이 당연함에도 불구하고 당황한 목포해경은 그러한 지시를 내리지 않아 귀중한 생명이 선내에 갇힌 채 희생되고 말았다. 다음은 강○○씨와 목포해경 간 녹취록이다.

09 : 04 세월호 선원 강○○씨와 목포해경 간 사고신고 녹취록

○ 목포해경: 목포 해양경찰입니다.
● 신고자: 예, 여기 진도하고.

○ 목포해경: 예, 진도하고.

● 신고자: 진도하고 그 추자도 사이에 지금 운항 그.

○ 목포해경: 세월호요?

● 신고자: 예, 세월호. 예, 세월혼데요.

○ 목포해경: 세월호 누구십니까? 세월호에.

● 신고자: 세월호 그 안내소 직원입니다.

○ 목포해경: 세월호, 세월호 직원이에요? 예. 직원이에요, 직원?

● 신고자: 예.

○ 목포해경: 그 혹시 사람 같은 거 사람이 빠졌습니까? 지금 현재?

● 신고자: 예, 지금 사람이 한 배가 기울어서 사람이 한 명이 바다에 빠졌구요.

○ 목포해경: 사람이 한 명이 빠졌어요? 지금 구명동의나 그런 거 빨리 다 여객선 ….

● 신고자: 지금 저희가 배가 40도, 45도 지금 기울어서 도무지 움직일 수 있는 상황이 안 돼요..

○ 목포해경: 움직일 상황 … 그러면 지금 빠진 사람 어떻게 됐습니까? 지금 현재?

● 신고자: 일단은 저희도 볼 순 없어요. 빠진 상황만 알아요, 지금.

○ 목포해경: 아, 빠진 상황만 안다구요?

● 신고자: 예, 지금 어떻게 되셨는지.

○ 목포해경: 지금 경비정이 이동하고 있거든요. 지금 전속으로.

● 신고자: 예.

○ 목포해경: 그 상황을 지금 최대한 빠진 사람을 그래도 좀 구조해야 되지 않습니까?

● 신고자: 예.

○ 목포해경: 그거 좀 조치 좀 취해주십시오. 그 어떻게 파악을 하셔 가지고.

● 신고자: 지금 저희가 움직일 수 있으면 상황 파악을 하겠는데, 움직일 수가 없어요. 지금 배가 45도 정도 기울어 있어서, 지금.

○ 목포해경: 그런데 왜 지금 배 속력은 없었습니까, 속력은?

● 신고자: 지금 엔진을 다 끈 것 같아요. 엔진 돌아가는 소리는 안 들리거든요.

○ 목포해경: 아 그래요? 근데 속력이 지금 저희가 파악했을 때는 속력이 좀 많이 나오고 있거든요? 여보세요.

● 신고자: 지금 가고 있지는 않아요, 엔진을 꺼서.

○ 목포해경: 예, 알겠습니다. 지금 저희 경비정 있는 대로 이동하고 있거든요. 좀만 참으시고 다들 구명동의를 입으시라고 다 전파를 해주십시오.

● 신고자: 지금 입을 수 있는 상황이 안 돼요. 배 기울어서 움직일 수가 없어요.

○ 목포해경: 움직일 수가 없어요? 예, 알겠습니다. 그러면 최대한 안전할 수 있게, 그쪽 그 언제든지 하선할 수 있게 바깥으로 좀 이동할 수 있게 그런 위치에 지금 좀 잡고 계세요, 일단은. 여보세요.

● 신고자: 지금 선내에서 움직이지 마시라고 방송을 계속하고 있구요.
○ 목포해경: 예예, 그렇게 해주세요, 예예.
● 신고자: 예예, 지금 밖으로 이동할 수 있는 상황이 안 돼요. 배가 많이 기울어져 있어서.

자료: 세월호 기록팀(2016: 197－199)

3 구조본부 상황지휘 미흡

구조본부는 해경본청(중앙)－서해해경청(광역)－목포해경서(지역)에 설치되었고, 동 본부는 구조활동 등을 지휘하였다. 그러나 동 본부의 상황지휘는 소극적이었을 뿐만 아니라 부적절하여 결국 구조활동의 비효율을 초래하여 대형참사를 막는데 기여하지 못했다. 이와 관련하여 감사원(2014: 11－12)은 크게 다음의 4가지 문제점이 있었음을 지적하였다. ① 구조세력의 출동명령시 현장정보를 제공해야 함에도 불구하고 아무런 정보도 제공하지 않아 초기 구조작업의 부실 및 지연을 초래하였다. ② 현장지휘 책임자인 목포해경서장은 사고발생 직후 즉시 사고현장으로 가 지휘를 하지 않았다. ③ 구조함정이 현장에 도착하기 전, 선장으로 하여금 퇴선조치를 취하도록 하는 등 사전 구호조치를 취하지 않았다. ④ 현장과 동떨어진 지시를 내림으로써 구조작업에 혼선만을 초래했다. 다음은 감사원의 감사결과 원문이다.

구조본부의 소극적이고 부적절한 「상황지휘」로 구조활동 비효율 초래

① **출동명령 부실**: 구조세력 출동명령시 경비함 등 이동수단 연계에 소홀하거나 현장정보 제공없이 출동지시만 하여 구조활동[의] 지연[을] 초래[하였다. 예로] 목포해경서[는] 전용부두에 경비함(513함)이 있었는데도 '팽목항에서 어선을 타고 이동'하라고 소속 122구조대에 지시[하여], 12 : 19에야 현장[에] 도착[하였다.] 서해해경청은 511 · 512호 헬기에 세월호 승객 수도 알려주지 않아 항공구조사들이 수상구조가 끝날 때까지도 승객 대부분이 선내에 있다는 사실을 모른 채 선상에 있는 승객 구조에만 치중[하게 만들었다.]

② **소극적 직무수행**: 구조활동의 현장지휘 책임자인 목포해경서장은 불법조업 중국어선 단속

을 위해 출항한 3009함에 머물며 현장지휘에 소홀[하였다. 즉,] 목포해경서장[은] 09 : 03경 사고내용을 보고받고 즉시 헬기 출동을 지시하지 않았고, 09 : 17경 512호 헬기가 현장으로 출동하는데도 미탑승하였으며 함정에 남아서도 09 : 14경 목포상황실에 가동세력 총동원 등 일반적인 지시만 한 후, 09 : 56경까지 아무런 지시를 하지 않다가 세월호 좌현이 완전 침수된 09 : 56경에서야 123정장에게 "우현으로 난간을 잡고 올라가서 승객들을 뛰어내리게 하라"는 등 현장 상황과 동떨어진 지시를 하는 등 현장 지휘[를] 태만[하게 하였다.] 한편, 서해해경청은 진도 VTS에서 세월호로부터 "탈출하면 구조가 가능한지"에 대한 문의를 받고 이를 보고(09 : 25)하자 "선장이 판단하여 결정하라"고만 답변[하였다.]

③ **사전 구호조치 미흡**: 구조함정 등이 현장에 도착하기 전까지는 선장 등을 통한 승객퇴선 지시 등 조치를 하였어야 하는데도 08 : 55 최초 사고접수(목포해경서) 이후 각 구조본부 등은 세월호와의 직접 교신 및 정확한 현장 상황파악에 소홀, 승객 퇴선지시 등 기회[를] 일실[하였다. 구체적으로는,] 목포해경서[는] 본청에서 세월호와 직접 교신을 시도하도록 지시(09 : 03~09 : 20)하였는데도 조난통신(VHF, 초단파통신) 등으로 세월호 선장 등에게 승객 퇴선 등 미지시[하였고,] 서해해경청은 예하 목포해경서, 123정 등에서 세월호와 교신을 하지 않고 있는데도 교신을 지시하거나 교신 여부를 확인하지 않았고, 직접 교신하는 방안도 미강구[하였다.]

④ **부적절한 상황지휘**: 현장에 도착한 구조세력(511호 헬기 09 : 27, 123정 09 : 30)이 즉시 상황보고를 하지 않는데도 상황보고 및 즉시 선내 진입 시도 등을 지시하지 않아 승객 탈출 안내 등 현장 상황에 맞는 구조 기회[를] 일실[하였다.] … 이후에도 세월호의 침몰정도 등을 제대로 파악하지 못한 채 현장 상황과 동떨어진 지시만 시달하는 등 상황지휘 및 감독[을] 소홀[히 하였다. 특히,] 해경본청[은] 승객 대부분이 배 안에 있는 상황을 뒤늦게(09 : 37, 09 : 43 123정 보고) 파악하고도 10 : 17(100° 이상 전복)까지도 "여객선 자체부력이 있으니, 차분하게 구조하라"고 지시하였다.

자료: 감사원, 2014: 11－13

4 구조세력의 현장 구조활동 미흡

1) 사고대응에 취약한 함정 배치

감사원 감사결과에 따르면 원칙적으로 세월호 항로구역에 중형함을 1척 이상 배치해야 한다. 그러나 세월호 사고 당시 모든 중형함은 불법외국어선 단속을 위해 동원되었기에 세월호 항로구역에 배치되지 못했다. 다음은 감사원의 감사결과 보도자료 원문이다.

사고해역에 연안구역을 경비하는 「소형함정만 배치」, 사고대응에 취약

원칙적으로 세월호 항로구역에 중형함(200톤 이상)을 1척 이상 배치해야 하는데도 불법외국어선 특별단속에 서해해경청 소속 중형함을 모두 동원[했다]. 이로 인해 구조인력, 통신장비 등이 부족한 123정(100톤급)이 세월호 사고 현장지휘함(09 : 16~11 : 19)으로 지정되어 현장대응에 한계[가] 발생하였다. [왜냐하면,] 연안경비정인 123정은 해경 승선인원이 10명에 불과하고, 상황보고 · 지휘시달 등을 위한 문자상황전파시스템, 현장 영상송신장비 등을 미탑재[하여], 사고대응능력[이] 취약[하기 때문이다.]

자료: 감사원(2014: 10)

2) 현장 구조활동 부적절

세월호 사고가 발생하고 현장에 가장 먼저 도착한 함정은 목포해경서 소속의 100톤급 123정이다. 따라서 123정은 현장에서의 다수의 구조세력의 구조활동을 지휘 및 조정하는 등 현장지휘함(OSC, On－Scene－Commander)으로서의 임무를 수행해야 했다. 그러나 감사원(2014: 13－14)에 따르면, ① 출동 전 교신을 유지하지 않음으로써 현장파악에 실패를 하였고, 그 결과 적절한 초기대응을 하지 못했다. ② 현장에 도착한 후 즉시 상황 보고, 선내 진입, 승객 퇴선방송 등 구조조치를 취해야 함에도 불구하고 이를 하지 않아, 구조기회를 일실하였다. ③ 또한 선원들의 신분 확인이 어렵지 않았는데도 불구하고 이를 하지 않아 선내 방송기회를 놓쳤다. 다음은 이와 관련된 감사원의 감사결과 원문이다.

구조세력의 현장 구조활동도 부적절하여 승객 구조기회 일실

① **출동 중 교신 미유지**: 현장 도착 전까지는 침몰 정도, 승객 대피 등 상황파악을 위한 세월호와의 교신 유지가 필수적이나 교신 시도 및 청취 의무[를] 소홀[히 하였다. 즉,] 출동 초기 세월호를 3회 호출한 후 응답이 없자 추가 교신을 시도하지 않았고 09 : 26~09 : 28 세월호에서 조난통신 VHF ch16로 해경(123정)을 2회 호출하였으나 이를 청취하지 않아 미응답[하였다.]

② **상황보고 및 구조활동 소홀**: 현장 도착 직후(09 : 30), 세월호 "갑판과 해상에 승객들이 보이지 않아 즉각적인 승객 퇴선 유도가 필요하다고 판단"하고도 이러한 상황을 구조본부에 보고하거나 즉시 123정 대원 또는 헬기 항공구조사 등에게 세월호 선내 진입, 승객 퇴선방송 등을

지시하지 않[았다. 이후,] 09 : 49에야 123정 대원이 밧줄을 잡고 조타실에 진입하고자 하였으나 경사(62.8°로 추정)가 심하고 잡을 것이 없어 입구까지만 들어갔다가 아무런 조치도 하지 못하고 밖으로 탈출[하였다.]

③ **선원 신분확인 불철저**: 선원들은 구조 당시 근무복을 입고 있어 신분을 확인하기 어렵지 않았는데도 이들의 신분을 확인하지 않은 채 선장과 선원 중 일부를 팽목항으로 후송하였[다.] 게다가, 조타실에서 구조된 1등 항해사와 2등 항해사는 객실 승무원과 통신 가능한 휴대전화와 무전기를 각각 소지하고 있었는데도 선원들의 신분을 확인하지 않아 객실 승무원과의 연락을 통한 선내 승객 탈출 방송기회[를] 일실하였다.

자료: 감사원, 2014: 13－14

5 국가재난 컨트롤타워 미작동

박근혜 정부는 '국민안전 중시'를 국정목표로 설정하고 행정안전부를 안전행정부로 명칭을 변경하였다. 출범 초기인 2013년 5월 30일에는 「국민안전 종합대책」을 수립·발표하고 동년 8월에는 「재난기본법」을 개정하였다. 그 결과 인적 재난 총괄기능이 소방방재청에서 안전행정부로 이관되었고, 안전행정부의 재난관리 기능이 확대되었다. 이와 함께 "안행부는 박 대통령의 지시에 따라 부처별 기관별로 나뉜 재난안전 관리를 총괄 조정하는 작업을 시작했다. 재난이 발생하면 중앙재난안전대책본부(중대본)를 중심으로 관계 기관과 공조해 신속하고 적극적으로 초동대응에 나서겠다는 방침도 밝혔다."30) 그러나 안전행정부를 컨트롤타워로 하고 중대본의 위상을 높인 재난대책과 관련하여 많은 전문가들은 실제 작동이 될 것인지에 대해 다음 기사에서 보는 바와 같이 우려를 하였다.

예견된 중대본의 실패…"안행부 중심 안 된다" 경고 외면

중앙재난대책안전본부(중대본)의 실패는 예견된 일이었다. 안전행정부를 국가재난에 대응하는 사실상 최고 기관으로 규정하고 중대본의 위상을 높이도록 한 「재난 및 안전관리기본법」 개정 당시에도 전문가들은 안행부 중심의 국가재난관리체계의 문제점을 경고했다. 그러나 박근혜 대통령의 첫 작품인 정부조직개편의 중심축이었던 안전행정부의 위상 강화를 밀어붙인 정부는 귀를 기울이지 않았다.

이미 지난해 6월 국회 의원회관에서 열렸던 '국가통합재난관리시스템 구축 및 운영방안' 정책토론회에서 대부분의 전문가들은 안행부가 국가재난대응의 콘트롤타워로 재정립되는 이 개정안에 대해 한목소리로 우려를 표시했다. 당시 거론된 예가 미국의 연방재난관리청(FEMA)의 시행착오였다. 2000년 9·11 테러 후 미국정부는 FEMA를 비롯한 위기관리 조직들을 국토안보부(DHS)로 흡수 통합해 수직적 재난대응체계를 수립했다. 그러나 개편된 이 체계는 '허리케인 카트리나 사태' 대응에서 문제점을 드러냈고, 미 의회 보고서에서도 DHS의 비대화와 FEMA의 독립성 훼손이 내부 운영체계의 혼선을 초래했다고 분석했다.

당시 윤명오 서울시립대 건축학부 교수는 '수직적 통합관리체계의 딜레마'라는 보고서에서 "(안행부와 같은) 총괄 조정하는 단일기구가 효과적일 수 있으나 어떤 하나의 조직이 모든 것을 다할 수는 없다"며 "하나의 조직이 총괄하게 되면 서로 다른 백그라운드를 가진 조직들 간 커뮤니케이션 문제와 예상치 못한 혼선의 가능성이 있다. 중앙부처의 논리와 규제가 현장에서는 '옥상옥' 논란을 발생시키는 그간 수많은 사례도 비슷한 맥락"이라고 지적했다. 또 "중요한 것은 누가 총괄하는가보다는 관련 기관을 어떻게 잘 연계시키느냐는 문제"라며 "총괄적 조정에 관한 권한에 집중할 게 아니라 거버넌스의 네트워크는 정부 내에서도 필요한 개념"이라고 덧붙였다.

안행부의 재난업무 비전문성을 걱정하는 목소리도 그때부터 나왔다. 자연재해는 안행부와 소방방재청, 지방자치단체가 대처할 수 있다. 그러나 재난업무에서 안행부는 전문성이 부족하고, 소방방재청 역시 소방과 방재기능이 섞여있기 때문에 마찬가지라는 것이다.

류희인 희망제작소 재난안전연구소장은 당시 토론회에서 "각 부처는 부처의 임무와 역할에 따라 보호해야 할 시설과 체계 등을 갖고 있다"며 "국가핵심기반의 마비 원인은 안보적 요인, 자연재난, 사회적 요인 등이 다양한데 이를 안행부에서 일괄 관리한다는 것은 안행부 만능주의적 발상이며 소관부처별 원인을 다루는 법에 의해 관리돼야 한다"고 주장했다.

국회 입법조사처도 지난해 11월 중앙재난안전대책본부를 중심으로 한 재난대응체계로는 지휘가 제대로 안될 위험성을 예고했다. 배재현 입법조사관은 '재난 및 안전관리기본법 개정의 의의와 과제'라는 글에서 "중앙재난안전대책본부장이 사고수습본부를 지휘하면, 실질적으로 안행부 장관이 다른 부처 장관을 명령체계에 의해 지휘한다는 것은 쉽지 않을 수 있다"고 물음표를 남겼다.

해당부처가 구성하는 중앙사고수습본부장은 지역재난안전대책본부를 지휘할 수 있지만 사고수습에 중요한 중앙 및 지역 긴급구조통제단은 중대본의 지휘를 받게 해 사고수습의 효율성에 문제가 생길 가능성이 있다는 점도 지목됐다. 그러면서 지역재난안전대책본부는 중앙재난안전대책본부와 중앙사고수습본부의 지휘를 모두 받게 돼있어 혼선을 일으킬 수 있다는 것도 전문가들이 예상했던 결과였다.

이런 전문가들의 사전 경고에도 「재난 및 안전관리기본법」은 정부의 계획대로 지난해 8월 공포돼 올해 2월부터 시행됐다. 시행 직후 마우나리조트 붕괴사고가 일어나자 안행부는 개정된 법률에 따라 강화된 중대본을 처음 가동시켰다. 당시도 국토교통부, 교육부 등과의 호흡이나 초동 대응은 매끄럽지 못했으나 일단 큰 문제는 없이 지나갔다. 그러나 대형 재난인 이번 세월호 사고를 맞아 문제점이 그대로 노출된 것이다.

개정 당시부터 문제점을 지적했던 윤명오 교수는 뉴스1과 통화에서 "정부는 문제가 생겼을 때 전문성이 아니라 조직 위계로 해결하려 한다. 현장을 지배하려 들고 지휘권을 세워주지 않는다"며 "그럴 경우 현장은 책임회피 경향을 갖고 대응역량이 떨어지게 되며, 다른 경우라면 몰라도 재난을 맞이했을 때 돌이킬 수 없는 결과를 부른다. 현장경험이 부족한 안행부에 중심을 두면 재난대응능력은 후퇴한다"고 말했다.

윤 교수는 또 "'안전'을 화두로 안행부의 위상을 강화하려 했기 때문에 전문가들의 지적을 듣지 않은 것"이라며 "그러면서도 어린이 안전사고 예방 같은 인기 분야만 집중하면서 대형 재난 대비는 소홀했다"고 주장했다.

세월호 침몰원인 역시 낯선 것이 아니었다. 이미 오래전 정부의 보고서에도 세월호 사고의 원인 대부분이 거론됐다.

국토해양부는 2010년 '대형해양사고 예방을 위한 안전관리체제 운영개선연구' 보고서에서 승무원의 과로, 선원들의 노령화, 선원들의 자질, 항해계기 등 각종 설비의 부족과 결함 등을 국내 선박 안전관리의 문제점으로 꼽았다. 손 놓고 있다 4년 뒤 재앙이 돼 찾아온 것이다.

자료: 뉴스1, 2014.04.22.[31]

형식적으로는 한층 위상이 높아진 중앙재난안전대책본부(중대본)는 세월호 침몰사고 발생시 대형재난의 컨트롤타워로서 재난·구조상황의 파악 등과 같은 본연의 역할보다는 언론브리핑(1시간 간격, 총 7회)에 몰두하는 등 제 기능을 발휘하지 못하였다. 결국 정부는 4월 17일에 정홍원 국무총리를 책임자로 하는 범정부사고대책본부를 출범시킨다. 이와 관련하여 감사원은 다음과 같이 문제를 지적하였다.

「컨트롤타워 기능」 미작동 및 상황전파 지연 등으로 국민 불신 야기

① **중대본 역할 소홀**: 안행부에서 4.16. 사고 수습을 위해 중앙재난안전대책본부를 설치·운영하면서 재난·구조상황 파악 등 본연의 역할보다는 언론브리핑(1시간 간격, 총 7회)에만 몰두[하였다. 또한] 발표내용 등에 혼선을 야기하였고 사실 검증없이 구조자 수를 잘못 발표했다가 정정(14 : 00경, 368명 → 16 : 30경, 164명)하는 등 정부불신[을] 초래[하였고] 결국 4.17. 범정부 대책본부에 재난 총괄역할을 넘[겼다.]

② **상황보고·전파 부실**: 해경 등에서는 사고접수 후 유관기관 등에 사고발생 및 진행상황 보고를 지연하고 피해·구조상황도 부정확하게 전파[하였다. 구체적으로 살펴보면,] 해경[은] 08 : 58경 사고를 접수하고도 중대본·국가안보실 등에 지연 보고(09 : 33경)하고, 상황보고서에 승객잔류 상황을 누락하거나 현장에 투입된 잠수요원 수를 과장(6명 → 160명)[하였다.] 해

수부[는] 11 : 31까지 사상자를 확인 중이었는데도 “인명피해 없음”으로 낙관적 전파[를 해 혼선을 야기하였다.] 경기교육청[은] “학생들이 전원 구조됐다”는 검증되지 않은 언론보도 등을 보고 11 : 09경 38개 언론사에 문자 메시지를 발송[하였다.]

자료: 감사원, 2014: 15

6 재난관리 거버넌스의 실패

「행정기관 통칙」에 따르면 기능이 이관되면 그와 동시에 조직 및 인력도 이체되어야 하는데 방재청장의 비협조, 안행부 2차관의 이체협의 소홀, 조직실의 조정역할 미흡 등으로 인해 충분한 인력이 이체되지 못했다. 즉, 재난기본법 시행일(2014년 2월 7일) 전까지 예방안전국 3개과 41명 등 인적재난 조직 및 인력이 안전행정부로 이체되어야 함에도 불구하고 2명만 이체되었다(감사원, 2014: 16). 따라서 세월호 사고가 일어나던 시점에 컨트롤타워 역할을 해야 하는 안전행정부에서 전문가는 거의 전무하였다고 해도 과언이 아니다.

실제 세월호 사고 당시 안전행정부 직원 중 재난 및 안전을 관리하는 안전관리본부의 직원은 단 10%에 불과하고, 안전관리본부의 직원 중 약 40%는 재난・안전 관련분야의 경험이 전무했다.[32] 이와 관련해 민변은 “알맹이를 바꾸지 않고 포장지만 바꾼 뒤 무턱대고 권한만 확대해주다 보니 그나마 지금까지 쌓여온 행정기관의 전문성도 힘을 발휘하지 못했다”고 지적하였다.[33] 또한 한 주간지는 다음과 같이 정부조직 개편에 대한 비판을 제기하였다.

원칙 없는 정부조직 개편이 부른 혼선

세월호 침몰과 구조과정에서 정부가 우왕좌왕한 데에는 이유가 있었다. 여객선 안전문제와 사고 대응을 주관해야 할 주무부서인 해양수산부는 이명박 정부 때 해체됐다가 부활한 지 겨우 1년 2개월 밖에 되지 않았다. 이 짧은 기간마저 윤진숙 전 장관에 대한 비판 때문에 허송세월을 보냈다. 임명절차가 늦어지고 임명 후에는 무능력하다는 비판을 받은 장관이 해수부의 발목을 잡았다. 부활한 정부 부서로서 몸을 추스를 사이도 없이 해수부는 세월호 침몰이라는 악재를 맞았다.

해수부는 2008년 이명박 정부가 출범하면서 해체됐다. 해체 이유는 '작은 정부'였다. 해수부는 국토해양부, 농림수산식품부 등으로 갈기갈기 찢어졌다. 당시 정가에서는 해수부 장관이던 노무현 전 대통령이 참여정부에서 해수부 출신 관료를 선호한 것이 이명박 정부가 해수부를 해체한 한 원인이 됐다는 이야기가 나돌았다. 이명박 정부는 해수부 해체로 노무현의 그림자를 지워버렸다. 지워버린 건 그것만이 아니었다. 그 동안 해수부가 쌓아놓았던 해상 안전에 대한 노하우 역시 지워졌다.

해수부가 해체됐다가 부활하면서 산하기관인 해경과의 관계도 애매해졌다. 해경은 경찰청에서 분리된 후 해수부의 독립 외청이 됐다. 하지만 해수부가 해체되면서 국토교통부로 갔다가 다시 해수부의 외청이 됐다. 이 과정에서 해수부는 해경에 대한 조직 장악력이 약해졌다.

정부 조직개편에 따라 이곳 저곳의 지휘를 받았던 해경 역시 이번 세월호 승객 구조에서 한계를 드러냈다. 4월 25일 현재 실종자 중 한 명도 구하지 못했다. 경찰청에서 독립했지만 현재 청장 외에 대부분의 청장이 경찰청 인사 가운데 임명됐다. 해난 구조에 경험이 있는 해경 인사보다 경험이 없는 고시 출신 해경 인사들로 해경 지휘부가 구성돼 있다는 점도 문제점으로 지적되고 있다. 방재전문가인 강남대 김근영 교수는 "해수부나 해경이나 조직이 바뀌고 또 책임자가 바뀌면서 업무 인수인계가 잘 되지 않고, 꼼꼼히 챙기지 못한 면이 이번 사고로 드러났다"고 말했다.

박근혜 정부에서 정부조직이 개편되면서 해상 안전과 관련해 해수부 부활 외에 또 다른 큰 변화가 있었다. 행정안전부가 안전행정부로 바뀌면서 인적 재난사고에 있어 소방방재청이 갖고 있던 지휘 역할도 안전행정부가 떠맡았다. 소방방재청이 갖고 있는 풍부한 재난 현장경험이 안전행정부 고위 관료의 책상으로 고스란히 옮겨간 것이다. 안전을 중요시한 방향은 옳았지만 현장에서의 경험을 무시한 처방이었다. 관련 법안인 「재난 및 안전관리기본법」 개정안이 지난해 국회에서 통과될 때 문제점이 지적되기도 했다. 당시 국회 안전행정위 수석전문위원은 "재난 및 안전관리 업무가 효율적으로 진행되기 위해서는 소방방재청과 안전행정부 간 업무와 기능 재정립이 필요한 것으로 생각된다"고 의견을 표시했다. 이번 세월호 사고에서 안전행정부가 주재한 중앙재난안전대책본부는 일사불란은 커녕 오히려 혼선만 초래했다.

김근영 교수는 "재난 대처에는 경험과 판단력이 중요한데, 판단력은 경험이 있어야 생긴다"면서 "매뉴얼대로 하면 어떤 상황에서도 50% 밖에 맞지 않으므로 경험이 있는 조직과 관리자가 응용력을 발휘해야 한다"고 설명했다.

김근영 교수는 해수부 폐지·부활과 안행부 개편에 대해 "이번 사고와 일부 영향이 있다고 봐야 한다"고 말했다.

자료: 주간경향, 2014.05.06.[34)]

7 선장 · 선원의 안전수칙 미준수 및 사명감 결핍

세월호가 침몰하던 당시 선원들은 우왕좌왕하며 승객 구조를 위한 '골든 타임' 35분 가량을 허비했다. 사고에 당황한 선원들은 15분간 사고해역에 구조선박이 도착한 것도 알아차리지 못했다.[35] 세월호 운항관리규정에 따르면 선장은 여객선 침몰시 선내에서 총지휘를 맡아 승객을 대피시켜야 하며, 1등 항해사는 현장 지휘를, 2항사는 응급처치와 구명보트를 작동시켜 승객의 안전을 확보해야 한다. 또 3항사는 기록 · 통신 업무를, 갑판장은 승객 구조를, 기관장은 기관실을 사수해야 하지만 다수의 선원들이 세월호 사고 당시 본 임무를 수행하지 않았다. 단지 '가만히 있으라'는 선내 방송만 반복했을 뿐이었다.[36] 오히려 승객을 배에 남겨 둔 채 선원의 대다수는 먼저 탈출하였으며, 구조 이후 자신이 선원이라는 사실을 숨기고 해경에게 선내 상황을 자세히 설명해 주지 않아 원활한 구조작업이 이루어지지 않는 상황을 만든 단초가 되었다.

제 4 절 초동대응상의 문제점에 대한 원인 분석

1 한국 관료제의 실패

한국은 반 세기 만에 최빈국 중 하나에서 선진국 문턱에 오른 거의 유일한 나라이다. 많은 전문가는 이러한 과정에서 한국 공무원의 역할이 지대했음을 인정한다. 한국 공무원의 유능함과 뛰어난 추진력은 특히 경제발전과정에서 두드러졌다. 그러나 경제성장 위주의 한국 관료제는 21세기를 맞이하여 그 적절성에 대한 비판이 비등하고 있다. 과연 한국 관료제는 경제성장 이외의 다른 국정목표를 달성하는 데 얼마나 적절하고 효율적인가? 특히 국민의 안전을 보장할 수 있는 선진국형 관료제로서의 역할을 과연 제대로 수행하고 있는가? 그 대답은 비관적이다.

공무원으로서의 국민에 대한 책무성보다는 정권 또는 상관에 대한 충성심이 더 요구되는 지금의 한국 관료제는 전반적인 재검토가 요구된다. 세월호 침몰사고는 어찌 보면 하나의 사고에 불과하다. 그러나 세월호 사고는 한국 관료제의 고질적 문제를 낱낱이 드러내주고 있는 대표적인 사례이다. 다시 말해 세월호 사고와 같은 일이 다시는 일어나지 않게 하기 위해서는 국민안전처와 같은 한 정부부처에 대한 개선으로는 결코 해결되지 않는다는 것이다. 특히 이번 세월호 침몰사고와 관련한 한국 관료제의 근본적인 문제점과 개선방향은 다음과 같다.

첫째, 각각의 공무원은 각자의 임무가 무엇인지를 충분히 숙지하고 이를 성실하게 수행할 수 있어야 한다. 설령 상관의 명령이라 할지라도 잘못된 것이면 당당하게 거부하고 그 이유를 설명할 수 있어야 하며, 상관 또한 정당한 근거가 있는 경우 이를 쾌히 받아들여야 한다. 특히 대통령이나 장관의 명령이라 할지라도 담당자는 무조건 받아들이는 것이 아니라 담당업무의 최고 권위자로서 판단하여야 한다. 문제는 이러한 관료제 운영원리를 공무원들의 개인적 차원에서 준수하는 것은 거의 불가능해 보인다. 따라서 한국 관료제 전반적인 운영원리에 대한 재검토와 함께 이를 정착시킬 수 있도록 행정부의 수반인 대통령과 장관 및 기관장의 노력이 어느 때보다 중요하다. 한국 관료제는 점진적 개선보다는 혁명적 재탄생이 필요한 시기이다.

둘째, 부처 및 부서 할거주의에 대한 전반적인 개선이 요구된다. 많은 공공문제를 해결하는데 있어서 공무원 개개인이 자신이 맡을 일을 충실히 수행하는 것만으로 충분하지 않은 경우가 많다. 업무의 전체적인 효과성 및 효율성을 제고하기 위해 관련 부처 및 부서와 적극적으로 협력하도록 제도적 장치가 마련되어야 한다.

셋째, 각 부처나 부서의 상시적 업무와 중점적 업무에 대한 명확한 운영원리가 요구된다. 5년 단임의 대통령제 하에서 국정목표는 장기성이 현저히 낮아지고, 이에 더해 1~2년짜리 장관/기관장의 교체로 인해 중점업무는 수시로 변한다. 특히 가시적인 단기성과 창출에 목매는 지도자일 경우 이는 더욱 심화된다. 이러한 경우, 국민안전과 같은 상시적 업무는 뒷전으로 밀리기 쉽다. 특히 예방적 활동으로 사고가 나지 않으면 그 일의 우선순위는 더욱더 밀릴 가능성이 높다. 이러한 단점을 조금이나마 극복하기 위해서는 한국 관료제의 운영원리에 대한 재검토와 정책결정자들의 적극적인 협조가 요구된다. 이와 관련하여 현재 운용되고 있는 공무원성과평가제도에 대한 전면적인 검토가 요구된다. 왜냐하면 현 성과평가제도 또한 상시적 업무를 얼마나 충실히 수행하였느냐보다는 중점업무의 성과에 과도한 비중을 두고 있기 때문이다.

위에서 언급한 한국 관료제의 대표적인 문제점 외에도 개선해야 할 점은 많다. 이번 세월호 침몰사고를 계기로 한국 관료제에 대한 전반적인 재검토를 통해 한국 관료제가 새로이 태어나지 않는다면 제2의 그리고 제3의 세월호 사고는 또 일어날 것이다.

2 재난관리 거버넌스의 좌초

한국 관료제의 실패와 함께 한국 재난관리 거버넌스시스템의 붕괴 또한 이번 세월호 사고의 근본적인 원인이라 할 수 있다. 거버넌스(Governance)를 광의로 '의사결정 및 집행 메카니즘'이라고 정의할 때, 좋은 재난관리 거버넌스는 재난 발생 시 관련된 다양한 부처 및 부서 그리고 전문가 등이 함께 모여 가장 효과적으로 의사결정을 하고 가장 효율적으로 결정된 사항을 집행하는 메카니즘을 의미한다. 그러나 이번 세월호 침몰사고에서 볼 수 있는 한국 재난관리 거버넌스는 효과성이나 효율성과는 거리가 멀다.

첫째, 실효성보다는 형식성에 치우친 한국 재난관리 조직체계의 문제점이다. 재난관리 조직체계는 실제 재난이 발생했을 때 이를 효율적으로 관리하는 구조적 틀이다. 따라서 재난관리 조직체계를 어떻게 형성하느냐는 실제 상황에서의 효율성을 담보하는 초석이라 할 수 있다. 국가별로 재난의 종류, 중앙-지방정부 간의 관계, 국토면적, 전문성의 분포 등에 따라 다양한 재난관리 조직체계를 갖추고 있다. 즉, 광범위한 국토와 다양한 재해가 상존하는 미국의 재난관리 조직체계와 비교적 협소한 국토를 가진 영국 등의 재난관리 조직체계는 다르다. 따라서 한국의 실정에 맞는 조직체계의 구축이 요구된다. 다시 말해 홍수, 태풍, 해양재난 등의 재난의 유형에 따라 가장 적합한 권한의 배분과 통합을 어떻게 해야 할 것인가에 대한 전반적인 재검토가 요구된다.

둘째, 국민의 생명과 재산을 보호하는데 우선순위를 둔 재난관리 거버넌스가 요구된다. 안전은 돈이다. 값싼 비용효과성 분석은 자칫 국민의 생명과 재산을 방치하는 결과를 초래할 수 있다. 대한민국 「헌법」 제34조 제6항은 "국가는 재해를 예방하고 그 위험으로부터 국민을 보호하기 위하여 노력하여야 한다"라고 명시하고 있다. 그러나 2012년 수난구호법 개정으로 비영리사단법인인 한국해양구조협회를 설치하고, 비용절감을 이유로 해경은 해난구조업무를 한국해양구조협회에 위탁하였다. 민변(2014: 82)에 따르면, "해경은 경찰 스스로 모든 장비를 구입・운영하는 것은 예산이 많이 소요될 뿐만 아니라, 협회를 통해 전문적인 장비를 갖춘 민간구난업체를 구조작업에 동원하면 예산도 줄이고 전문성도 확보할 수 있다고 말했다." 물론 민간위탁을 통해 예산을 절감할 수는 있겠지만, 세월호 사고와 같은 대형 재난사고 발생시 신속한 일처리를 할 수 없게 만들 수 있다. 즉, 1분 1초가 아까운 사고발생 초기 골든 타임 동안 하나의 지휘체계 아래에서 일사불란하게 구조작업을 펼쳐야 하지만, 민간구난업체를 활용할 경우 우선 연락을 취해야 하고 통솔을 해야 하는 등 구조작업의 지연을 가져오게 되는 것이다. 세월호 사고 발생시 수난구호법에 따르면, 해난사고가 발생하면 사고수습 초기에 해양경찰청이 주도하여 구난구조를 우선 착수하고 사고책임 선주는 구난구조업체와 계약을 한다. 그리고 사후비용과 관련해서는 선주와 계약된 보험회사에서 우선 구조업체 활동비를 지급하고 비용이 과다한 경우 정부나 지방자치단체가 개입해 활동비를 선지급한 후 선주에게 구상권을 청구하도록 되어 있다. 강조하면, 값싼 안전은 허구이다. 정부가 시장보다 우월한 것은 효율성에 있는 것이 아니고 아주 비싼 공공성에 투자하기 때문이다.

셋째, 신속한 대처가 생명인 국가재난관리에서 담당자가 우왕좌왕하지 않고 가장 적절한 방법으로 신속하게 대처하기 위해서는 상황별로 구체화된 '일하는 방식'(소위 매뉴얼)이 정립되어야 하고, 개별 담당자가 몸에 익도록 강도 높은 훈련이 요구된다. 세월호 사고는 2013년 9월 말 서해페리호를 비롯해 대형 재난 재발방지 대책을 점검했다고 발표한 뒤 6개월 만에 발생한 사고로 당시 제대로 된 검토가 이루어졌는지에 대한 비판이 제기되었다.[37] "2013년 12월 안전행정부는 법제연구원으로부터 '안전취약계층 및 안전사각지대 관련 법제도 개선방안연구'라는 제목의 용역보고서를 제출받았다. … [동 보고서에는] 「재난 및 안전관리기본법'에 지휘명령체계의 일원화나 관련 부처 간 유기적인 협력을 이끌어낼 컨트롤타워가 없다고 정확히 지적하고 있다. … 그러나 이 보고서는 정책으로 이어지지 못하고 서랍 속으로 들어갔다."[38] 이러한 문제점과 관련하여 감사원은 다음과 같이 지적을 하였다.

> **인력 · 매뉴얼 · 교육훈련 등 「재난대응 시스템 정비」도 소홀**
>
> 「재난기본법」('13. 8월 개정)에 따르면 재난주관기관은 국가적 차원의 관리가 필요한 재난에 대해 표준매뉴얼을 작성토록 규정함에 따라 해수부 과장 등 2명은 위 법 시행일('14. 2. 7.)까지 해상 선박사고에 대비한 표준매뉴얼을 작성하여야 하나 … 아무런 조치를 하지 않았으며 표준매뉴얼 작성 대신 자체적으로 사용하기 위한 기존 실무매뉴얼만 개정하기로 하는 등 매뉴얼 정비 업무에 소홀[하였다.] 그 결과, 세월호 침몰사고시까지 해양 선박사고 실무매뉴얼의 작성 기초가 되는 표준매뉴얼이 없어, 해경 · 방재청 등은 관련 실무매뉴얼을 작성하지 않았고 이에 따른 연습 · 훈련도 하지 못한 채 사고에 대응[하였다.]
>
> 자료: 감사원(2014: 16)

3 국민안전 관련 종사자의 고용조건 개선정책 미흡

국민안전을 담보하기 위해서는 시장 또는 민간영역이라고 자유로울 수 없다. 만약 정부가 시장 또는 민간영역이라고 자신의 책임을 회피한다면 이는 살인방조죄에 해당한다. 다시 말해 국민안전과 관련한 대중교통, 주거, 선박, 화재, 식품 등에 관한 사항은 설사 민간영역이라 하더라도 국민안전에 위해가 되지 않도록 정부가 적극적인 정책대안을 마련하여 사전예방 및 관리감독에 나서야 한다.

청해진해운은 승무원의 대부분을 계약직으로 고용하였으며, 이들의 임금 역시 다른 해운사에 비하여 20~30% 적었다.[39] 특히 세월호 승무원 선박직의 경우 15명 중 9명이 계약직 형태로 고용되었으며, 세월호의 이준석 선장 역시 1년 단위 계약직으로 여객선 두 척의 본 선장이 휴가를 가면 대체투입되는 교대선장인 것으로 밝혀졌다. 또 이준석 선장은 서류상 월 270만원의 급여를 받아 내항선 여객선장의 월평균 급여인 346여만원에 크게 미치지 못하는 것으로 나타났다. 뿐만 아니라 다른 항해사들의 급여 역시 평균 150~200여만원으로 한국선원복지고용센터의 '2013

년도 선원 임금현황'이 제시한 '내항 여객선 승무원 월평균 임금'에 비해 매우 낮은 편이다(민변, 2014: 158). 즉 세월호 승무원들은 비정규직 · 낮은 임금 등 열악한 근무조건을 경험하고 있었으며 이는 책임의식 결여의 한 원인으로 작용하였다.

세월호 선장은 '1년 단위 계약직'

'비정규직 선장.' 세월호 침몰참사를 지켜본 이들의 머릿속에 각인된 문구 중 하나다. 박근혜 대통령이 "살인과도 같은 행태"를 보였다고 말한 세월호의 선장 이준석씨(69)는 1년 단위 계약직이었다. 이씨는 여객선 두 척의 본 선장이 휴가를 가면 대신 투입되는 '교대선장'으로, 서류상 월 270만원을 받았다. 이 외에 항해사 · 기관장 · 기관사의 급여는 170만원에서 200만원 수준으로 알려졌다. 세월호 선박직 15명 중 9명이 계약직이었다는 보도도 나왔다. 승객의 안전을 누가 어떤 조건에서 책임지고 있는지가 도마 위에 올랐다.

선원과 선박 관계자들의 말을 종합하면, 선원들의 계약기간이나 신분 등 고용계약 형태에 대한 정확한 통계는 없다. 선원의 구인 · 구직을 알선하는 해양수산부 산하 한국선원복지고용센터의 박윤수 고용지원부장은 "계약직 여부나 일하는 기간 등 구체적인 고용조건은 파악을 못하고 있다"라고 말했다. 이곳 홈페이지에 올라오는 선원 모집공고에는 신분이나 계약기간, 근무시간 등이 명시돼 있지 않다.

선원으로 취업하려면 한국선원복지고용센터나 각 지방해양항만청에 구직등록을 해야 한다. 일반 직업소개소는 선원 취업을 알선할 수 없다. 그런데도 취업 알선을 담당하는 정부 산하 법인조차 계약형태 등 노동조건을 제대로 파악하지 못하고 있는 셈이다. 해양수산부 관계자는 "통계가 있는 건 아니지만 보통 1년 단위로 계약이 이뤄지는 것으로 안다"라고 말했다.

전국해상산업노동조합연맹 박상익 해운정책본부장에 따르면 선원들이 고용되는 방식은 두 가지다. 하나는 한 회사와 정년이 있는 근로계약을 체결하는 이른바 '불특정계약'이다. 배를 8개월 탔다면 두 달 정도 유급휴가를 보내고 다시 그 회사의 배를 타는 식이다(선원법에는 선원이 8개월 동안 배를 탔을 경우 4개월 안에 유급휴가를 주도록 돼 있다). 다른 하나는 선사와 일정 기간만 계약을 하고 그 기간이 지나면 유급휴가에 해당하는 금액을 일시불로 지급받는 '특정계약'이다. 계약이 해지된 뒤 같은 회사나 새 회사의 일자리를 찾기까지 매번 실업자가 되는 이 방식을 '비정규직'에 비유할 수 있다고 박 본부장은 설명했다. 박 본부장은 "업체들이 영세해서 인건비를 줄이려다 보니 '특정계약'(비정규직)을 많이 채택하는 걸로 안다"라고 말했다.

1년마다 계약을 하는 이들의 노동조건은 어떨까. 각종 통계를 보면 세월호처럼 국내 연안을 다니는 '내항선'과 외국 항을 오가는 '외항선'의 격차가 뚜렷하다. 대표적인 게 임금 차이다. 한국선원복지고용센터의 2013년 선원선박통계(모든 통계는 2012년 12월 31일 기준)를 보면, 내항선원의 월평균 임금은 329만 1000원으로 외항선(525만 3000원)의 62.6%에 불과하다. 내항선 중에서도 여객선원의 월평균 임금은 306만 5000원으로 더 적다. 내항선 여객선장은 월평균 346만 8000원을 받는다. 이는 세월호의 이준석 선장이 받았다는 월급보다는 많지만 외항선 선장 월평균 임금(690만 9000원)의 절반 수준이다.

외항선에 비해 처우가 좋지 않다 보니 젊은 사람이 유입되지 않는다. 세월호 선장인 이준석 씨가 정년이 지난 데서 보듯, 내항선 선원의 고령화와 인력 부족은 심각한 수준이다. 선원선박 통계를 보면 내항선원 8269명 중 60대 이상이 3383명(40.9%)으로 가장 많다. 50대 이상까지 합치면 76%를 넘어간다. 선원법상 연령 제한은 없다.

— 하략 —

자료: 시사인, 2014.04.30.[40]

또한 청해진해운은 이윤극대화, 즉 비용을 절감하기 위해 선원들에 대한 훈련 및 교육에도 거의 돈을 지출하지 않았다. 다음은 이에 대한 한 언론사의 지적이다.

[세월호 참사]
"접대비 9억원 쓰면서 선원 연수비는 고작 1500만원"

전남 진도 앞바다에서 침몰한 여객선 '세월호'를 운영하는 청해진해운이 영업을 본격적으로 시작한 2001년부터 작년까지 13년간 선원들의 안전교육 등을 위한 연수비로 쓴 돈이 1523만 원에 불과한 것으로 드러났다. 같은 기간 접대비는 이보다 60배 이상 많았다.

한국경제신문이 2001년부터 작년까지 청해진해운이 금융감독원에 제출한 감사보고서를 분석한 결과, 선원 안전교육 등에 쓰인 연수비는 13년간 1523만 7015원이었다. 같은 기간 접대비는 9억 4698만 1189원으로 선원 연수비보다 62배 이상 많았다.

특히 청해진해운의 매출은 2001년 144억원에서 작년 320억원으로 배 이상 뛰었지만 선원 연수비는 90만 3000원에서 54만 1000원으로 오히려 크게 줄어든 것으로 나타났다. 작년 청해진해운의 매출 대비 선원 연수비는 0.001%에 불과했다. 선원을 포함한 이 회사의 임직원 수는 118명이었다. 임직원 1인당 연간 연수비가 4584원에 불과했던 셈이다.

— 하략 —

자료: 한국경제, 2014.04.21.[41]

[주]

1) 뉴스타파(2014-04-24). <재앙의 씨앗…선령 규제완화>.
(https://www.youtube.com/watch?v=XFOGx2c-msQ)

2) 해운법 시행규칙 제12조에 따르면 평균운송수입률(=기존선박의 3년 평균수입/기존·신규 선박의 최대 가능수입)이 25% 이상이 되어야만 인가를 받을 수 있다.

3) 한국일보(2014-04-18). 「[진도 여객선 침몰 참사] 항로변경前 이미 선체 손상 가능성…급선회하며 쏠림현상 겹친 듯」.
(http://media.daum.net/society/all/newsview?newsid=20140418033705172)

4) JTBC(2014-04-23). 「객실 증축만이 아니다? 화물 더 싣기 위해 선수도 개조」.
(http://news.jtbc.joins.com/article/article.aspx?news_id=NB10469398)

5) 연합뉴스, <그래픽> 침몰 세월호 증설 전후 화물 중량 비교.
(http://news.naver.com/main/read.nhn?mode=LSD&mid=sec&sid1=102&oid=001&aid=0006875220)

6) 한국일보(2014-04-18). 「[진도 여객선 침몰 참사] 항로변경前 이미 선체 손상 가능성…급선회하며 쏠림현상 겹친 듯」.
(http://media.daum.net/society/all/newsview?newsid=20140418033705172)

7) 당시 측정오류와 증축 미반영으로 인해 경하중량이 잘못 산출되어 있었다. 즉, "세월호 선미가 잠기는 깊이를 잘못 계산하여 선박중량을 63톤 과소 산정[하였고,] 증축으로 추가되는 5층 전시실 내 구조물(대리석) 무게 등 37톤[을] 누락"하였다(감사원, 2014 : 6).

8) 뉴시스, 「[세월호 참사] "부실·방치·우왕좌왕" 해경 책임론 비등」.
(http://www.newsis.com/ar_detail/view.html?cID=article&ar_id=NISX20140423_0012873754)

9) 파이낸셜뉴스(2014-04-18). 「해경, 3월 세월호 안전점검 후 '모두 양호'」.
(http://www.fnnews.com/news/201404181622007247?t=y)

10) 파이낸셜뉴스(2014-04-18). 「구명보트 작동 안했는데 '양호?' 해경·해운조합 주먹구구식 판정」.
(http://www.fnnews.com/news/201404181826079785?t=y)

11) 이 부분은 머니투데이의 2014년 4월 22일자 기사 「총체적 '인재'의 결정판 세월호…"곳곳에 원인 있었다"」(http://news.mt.co.kr/mtview.php?no=2014042215321225070&type=1&VML)를 참조하였다.

12) YTN(2014-05-06). 「세월호 과적으로 30억원 챙겨」.
(http://www.ytn.co.kr/_ln/0115_201405061753578231)

13) 뉴스토마토(2014-05-28). 「檢, 해운조합 운항관리자 4명 기소…세월호 과적 묵인」.
(http://www.newstomato.com/ReadNews.aspx?no=472263)

14) 뉴시스, 「[세월호 과적 가능했던 이유 있었다] "운항관리규정 허위 작성…차량화물 무게 1/5로 줄여"」.
(http://www.naeil.com/news_view/?id_art=108601)

15) 이투데이, 「'그들만의 리그' '해피아' 무엇이 문제인가」.
(http://www.etoday.co.kr/news/section/newsview.php?idxno=904656)

16) 채널A(2014-05-06). <사고 당시에도 2배 과적…청해진해운 직원 4명 구속>.

(http://news.ichannela.com/society/3/03/20140506/63287196/1)

17) 해럴드 팜, <청해진해운, 작년 화물 매출 급증…세월호 화물과적이 사고시 쏠림 키워>, (http://news.heraldcorp.com/view.php?ud=20140422000206&md=20141216104021_BL)

18) 뉴시스, 「[세월호 침몰] "과적 문제 제기하면 사표써야 했다"」. (http://www.newsis.com/ar_detail/view.html?ar_id=NISX20140822_0013124875&cID=10203&pID=10200)

19) 만재흘수선이란 "선박이 화물을 탑재하거나 적재하고 안전하게 항행할 수 있는 최대한도의 선을 나타내[고]", 출항 허가시 만재흘수선이 물 위로 나와있는지를 점검하게 된다(선박항해용어사전: 만재흘수선).
(http://terms.naver.com/entry.nhn?docId=381939&cid=42329&categoryId=42329)

20) JTBC(2014-04-30). 「"서류만 보고 통과시키기도" 한국선급 부실검사 의혹」. (http://news.jtbc.joins.com/article/article.aspx?news_id=NB10472514)

21) JTBC(2014-04-30)가 인터뷰한 내용을 살펴보면 다음과 같다: ① 해운업계 관계자 A: "청해진해운이 수입을 만들어주는 곳 아닙니까, 선주가 원하는 대로 한국선급은 어느 정도 암묵적으로 OK 사인을 해 줄 수밖에 없죠." ② 해운업계 관계자 B: "(검사원) 10명 중에 약 2명은 안 가고 그냥 (통과시킨다)"

22) 프레시안(2014-04-24). <박근혜 정부, '해양 규제완화'가 참사 불렀다>. (http://www.pressian.com/news/article.html?no=116615)

23) 경향신문, <규제완화 광풍 속에 세월호가 침몰했다>. (http://news.khan.co.kr/kh_news/khan_art_view.html?artid=201405152202225&code=940202)

24) 파이낸셜뉴스(2014-05-12). <박남춘 "MB 정부, 여객선 안전규정도 줄줄이 완화">. (http://www.fnnews.com/news/201405121024522019?t=y)

25) 이 부분은 머니투데이의 2014년 4월 22일자 기사 「총체적 '인재'의 결정판 세월호…"곳곳에 원인 있었다"」(http://news.mt.co.kr/mtview.php?no=2014042215321225070&type=1&VML)를 참조하였다.

26) 내일신문, 「[세월호 참사 반년 진상규명 과제] 여전히 남은 의문들…진실은 '성역' 속에 있다」. (http://www.naeil.com/news_view/?id_art=124795)

27) 뉴스타파, <재앙의 씨앗…선령 규제완화>. (http://newstapa.org/10362)

28) 파이낸셜뉴스(2014-05-12). <박남춘, "MB정부, 여객선 안전규정도 줄줄이 완화">. (http://www.fnnews.com/news/201405121024522019?t=y)

29) 뉴스토마토, 「檢 '관제소홀' 진도VTS 관제요원 13명 전원 기소」. (http://www.newstomato.com/readNews.aspx?no=485350)

30) 동아일보(2014-04-18). <국민안전 실종…이름 부끄러운 '안전행정부'>. (http://news.donga.com/3/all/20140418/62856077/1)

31) 뉴스1, <예견된 중대본의 실패…"안행부 중심 안된다" 경고 외면>. (http://news1.kr/articles/?1644958)

32) 연합뉴스(2014-05-11). <안행부 안전부서 공무원 10명 중 4명 '무경력자'>.

(http://news.naver.com/main/read.nhn?mode=LSD&mid=sec&sid1=102&oid=001&aid=0006900286)

33) 민주사회를 위한 변호사모임(2014: 93). 『416세월호 민변의 기록』.

34) 주간경향, <허둥지둥 오락가락 우왕좌왕 정부, 불신의 바다에 빠졌다>. (http://weekly.khan.co.kr/khnm.html?mode=view&code=113&art_id=201404281808531)

35) 머니투데이(2014-04-20). 「침몰 당시 선원들 '우왕좌왕'…골든 타임 최소 35분 허비」. (http://www.mt.co.kr/view/mtview.php?type=1&no=2014042017303996019&outlink=1_)

36) 연합뉴스(2014-04-17). 「세월호 운항관리규정 제대로 따랐나」. (http://www.yonhapnewstv.co.kr/MYH20140417014800038/)

37) 연합뉴스(2014-04-23). 「<세월호 참사>서해페리호 재발방지책 점검 후 반년만에 참사(종합)」. (http://news.naver.com/main/read.nhn?mode=LSD&mid=sec&sid1=100&oid=001&aid=0006876406)

38) 노컷뉴스(2014-05-16). 「'서랍 속 보고서'와 '발표용 대책'이 만든 참사」. (http://www.nocutnews.co.kr/news/4019003)

39) 민주사회를 위한 변호사모임(2014). 「416 세월호 민변의 기록」 p.157.

40) 시사인, 「세월호 선장은 '1년 단위 계약직'」. (http://www.sisainlive.com/news/articleView.html?idxno=20166)

41) 한국경제, 「[세월호 참사] 접대비 9억원 쓰면서 선원 연수비는 고작 1,500만원」. (http://www.hankyung.com/news/app/newsview.php?aid=2014042194711)

제 3 장

전직 공무원이 본 세월호 사고

* 본 글은 2015년에 작성한 글임을 밝힙니다.

제 1 절 선박 사고수습의 개요

1 세월호 사고수습의 기본원칙

세월호 사고와 같이 적법행위와 불법 또는 위법행위 등이 혼재되어 있는 사고의 수습은 불법상태와 위법상태를 제거하여 원상으로 회복하는 것이 사고수습의 첫걸음이다. 즉, 이러한 위법행위로 손해를 입은 자에게는 손해배상을 하고, 위법행위를 한 자에게는 징계/처벌을 가하는 것이다. 더 나아가 일반국민을 위해 다시는 이와 같은 사고가 발생하지 않도록 재발방지대책을 시행하는 것으로 사고수습은 마무리 된다. 요컨대, 일반적으로 선박 사고수습은 시신수습, 선체인양, 징계 및 처벌, 손해배상, 재발방지대책 마련 및 실행 등으로 구성된다.

사고수습 과정에서 행정부는 중요한 역할을 맡게 된다. 구체적으로 살펴보면, ① 시신을 수습하거나 선체를 인양하는 것은 기본적으로 과학기술이 적용되는 업무로서, 관련 분야 전문가들의 전문지식을 활용하여 행정부가 집행을 담당하는 업무이다. ② 징계 및 처벌은 기존의 법률을 해석 및 적용하는 것이고, 손해배상은 손해액을 계산하여 피해자에게 금전을 지급하는 행위로 이 역시 행정부의 기본적인 집행업무이다. ③ 재발방지대책의 실행은 사고원인을 분석하고 사고발생가능성을 줄이기 위해 경제적 동기, 안전조직, 인적 자원배분 등에 대하여 변경을 가하는 과정이므로 재발방지대책을 수립하고 이를 실행하는 업무 또한 행정부의 기본적인 업무이다. 따라서 사고수습 과정의 모든 업무는 실시간 대응 업무로서 집행업무이자 행정부가 주된 역할을 해야 하는 업무이다.

효율적인 사고수습을 위해서는 사고수습의 업무량·소요시간·소요비용을 파악하고 사고수습을 위해 동원 가능한 시간·인력·장비·기술·재원·법률제도 등을 가늠할 수 있어야 한다. 이와 관련하여 구체적인 내용을 살펴보면, 첫째, 세월호 사고와 같은 대형 사고의 수습 과정에는 무수히 많은 다양한 행위자가 참여하게 되므로, 무엇보다도 효율적인 거버넌스 체계의 구축 및 운영이 사고수습의 성패를 가른다고 볼 수 있다. 정부 내 관련 부처가 역할분담에 따라 협력하고, 유족, 자원봉사자, 일반국민과의 협력관계를 원활히 유지할 필요가 있다. 이 때 각 참여자의 역할 및 협력방식, 작업 과정 등을 규정한 사고수습 이정표는 원활한 협력 관계 유지에 도움을 줄 수 있다.[1] 물론 사고수습 계획은 정밀할수록 더욱 더 좋겠지만, 돌발사고가 발생하는 경우 시간이 턱없이 부족하므로 정밀한 계획보다는 개략적인 계획을 세울 필요가 있다. 또한 계획 수립에서 끝나는 것이 아니라 동 계획을 관련 당사자에게 공개할 때 비로소 사고수습에 대한 예측가능성이 제고되고 관련 당사자 간의 협조가 이끌어질 수 있다.

둘째, 사고수습과 관련해서 충분한 재원을 동원하고, 이를 효율적으로 운용하는 것 또한 매우 중요하다. 우선 시신수습, 선체인양, 재발방지대책 등에 소요되는 재원은 해양수산부 예산에서 전용을 통해 마련한다.[2] 배상금을 위한 재원은 보험금 수령, 회사재산 매각, 선주재산 확보, 성금 등으로부터 마련한다. 이러한 재원이 확보되는 시간과 가능한 금액을 추정하여야 하고 재원 마련이 불충분하거나 불가능하게 되면 정부가 이를 보전한다. 또한 시간절약을 위해 징계나 처벌을 병행하고 재발방지대책을 수행한다.

셋째, 기본적으로 사고수습의 일관성을 위해, 사고수습 담당자(또는 기관)의 선정, 역할 분담, 책임 부여 등 사고수습의 주체를 정한다. 물론 사고수습과 관련된 전반적인 지식 및 기술을 가지고 있는 사고수습 주체를 정하는 일은 생각보다 쉽지 않다. 주체를 정하였으면, 이제 각 주체가 해야 할 일을 되도록 명확히 정한다. 세월호 사고수습의 경우는 대략 시신수습, 선체인양, 징계 또는 처벌, 손해배상, 재발방지대책 등 5가지 기본적인 업무를 수행해야 하므로 각 업무별로 주체를 정하는 것이 바람직할 것으로 보인다. 그리고 각 업무는 순서대로 진행할 수도 있으나 사고수습에 소요되는 총시간을 줄이기 위해서는 동시다발적으로 처리하는 것이 좋을 것 같다.

마지막으로, 사고수습을 위한 법제도(법령, 해결기준, 절차)의 선정이 중요하다. 되도록 새로운 법제도를 만들기보다는 기존의 법제도를 따르는 것이 좋다. 왜냐하면, 우선 기존의 법제도들은 이전에 유사한 많은 문제를 해결해 오면서 쌓인 지식에 의해 형성된 것이기 때문이다. 또한 새로운 법제도를 만드는 것은 정치적 과정으로 많은 시간이 소요되고 사고수습의 지연을 가져올 수 있기 때문이다. 따라서 기존의 법제도들이 일부 현실과 부합하지 않은 부분이 있다고 하더라도, 일단 기존의 법제도에 의거해 사고수습을 진행하고 나중에 합리적으로 고치는 것이 바람직할 수 있다.

2 세월호 사고수습을 위해 해야 할 일

이미 언급하였듯이, 세월호 사고수습을 위해 해야 할 일은 시신수습(유족의 법률적 회복), 선체인양(사고원인 확정), 행정책임자 징계 및 형사범 처벌(법질서의 회복), 손해배상, 재원확보와 협의절차 및 배상절차와 기준 마련(유족의 경제적 회복), 재발방지대책 수립시행 순으로 진행되어야 한다. 모든 단계가 효율적으로 이루어져야 피해자, 정부, 국민 모두에게 유리하다. 효율적인 대응이 이루어지기 위해서는 수로, 해상교통, 선박, 선원, 해운경영, 관계 법률 및 제도 등을 잘 알고 있고 경험이 있는 자가 사고수습의 주체가 되어야 한다. 또한 각 단계에 공통되고 일관된 대응방안이 실행되어야 한다.

1) 시신수습 및 선체인양

시신수습은 실종자를 사망자로 확정하기 위해 필요하다. 즉, 호적, 세적, 병적, 학적, 고용관계 등 신분관계를 정리하고 보험금청구, 재판청구, 상속, 결혼 등을 가능케 한다. 그러므로 시신수습은 국가의 업무이며 국가의 돈으로 수행해야 한다. 시신수습이 불가능하면 법원에서 사망의제절차를 진행한다.[3)] "시신수습이 불가능하다"라는 말은 선체를 인양하여 눈으로 확인하고 또 선체가 있었던 해역을 철저히 수색했지만 시신이 없을 때를 말하는 것이다. 따라서 시신수습이 완료되기 위해서는 사망자 확인을 위해 선체인양을 해야 하고, 선체인양은 준비기간이 필요하므로 시급히 진행할 필요가 있다. 선체인양이 지연될 경우 재판이나 재발방지대책 등 후속조치가 지연되고 피해자 고통이 커지며, 잠수사 및 장비(그물 포함)의 유지비용이 늘어나고 시신 훼손이 우려됨에 따라 행정적 · 정치적 · 경제적 손실이 커진다.

서해페리호 사고 때에는 침몰 5일 후에 선체인양 준비지시가 하달되었고 인양선체내에서 몇 구의 시신이 수습되었다. 선체인양을 하려면 재원을 마련해야 하고 선체인양 방법을 정해야 하고(상업적 방식이나 공공적 방법(비상업적 방식)), 선체인양에 소요되는 시간 및 재원을 추정하여야 하고, 누가 인양을 담당하며, 대략의 선체인양 방안을 결정하고 소요 장비, 인력, 기술을 동원할 준비를 하여야 한다. 서해 페리호 사고 때에 침몰 5일 후에 선체인양 준비지시가 있었다는 것은 위에서 열거한 사항을 모두 판단하였고 유족의 반대나 선체인양 준비시간을 알고 있었으며, 사고수습 계획을 운용하고 있었다는 것을 말해준다. 반면 세월호 사고수습에 있어서는 모두 경황이 없었고 아무도 사고수습 전반을 이해하지 못했고 사고수습 계획도 없었음을 보여주었다. 현장업무인 시신수습 및 선체인양은 인력, 장비, 선박, 기술 등 수습자원을 대량으로 요구하는 것이고 국민을 불안하게 하는 것이므로, 가급적 최단시간에 종결 처리해야 한다. 선체인양을 침몰 후 1년이 훨씬 지난 상황에서 검토한다는 것은 매우 잘못된 것이다.

2) 책임자 처벌

책임자 처벌은 행정처벌과 형사처벌이 있고 내용적으로 작위범 처벌과 부작위범 처벌이 있는데, 재난대응의 경우 부작위범의 행정처벌이 대단히 중요하다.[4] 부작위범의 처벌은 비록 규정이 있으나, 부작위범의 구성요건에 주관적 요소가 많이 개입되고 외부에서 부작위 사실을 증명하는 것이 곤란하므로, 처벌까지 시간이 오래 걸릴 뿐만 아니라 실제 처벌한 사례가 적다.

하지만 미흡한 국가의 구조활동에 대해 의혹을 가지거나 불만을 가지게 된 국민들을 안정시키기 위해서는, 부작위에 대하여 신속한 행정조치를 취해야 한다. 일례로 서해페리호 사고 때 본청장, 군산청장, 차장, 국장 6명 중 5명, 담당과장 등이 지체 없이 사표를 제출했고 수리되었으며 많은 사람이 징계되었다. 이들은 형법이나 행정법의 범죄로 처벌된 것이 아니며, 관련 직책에 있으면서 사고를 방지하지 못한 책임을 물은 것이다. 당시 이들은 지체없이 면직 등을 받았는데 이는 사고수습 주체의 변경이라는 긍정적인 결과를 가져왔다.

작위범의 형사처벌 및 형사처벌에 부수한 행정처분에 대하여는 검찰이 뇌물수수 등 형사처벌을 주도하고 그 통보에 따라 또는 감사원 및 자체 조사 결과에 따라 필요한 행정처분을 실시하였다. 이것은 수동적이고 과거행위 중심적이어서 사고수습과 관련해서는 중요도가 떨어진다. 다만, 정확한 처벌을 위해 1심 변론 종결 전까지는 선체가 인양되어야 한다. 선체를 검증한 후 검사가 공소장변경을 할 수도 있게 해주어야 한다. 억울하게 처벌되거나 요행으로 처벌을 면하는 사람이 없도록 하여야 한다. 작위범 처벌과 관련하여 한 가지 지적할 것은 검경에서 범죄수사가 시작되고 그 대상자가 사고수습을 담당하고 있으면 수사답변 준비를 하느라고 사고수습이 되지 아니하며, 하나의 혐의에 대하여 여러 명이 수사를 받게 되면 진술이 갈리는 수가 있고 이들은 사이가 나빠지게 된다. 이들이 사고수습을 담당하면 협동이 되지 않는 것이다. 검찰, 경찰, 감사원 등이 지속적으로 수사・감사를 하면 사고수습은 지속적으로 지장을 받게 된다. 그러므로 부작위범에 대해서는 신속하고 광범위한 징계를 수행하고, 작위범 수사・감사는 사고수습에 지장이 없도록 유의하면서 시행하여야 한다.

3) 유족 지원 및 유족의 일상생활로의 복귀 종용

대형 해양사고로 인해 사망자나 부상자가 발생하면, 가계는 수입이 끊기게 되어 생계가 곤란해진다. 그러므로 되도록 빨리 정상생활로 돌아갈 수 있도록 해야 하고, 손해배상금을 지체 없이 지급할 수 있도록 해야 하지만, 실제 손해배상금의 지급이 지연되는 경우가 많다. 즉, 어떤 사람은 좀 늦게 사망이 확인되기도 하고, 배상재원 마련에 시간이 소요되거나 협의절차가 원만히 진행되지 않을 수도 있다. 그러면 일부 유족은 극심한 경제위기를 감내해야 하므로 국가가 이를 보호할 필요가 있다. 그러나 현재 우리나라는 유족을 보호하는 제도가 마련되어 있지 않으므로, 추후 외국의 제도를 벤치마킹하여 제도를 도입할 필요가 있다.

이와 관련하여 크게 두 가지 방식의 제도가 필요하다. 첫째, '수요자 중심의 피해자 지원제도'가 마련될 필요가 있다. 현재 해수부, 복지부, 노동부, 지자체 등 여러 기관이 소량의 돈을 유족 등에게 지급하고 있는데, 이러한 지원방식은 피해자를 고려한 방식이라고 보기 힘들다. 왜냐하면 피해자 입장에서 보면 어느 부처에서 어떤 지원을 하는지 알기 어렵고, 각 부처마다 피해자가 수급권자임을 입증하여야 하고, 수급권자가 직접 신청해야 하기 때문이다. 따라서 피해자 지원 정책을 공급자 중심에서 수요자 중심으로 바꿀 필요가 있다. 즉, 피해자가 한 장소(부처)에 가서 한번 수급권자임을 증명하면, 각 부처가 그 증명을 공유하고 피해자 은행통장에 각각의 지원금을 입금하는 방식으로 변경하는 것이 바람직할 것으로 보인다. 일례로 독일 게마인데(읍 또는 면)는 한 팀이 주민 800명 정도를 담당하고 있어서 주민은 그 팀에 전화하면 거의 모든 업무를 처리할 수 있다. 그 팀은 담당하는 주민의 이름을 거의 알고 있으며 주민의 필요를 예측하고 있다. 조직을 수요자 중심으로 구성하고 있으며 우리처럼 업무를 나누어서 조직을 구성하지 않는다. 수요자 중심제도를 일부라도 도입하면 유족에게 큰 도움이 될 것이다.

둘째, '피해자 금융제도'의 설치가 필요하다. 정부가 인근 은행과 협의하여 사망자 유족에게 1억원 또는 5,000만원의 무이자대출을 실시한다.[5] 부상자의 가족에게는 같은 방법으로 5,000만원 또는 2,000만원 무이자대출을 실시한다. 그리고 비즈니스를 하는 자의 차량 등의 피해에 대하여는 새로운 차량을 구입할 수 있도록 충분한 장기저리대출을 실시한다.[6] 정부는 은행에 대해 보증을 서고, 이자를 부담한다. 이 방식은 큰 비용이 들지 않으면서 사고의 피해자 및 유족에게는 큰 혜택이 돌아가는 제도로 매우 효율적인 방식이다. 이러한 피해자금융제도는 사실 농민 또는 어민 행정과 관련하여 이미 도입되어 있다.

4) 손해배상

세월호 사고의 손해배상책임은 원칙적으로 청해진해운이 져야 한다. 각 법률에 여객선사업자는 선원보험, 선체보험, 여객보험, 제3자 피해보험을 일정 금액 이상 가입하도록 되어 있으므로 우선 보험금으로 해결하고, 부족액에 대해서는 청해진해운의 법인재산으로 해결하여야 한다. 만약 '사실상의 선주'가 법인재산을 횡령한 사실이 있을 경우에는 선주 개인재산을 환수한다. 문제는 청해진해운이 배상문제를 처리할 능력이 없다는 점이다. 즉, 영업조직이 붕괴되었고, 배상문제를 처리해야 할 주요 간부가 구속되었으며, 배상재원이 부족하다. 그러므로 국가가 배상문제를 대행해서 처리할 수밖에 없다.

서해페리호 사고 때에도 국가가 대행하였고 보험금 청구, 성금 취합, 법인재산 획득, 선주개인재산 환가처리 등을 국가가 직접 수행했다. 세월호 사고의 경우 국가가 청해진해운을 대행하여 청해진해운 명의의 보험금을 청구하고 회사재산을 환가하여 회수하고, 선주재산을 회수하여 재원을 마련한다. 민법에 규정된 손해배상액은 너무 적어 배상금 합의가 불가능하므로, 성금을 합하여 배상금으로 지급한다.

손해배상 재원마련과 관련하여 신속한 결정이 없으면 성금, 법인재산, 보험금 등이 훼손되게 된다. 재원마련도 중요하지만, 가능한 재원에 대한 보전조치를 하지 않으면 그 재원이 흔히 훼손되고 복구되지 않는다. 일례로 산업은행은 청해진해운 선박을 담보로 약 170억원을 대출해 주었고 세월호 사고가 발생하자 이 돈을 회수하려 하였다. 청해진해운은 해수부로부터 여객운송사업 면허를 받았고 그 면허기준에는 항상 손해배상 책임재산을 유지할 것이라는 면허조건이 있었다. 청해진해운이나 산업은행은 위 대출계약을 체결할 때 위 면허조건이 있다는 것을 알고 있었다. 산업은행이 청해진해운으로부터 먼저 대출금을 회수해 가는 것은 유족에게 지급할 돈을 가로챈 것이 될 수도 있다. 그러므로 정부는 청해진해운의 파산절차에 참여하거나 파산절차를 저지하여 손해배상 책임재산이 훼손되는 것을 막아야 한다. 만약 이미 산업은행이 돈을 회수해 갔으면 산업은행에 그 돈의 반환을 청구해야 한다.

성금사용을 집중화하여야 한다. 모금비용충당과 그 기관의 기준에 따른 성금사용이 문제가 되기도 한다. 기부금품규제법이 입법된 후 많은 것이 개선되었지만 아직도 위 2가지 문제가 남아 있다. 서해페리호 사고 때에 국무회의에서 모든 성금을 서해페리호 사고수습 팀에게 넘겨주라고 결정을 하였다. 성금모금기관이 많고 어딘지 잘 몰랐으며 금액이 얼마나 될지 몰랐다. 양○관 과장이 회수를 담당했는데 신문 및 방송을 뒤져서 모금기관을 찾아내고, 찾아가서 성금을 회수하는 방식을 사용하였다. 당시에는 기부금품규제법이 없었으며 관련 조항이 있었다. 성금을 잡수입으로 분류하여 그 기관에서 임의로 사용하는 경우도 있고 성금에 대하여 알지 못한다고 답변하는 사례가 많았으며, 지방시·도는 자기 고장에 사는 유족을 위하여 사용한 사례도 있었다. 성금회수는 업무량도 많고 쉬운 일이 아니다. 아마 이번에도 성금이 100% 유효하게 회수되지는 않은 것 같다.

선체보험, 선원보험, 여객보험 등 보험금청구는 준비 및 실행을 철저히 하여야 한다. 일반적으로 보험사는 사고가 발생하면 어떤 트집을 잡아서라도 보험금을 지급하지 않으려고 한다. 즉, 선박사고가 발생하여 보험금이 절실하게 필요할 때 사업자의 '고의 또는 중대한 과실'을 이유로 보험금지급을 거절한다. 과거에는 「상법」 제659조 제2항에 "그럼에도 불구하고 사망이 발생하면 보험금을 지급하여야 한다"는 규정이 있어, 서해페리호 사고 때 이를 근거로 보험금을 청구하였다. 그러나 지금은 제2항이 삭제되어 보험금을 받을 수 있을지 미지수다. 향후에는 해운법에 특칙을 집어넣던지 아니면 특약보험을 개발하여야 할 것이다.

만약 보험금을 받지 못하게 되거나 선사책임재산이 부족하면 담당공무원 집단 전원을 징계하여야 한다. 그래야 담당공무원이 특칙이나 특약보험을 개발하거나, 사업자의 고의 과실을 제거하거나, 책임재산을 유지하도록 하거나, 책임재산이 훼손되는 것을 막는 조치를 할 것이기 때문이다. 세월호 사고 직후 해수부는 여론의 압력에 밀려 청해진해운의 사업면허를 취소하였다. 이로 인해 청해진해운의 손해배상 책임재산은 거의 제로수준으로 떨어졌고, 결국 책임재산 훼손 분을 국가가 지급할 수밖에 없게 되었다. 차라리 청해진해운의 사업을 빨리 이전 및 처분하면 어땠을까 하는 아쉬움이 남는다.

일반적으로 손해배상절차를 법원에 의한 재판절차로 이해를 한다. 재판절차는 원래 정확하고 구체적이며 많은 시간이 소요된다. 이런 경우 빨라야 7년 정도 소요되고 그에 따라 유족의 고통은 커지고 불안정한 상황이 오랫동안 지속될 것으로 예상된다. 만약 재판절차 대신 행정절차로 손해배상을 처리하게 되면 신속성을 담보할 수 있다.[7)] 손해배상절차는 "피해자대표의 구성 및 배상협의회 설치, 배상액산정을 위한 기초사항의 확정, 배상기준액 제시(정부) 및 논의, 최종 합의액 결정, 지급 및 수령, 최종 합의액에 불만족한 사람은 소득증명을 하여 법원에 배상액 결정 청구"로 이뤄질 수 있다. 재판절차를 원용하되 명백하고 공통적인 것을 생략한 절차이다. 다만 피해자대표의 구성 및 배상협의회의 설치, 배상기준액의 제시가 어려울 뿐이다. 실제로 서해페리호 사고 때에 이 절차를 적용했으며 유족 90% 이상이 최종 합의액을 수령했고 나머지는 정식재판이 아닌 배상액 결정을 신청하였다. 이렇게 한 결과 손해배상절차를 개시한 지 60일 정도에 대부분의 문제를 해결하였다.

5) 재발방지대책

사고원인의 확정과 재발방지대책은 결부되는 것이다. 사고원인은 사실 주요 원인만 제시한 것이지 모든 것을 다 설명하지 못한다. 재발방지대책은 최소한 수로, 해상교통, 선원, 선박, 해운업, 긴급구조, 안전감독(공무원)체제 등 7가지 차원에서 검토되어야 한다. 재발방지대책은 대부분 법령개정과 예산, 인원확보를 수반하게 되므로 시간이 소요되고 정부의 재정운용방침과 인력운용방침이 변경되어야 한다. 안전강화를 목적으로 하는 법령개정은 필연적으로 경제성 원리와 충돌하게 되고 시간경과에 따라 변질된다. 그러므로 너무 욕심을 내지 말고 반드시 고쳐야 할 것을 먼저 고쳐야 한다. 구체적인 재발방지대책은 이후의 절에서 기술하기로 한다.

3 세월호 사고수습을 위한 7개 항목의 실행

이미 언급하였듯이, 사고수습은 시신수습, 선체인양, 처벌 및 징계, 손해배상, 재발방지대책 등 5가지를 모두 실행하는 것이라고 할 수 있다. 그런데 초기 세월호 사고의 수습은 시신수습과 처벌에만 초점을 맞출 뿐 나머지 사고수습은 전반적으로 잘 진행되지 않았다. 사고수습이 늦어지면 늦어질수록 피해자의 고통과 국민경제가 받는 타격만 커지므로, 원칙적으로 100일 이내에 수습 조치의 대부분을 처리하여야 했다. 즉, 정부는 세월호 사고수습을 위해 적어도 다음 7개 항목을 지체없이 실행했어야 했다.

첫째, 정부는 시신수습 및 선체인양을 되도록 빨리 종결할 필요가 있다. 초기 시신수습 방식은 유족의 간절한 소망에 따른 것일 뿐, 시신수습 작업의 물리적 제약을 극복할 수 있는 방식이라고 보기 힘들다. 시신수습 작업을 하는 도중 잠수사가 사망하고 부상을 당하는 등 구조인력의 인명피해가 발생하였다. 또한 사고발생 30일 이후에는 시신의 추가적 수습이 거의 되지 않았을 뿐만 아니라 시신도 완전히 훼손되었다. 따라서 초기에는 사고현장에서 시신수습을 하더라도 일정 기간 후에는 선체를 인양해서 시신을 수습해야 했다. 그리고 사고수습을 조금이라도 앞당기기 위해서라도 시신수습과 동시에 선체인양을 준비해야 했다.

둘째, 해수부장관과 해양경찰청장은 현장보다는 제 위치에서 세월호 사고수습 전반을 지휘해야 한다. 사고수습 과정이 원활히 이루어지기 위해서는 조직, 인력, 재원, 방침의 재정비와 정치권, 관계부처 및 피해자와의 소통·협력이 절실히 필요하다. 그리고 이러한 과정의 중심에는 장관과 청장 등 핵심간부들의 역할이 무엇보다도 중요하다. 그러나 세월호 사고수습 과정에서는 전혀 이런 모습이 보이지 않았고, 그 결과 사고수습은 난항을 겪게 되었다.

셋째, 사고수습을 조기에 종결하기 위해서 세월호 사고수습(시신수습, 선체인양, 처벌 및 징계, 손해배상, 재발방지대책)을 동시에 시행해야 한다. 세월호 사건이 발생한 초기부터 사고수습의 책임자가 각 세부업무의 담당자를 지정하고 처리

시한을 설정하고 재원, 인력을 공급하고 감독을 하여야 했다. 그러나 당시 검·경이 하는 형사처벌만 속도를 유지할 뿐 나머지는 진전이 되고 있지 않았다. 사고수습 기간이 길어지면 국가 및 유족의 피해가 커져갈 뿐만 아니라, 국민이 불안감을 가지게 되고 '사고와 직접적인 관련이 없는 것'이 이슈가 될 수 있다.

넷째, 피해자와 접촉하여 대화통로를 확보하고 수습 5개 요소에 대한 처리계획을 설명하고 납득시켜서 피해자와 국민을 안심시켜야 한다. 피해자 유족을 위로하고 사고수습 계획을 설명하여 유족들의 마음을 조금이나마 안정시켰어야 했는데, 그렇지 못해 결국 유족들이 청와대, 국회, 거리로 나갈 수밖에 없었다.

다섯째, 정부가 손해배상재원을 구체적으로 확보하고 손해배상절차 및 기준을 마련한 뒤 유족에게 손해배상계획을 설명하고 납득하게 하여 배상협의를 시작한다. 사고를 일으킨 당사자에 대한 처벌도 중요하지만, 우선적으로 정부는 재원 마련에 힘을 기울여야 했다. 즉, 청해진해운의 파산절차에 개입하거나 저지하여 법인재산을 확보하고 면허취소 같은 것을 조심해서 법인재산의 가치가 떨어지는 것을 피해야 했다. 또한 보험금을 종류별로 분석하여 각각 회수하고, 검찰이 압류한 재산 외에도 필요한 경우 재산보전조치를 취한다. 또한 검찰에게 회수 가능한 금액과 시기를 요청하고 성금을 집중시킨다. 그 외에도 기타 재원을 마련할 방도를 모색하고, 시신수습 비용이나 선체인양 비용 등을 줄이는 대신 그것을 손해배상재원과 재발방지대책재원으로 사용한다. 손해배상협의(절충)절차를 마련하고 배분기준을 세우고 협의(절충)대표단을 구성하고 유족과 협의를 개시한다.

여섯째, 세월호 사고 재발방지대책을 수립하고 실행을 해야 했다. 법률안을 국회에 제출하고 나서 기다리지 말고 행정부가 할 수 있는 일부터 해야 한다. 여객선 안전조치 비용은 정부, 승객, 사업자가 각각 자기 몫을 부담하여야 한다. "사업자가 세 사람 몫을 모두 부담하여 여객선 안전을 제고하라고 하고, 하지 않으면 처벌한다"고 하는 것은 유효하지 않은 것이다. 특히 정부는 정부 몫의 안전조치 비용을 먼저 부담하여야 한다. 또한 정부는 여객선운임을 인상할 수 있도록 해 주고, 지자체로 하여금 교통쿠폰을 매입하여 도서주민에게 배분하도록 하여야 한다. 정부는 '여객선운항관리공사'와 '인명구조단'의 창설운영계획을 구체적으로 밝히고 준비상황을 설명하여야 한다. '여객선 계획조선'제도를 마련하고 또 각 기항지의 접안·여객시설을 건설·보강하여야 한다. 이에 대한 예산을 확보하고 확보 사실을 발표하여야 한다.

일곱째, 세월호 특별법이 아닌 민법에 기반을 둔 손해배상을 실시해야 했다. 세월호 특별법은 손해배상책임자를 청해진해운에서 국가로 변경하는 것이다. 특별법이 제정되더라도 법률 집행체제(절차 및 기준, 조직 및 집행인력)와 국가예산 확보가 이루어져야 손해배상협의가 개시될 수 있으므로, 손해배상이 지체되고 말았다. 차라리 특별법을 제정하기보다는 "유족이 배상금을 받는데 소요되는 시간이 짧고 배상금액이 많은 것을 선택하도록 정보를 주고 설득하는 노력을 기울였으면 어땠을까?"하는 아쉬움이 남는다. 일례로 허베이스피리트호 사고 때에도 특별법을 만들었는데 결과적으로 피해자와 국가 모두 큰 상처를 입었다.

요컨대, 세월호 사고수습은 신분관계를 정리하고, 사고원인을 확정하며, 법질서를 회복하고, 피해자의 경제적 회복을 도모하며, 사업의 비용수익구조를 변경하여 사고가 발생하지 않도록 하는 것이다. 사고수습 업무는 5개의 요소가 밀접하게 연결되어 하나의 세트를 구성한다. 사고의 신속한 수습을 위해서는 손해배상이 중요하고, 장기적 측면에서는 재발방지대책이 중요하다. 정부는 의지를 가지고 방법을 모색하여 수습을 실행하여 단기간에 사고수습을 해야 했다.

4 침몰사고 처리 요점

사망자 전원의 시신수습이 되지 않으면 선체인양이나 배상협의 등 후속조치를 실행하기 어렵다. 즉, 유족의 항의 또는 법률상 모호성으로 인하여 정확한 후속조치를 실행하기 어렵고 비용 추정도 힘들다. 사망자 전원의 시신수습이 이루어져 있는지를 파악하기 위해서는 우선적으로 승선자의 수를 정확히 산출해야 한다. 세월호 사고 이전에 발생하였던 서해페리호 사고 때에는 승선인 명단(인적 정보)이 정확하지 않았고 당시 승선기록을 수기로 하여 누락되거나, 기록의 부실관리 등이 문제가 되었다. 이에 사고가 발생한 날을 전후하여 전국적으로 실종된 사람에 대하여 실종신고를 하도록 하고 '신고된 자'를 경찰력을 활용하여 일일이 확인하였다. 그리고 '확인된 실종자'의 시신을 전원 수습하기 위해 최선의 노력을 기울였다. 즉, 당시 사고수습본부는 수십 차례 해역수색을 하였을 뿐만 아니라, 선체인양을 조속히 실행하였고 실종자확인을 위하여 엄청난 노력을 쏟아 부었다. 다행히도 승선자 전원의 시신을 수습하기는 하였으나, 사고수습 관계자 내부에서도 "전원의 시신을 수습한 것은 요행이었다"는 의견이 지배적이었을 정도로 쉬운 일이 아니었다.

1) 보험청구용 사고원인 규명

현재 「상법」 제659조 제1항은 "보험사고가 보험계약자 또는 피보험자나 보험수익자의 고의 또는 중대한 과실로 인하여 생긴 때에는 보험자는 보험금액을 지급할 책임이 없다"라고 규정함으로써 보험자의 면책사유를 규정하고 있다. 단, 동조 제2항에서 "사람이 죽으면 보험금을 지급한다"고 규정하여 우리나라 특유의 예외규정을 두었으나 1991년 12월 31일에 동 규정이 삭제되었다.

현재 세월호 사고와 관련하여 운항미숙, 운항관리실패, 항로이탈의 경우에는 고의 또는 중대한 과실이 될 수도 있으므로, 자칫 사고원인에 대해 중대한 과실이 있는 것으로 보도기사를 내거나 발표를 할 경우 보험금 수령이 힘들 수도 있다. 현재 보험금 추정액은 약 1,200억원이며, 보험사는 해운조합공제이고 재보험사는 메리츠화재이며 최종 재보험사는 선주상호보험(Protection and Indemnity Insurance, P&I)일 것이다.[8] 세월호 사고의 경우에는 운항상 고의 또는 중대한 과실이 있는 경우로 판단될 가능성이 높다. 그러나 이 외에도 선체보험, 선원보험, 여객보험, 제3자 피해보험 등 보험금을 받을 수 있는 보험종류가 여럿이 있으므로 각각의 약관을 검토해야 할 필요성이 있다.

2) 재발방지용 사고원인 규명

재발방지대책을 수립하기 위해서는 주무부처인 해양수산부가 주도하여 우선적으로 이번 사고를 일으킨 직접적인 원인을 규명하고 이러한 문제가 더 이상 발생하지 않도록 고쳐야 한다. 이번 사고는 우발적인 사고라기보다는 체계적인 결함에 의한 사고로 무엇보다도 여객선운항관리의 실패가 직접적인 원인인 것으로 판단된다. 따라서 여객선회사에 대한 감독을 강화하여 구명재킷, 구명정 등 안전설비 및 장구 준비, 직업적 전문성 고양을 위한 교육·훈련 시행 등을 확인하고, 사업자가 여객선안전에 투자하면 추가적 수익을 확보할 수 있도록 인센티브를 제공할 필요가 있다. 또한 선박검사제도, 선박검사관의 능력과 인력, 감항성 보장, 신조선박의 도입과 노후선박의 퇴출 등에 관한 선박관리에 문제점이 없는지 확인하고 변경하여야 한다. 그리고 선원 및 승무원관리 측면에서 선원자격제도, 선원의 보수, 직업윤리의 확보, 선원근로감독제도 등을 검토하여야 한다. 해상교통관리, 수로관리, 기상정보활용, 구조구난체제 등을 개선한다. 특별히 재원, 인원, 전문능력, 감독, 기준 등의 측면에서 사고원인이나 재발방지대책을 살펴보아야 한다.

이 외에도 선내안내방송, 선장의 조기 하선, 구조요청 수령 부실, 구조대응, 구명정 미작동, 화물고박, 항로의 임의변경 등이 사고의 원인으로 지목되기도 한다. 사전협의 없이 어초, 풍력발전기 등 항해 지장물을 설치하면 항행통보를 하지 못하거나 해도를 변경할 수 없으므로 선박사고의 확률이 높아진다. 또한 구조구난에 있어 교육·훈련 미흡은 사고의 충격을 제한할 수 없게 하였다.

경험으로 볼 때, 사고 후 3개월이 지나면 사고를 망각하거나 재발방지를 위하여 개선하려는 의욕을 상실하는 사례가 많았는데, 재발방지를 위해서는 지속적이고 철저하게 문제점을 고쳐야 한다. 서해페리호 사고 후에 '승선자 정보취득관리'를 고쳤고 '보험가입 의무와 보험가입액 상향', 선박검사 강화, 구난구명장비 보완, 응급훈련 등을 보완하였다. 서해페리호 사고는 충격이 너무 커서 역설적으로 안전보완조치가 도입될 수 있었다. 그러나 다른 소형사고 후의 재발방지조치는 대체로 시간경과에 따라 흐지부지 되었다. 미국의 경우 엑손발데즈호 사고 이후 안전 부분을 엄청나게 바꾸고 이를 유류오염방지법(Oil Pollution Act, OPA)으로 성문화하였다. "후진국은 사고를 잊어버리기 위하여 노력하고 선진국은 재발방지를 위하여 노력한다"는 점을 명심해야 할 것이다.

3) 배상금청구절차의 형식 선택

원칙적으로 유족은 사망자 1인당 3.5명에 해당하므로 약 1,000명이 된다. 유족이 각각 청해진해운과 협의하고 회사가 보험회사(해운조합공제)에 보험금을 청구하면 해운조합공제가 메리츠화재에, 메리츠화재가 P&I에 청구하고 역순으로 보험금을 수령하게 된다. 그런데 청해진해운은 거의 망할 것 같으며 사장, 선장 등은 수사 및 재판 등에 소환되어 거의 만날 수 없고, 직원은 월급 줄 사람이 없게 되므로 일할 의욕이 없다. 청해진해운은 유족에게 줄 수 있는 것이 없고 협상능력과 협상이행능력이 없다. 유족은 법률절차를 모르고 선비용이 들어가는 것을 싫어하며 신속하고 확실한 보험금 수령을 원하지만 청해진해운은 이를 만족시킬 수 없다는 것을 알고 있다.

따라서 현실적인 방안으로 유족단체와 해수부(회사 포함)가 단체협의를 진행하고, 해수부가 보험금청구 등 배상재원 확보에 주도권을 갖고 재원을 마련할 필요가 있다. 그리고 표준배상액을 제시하여 유족 90% 이상이 그 금액에 동의하도록 하고, 동의하지 아니한 나머지 유족의 경우에는 법원에 소득증명을 제출하여 배상액 결정만 받아 처리한다. 이것은 서해페리호 사고 때 이루어졌던 손해배상 처리방식으로, 신속하게 처리할 수 있고 유족 불만을 달랠 수 있다는 점에서 장점이 있다. 해수부의 준비태세가 부족하기는 하나 개인이 보험금을 청구하는 것보다는 10배 이상 유효하다는 점에서 실현가능한 방안이 될 수 있다. 또한 해수부가 청구를 하게 되면 설사 보험금을 받지 못하더라도 해상보험제도를 개편할 수 있는 기회가 될 수 있다.

4) 유족(피해자)단체의 구성

유족은 처음에는 청해진해운에 갔다가 대화상대방이 없으므로 장관을 대화상대방으로 하려고 한다. 즉, 장관이 손해배상협의의 당사자는 아니나 감옥에 있는 사장을 만나기도 힘들고 만나보았자 별 소용이 없으므로 장관과 같이 확실한 사람을 배상협의당사자로 하기를 원한다. 유족들은 '장관이 유족을 대화상대방으로 인정하고 무었을 해주겠다'는 대답을 들을 때까지 시위, 장례식 거부 등을 하는데 장관은 정황상 이를 거절하지 못한다. 유족은 일종의 군중이므로 대화를 진행하기 어려우니 협의대표자를 선출하여 단체를 구성하도록 유도한다. 그러므로 장관은 미리 해수부 책임자를 지명하여 대응준비를 하는 것이 나은 방법이다. 유족대표를 20~30명으로 구성케 하고 사망자의 삼촌, 당숙 등을 배제하고 온건한 사람이 대표가 되도록 유도한다. 해수부 책임자는 의제를 준비하고 미리 방향성을 가지고 있어야 한다.

서해페리호 사건 때에는 군산에서 시신수습을 했는데 유족그룹이 폭력적 성향을 보여서 공무원에게 주의를 당부하였다. 당시의 유족그룹은 일종의 익명의 군중이었다. 그 후 서울에서 유족단체를 구성했는데 처음에는 정부에서 아무런 관여를 하지 않았다. 그 결과 여전히 과격하고 폭력적이었고 논의가 진척이 없거나 정부가 양보를 하지 않으면 청장 사무실에 난입하여 사무실을 엉망으로 만들곤 하였다. 이러한 폭력사태를 기화로 폭력사태 관여자 전원을 체포한다는 방침을 세우고 집행함으로써 유족단체를 전면 재편하였다. 그 후에는 손해배상 논의나 협상이 빠르게 진척되었으며 곧 합의에 도달하였다. 유족대표자 구성은 상당히 중요하다.

5) 배상재원 마련과 배분

배상재원 마련을 위해서 보험약관을 검토하고 해운조합공제와 협의하여 보험금을 청구하고 선사의 손해배상 책임재산으로부터 재원을 확보하고 사실상 선주 등이 선사로부터 돈을 빼내어간 경우 이를 회수한다. 그리고 성금 및 기타 기부금품을 모아 배상재원으로 활용한다. 초기 재원이 부족하면 해운조합공제금에서 빌리고 후에 변제한다.

단체협의를 하여 배상금액을 결정하는 경우 16세 이하 청소년 및 아동과 60세 이상 노인의 손해배상금액이 적게 되므로 단체협의가 성립하기 어렵다.[9] 60세 이상의 노인은 잔존근로연수가 없기 때문에 위자료만을 받는데 그 경우 손해배상액이 900만원에 불과하다. 따라서 단체 전체를 고려하여 기준배상액을 정하던지 또는 민법에 의한 손해배상액을 정하고 성금을 균분하여 더하는 방식으로 기준배상액을 정한다. 그리고 기준배상액은 협상의 기초로 사용한다.

선원 또는 선박의 승무직원은 선원법이 적용되므로 손해배상액이 여객의 손해배상액보다 적게 된다. 과거에는 선원법에 의한 손해배상액이 여객의 손해배상액보다 많았으나 국민소득이 증가함에 따라 점차 불리해졌다. 이와 관련해 사망선원에게 성금을 지급하는 것에 대해서는 긍정적 의견이 많았다. 서해페리호 사건 때에도 선원과 승객에 대해 배상을 동일한 기준으로 적용하였다. 물론 성금 기부금을 배상재원으로 한 것은 문제가 있으나 이번 사고에 대해 국가가 직접적인 책임이 있는 것이 아니고 청해진해운이 손해배상책임을 이행할 수 없어서 국가가 개입한 것이므로 합리화될 수 있다. 국가는 성금배분기준을 정하고 이를 배분한 것이다.

6) 국민감정 위무

세월호 사고와 같은 대형사고가 발생하면 국민이 유사 사고가 계속 발생할 것이라는 불안감을 갖게 되고 "정부는 무엇인가?", "정부가 국민에게 해 줄 수 있는 것이 무엇인가?"에 대한 의심을 하게 된다. 정부는 여객을 방기한 선장과 선원을 처벌하고 선원의 근로조건을 개선하여야 한다. 회사 돈을 빼돌린 자를 처벌하고 그 금액을 회수하며 회계제도와 회계감독제도를 보완하여야 한다. 부실하게 여객선회사를 운영한 사장에게 책임을 물어야 하고 여객선회사를 감독하지 못한 공무원에 대해 징계를 해야 한다. 동시에 여객선회사에 대한 감독체제 역시 보완해야 한다. 즉 여객선회사 사장이 감독관청이나 고객에게 충성할 수 있도록 보완할 필요가 있는 것이고, 이는 매우 중요한 부분이다. 그리고 국민의 불안감을 완화시키기 위하여 사고방지나 긴급구조체계의 개선 등을 하게 된다. 여객선안전관리체제의 개편, 민간 및 공무원의 안전교육 훈련 강화, 각종 안전관리기준의 재검토, 선원의 직업윤리 고양, 위기대응매뉴얼의 개선 등이 실행된다. 국민이 정부를 믿고 따를 수 있도록 하기 위해서는 현란한 수사나 약속만 가지고 국민을 설득하기보다는 여객선안전관리의 충실화를 꾀할 수 있는 예산과 법령 마련을 통해 행동으로 보일 필요가 있다.

5 현행 사고수습대책은 뭔가 부족하다

1) 현행 사고수습대책의 문제점

정부의 현행 사고수습대책은 사고기업 재산환수, 심각한 인명피해 사고 등에 엄중한 형벌부과, 진상조사위를 포함한 특별법 제정, 청해진해운 특혜 및 민관유착 철저수사, 국가 선 보상 후 구상권 행사를 위한 특별법 제정 등이라고 할 수 있다. 그러나 이것만으로 세월호 사고가 수습될 것이라고 기대하기 힘들다. 또한 이 중 검찰의 업무가 3개, 국회의 업무가 2개로 행정부의 역할은 빠져있다고 해도 과언이 아니다.

원래 대형 사고수습대책은 행정부가 수행하는 것이다. 진정한 사고수습이란 시신을 수습하고 선체를 인양하며 책임자를 처벌하고 피해자에게 금전을 지급하고 재발방지대책을 실행하는 것이다. 또한 사고수습 참여자에게 역할과 책임을 부여하며 협동 작업을 독려할 수 있어야 하는 것이다. 즉, 시간과 비용의 제약 하에서 행정부가 구체적 행위를 하는 것이야 말로 진정한 의미의 사고수습이라고 할 수 있다.

일련의 세월호 사고수습대책은 대형 사고수습에 대한 경험이 없고, 수습의 절실함을 느끼지 못한 사람들이 모여서 만든 것으로 보인다. 따라서 우리나라 대형 사고의 다양한 측면과 전 과정을 조망하면서 수습요소를 통제하고 수습목적을 달성할 수 있는 사고수습대책이 절실히 필요하다. 본인이 생각하기에는 아마도 발표하지 않은 '세월호 사고수습대책'이 있는 것 같다. 그러나 이러한 사고수습대책은 전혀 기능을 못하고 있는 것처럼 보인다. 사고수습대책은 사고수습 업무를 하는 공무원에게 '해야 할 일'과 '하지 않아야 할 일'을 알려주고 시간적 긴박성 등을 제시하며 책임과 권한을 분명하게 하는 기능을 가진다. 또한 피해자에게 "정부가 어떤 절차와 시간표를 가지고 수습을 하고 있으니 정부를 신뢰하고 기다려 달라"는 메시지를 전달하는 기능이 있다. 뿐만 아니라 유사사고 재발에 대한 불안감을 가진 일반 국민에게 "정부가 열심히 수습하고 있으니, 보다 안전한 사회가 될 것이다"는 메시지를 전달하는 기능을 가지고 있다. 현재는 사고수습대책의 이러한 기능이 크게 제약을 받고 있는 것으로 생각되므로 발표하지 않은 사고수습대책이 있으면 지체없이 발표하여야 한다.

2개의 특별법 제정은 입법의 기초가 부실하다. 진상조사위는 검경의 업무 및 수사권, 해난심판원의 기술적 해난원인조사와의 관계를 미리 정리하여야 한다. 또 '국가 선 보상 후 구상권 행사'는 민법 등과 충돌을 사전에 정리하고 법률체계 전반을 재검토하여야 한다. '국가 선 보상 후 구상권 행사'는 "청해진해운 임원이 구속되었고 청해진해운이 사고에 대해 책임능력과 의지가 결여되어 있으므로 정부가 청해진해운의 책임재산을 회수하고 청해진해운을 대신하여 유족과 협의하여 배상문제를 처리한다"는 의미로 해석되어야 한다.

특별법 제정의 치명적 문제점은 시간적 감각이 결여된 것이라고 할 수 있다. 사고수습대책은 행정부의 업무로 시간을 다투는 문제라고 할 수 있다. 특별법을 만들고 집행체제를 갖추고 예산 등 재원을 마련하여 사고수습대책을 실행하는 것은 너무 늦어 버리는 결과가 된다. 심하게 말하면 사고수습대책을 실행하지 않는다는 것과 같다. 이를 비유하면, 배가 고프면 인근 식당에 가서 사 먹으면 되는데 '논'(특별법제정)을 만들면 언제 식사를 할지 기약도 없는 것이다. 논을 만들려면 땅을 사고

도시계획 같은 것을 변경하고 저수지를 만들고 물을 댄 뒤에, 농부를 고용하거나 교육을 받아서 씨 뿌리고 농사를 지어 추수하고 탈곡, 정미하고 취사도구를 사고 반찬을 사서 식사를 할 수 있을 것이다. 대부분의 피해자는 기다리지 못하고 굶어 죽게 된다. 즉, 세월호 특별법 제정을 하는 동안 국가 사회는 혼란만 겪게 되고, 이로 인해 피해자가 얻는 것은 결코 많지 않게 된다.

'청해진해운의 특혜 및 민관유착 철저수사'는 당연한 것이나 그래도 시한과 범위를 정해야 한다. 이것이 시한 없이 계속되면 사고수습대책의 실행은 방해되고 진행되지 않는다. 순환근무를 하는 공무원은 잘못했거나 잘못하지 않았거나 불안하기는 마찬가지다. 일이 손에 잡히지 않는다. 장관은 인사를 하기가 곤란하다. '철저수사'가 어떤 의미인가 잘 모르겠으나 다른 분야 수사와의 비례를 넘어서면 잘 안 된다. 이를 비유하면, 풀장의 가운데에 있는 $8m^3$의 수체만을 깨끗하게 하려면 돈이 엄청나게 들고 정화작업을 끝내는 순간 그 수체의 수질은 풀장 전체이 수질과 같아진다. 청해진해운의 특혜 및 민관유착의 수사를 너무 고도화시키면 소용이 없고, 사고수습대책과 관련하여 연관성도 떨어진다.

사고기업의 재산환수는 '책임재산을 빼 돌린 사고기업의 재산환수'라고 명확히 규정하여야 한다. 인류가 회사 제도를 만들 때 손해배상책임과 같은 것은 회사가 부담하도록 하였고 주주나 관계인은 책임을 지지 않도록 하였다. 그런데 이 원칙을 악용하여 청해진해운의 재산을 빼돌렸으므로 유병언 재산을 회수하여 청해진해운의 배상책임재산으로 편입시키는 것이다. 원칙을 위반하지 아니한 사고기업의 재산환수는 안 된다. 또 검찰은 회수 가능한 금액과 시기를 손해배상담당자에게 알려주어야 손해배상업무를 진행할 수 있는 것이다.

2) 사고수습에 집중하라

세월호 사고수습을 잘하려면 공무원이 사고수습에 집중할 수 있는 여건을 만들어줄 필요가 있다. 집중을 위해서는 덜 중요한 것을 포기해야 하고 사고수습과 직접적 관련이 없는 일은 나중으로 미뤄야 한다. 포기 없이 대가 없다. 결과적으로 시신수습, 선체인양, 처벌 및 징계, 손해배상, 재발방지대책에만 집중해야 한다. 어떤 특별법도 입법 후 세월호 사고수습에 소급 적용하려고 할 경우에 사고수습을 방해하고 비용을 추가할 수 있다는 점을 간과해서는 안 된다. 검찰수사나 징계가 시한이 없거나 불안정한 상태를 오래 유지하면, 사고수습을 방해한다. 유병언 수사는 청해진해운의 책임재산 회수의 범위에서만 공개되어야 한다. 사고수습에 사용하는 재원, 시간, 인력에 제약을 가하지 않으면 연구나 궁리를 하기보다는 한가하게 업무를 하게 될 가능성이 있다. 따라서 사고수습 업무에 대하여 감독을 하고, 책임자로 하여금 정기적으로 진도보고를 하게 하여야 한다.

6 세월호 사고수습을 위한 자원동원

세월호 사고수습을 위해서는 먼저 재원이 동원되어야 하고 동시에 인력·기술이 동원되어야 한다. 그리고 동원된 인력이 사고수습을 위하여 효율적으로 협동하고 수습과정을 공개하여 유족과 국민이 사고수습의 진행에 관해 예측할 수 있도록 해야 한다. 동원하는 자원에 대한 보수지급방법은 크게 공공적 방법과 상업적 방식으로 분류할 수 있고, 세월호 사고수습에는 주로 공공적 방법이 적용되었다. 공공적 방법을 활용하기 위해서는 자원봉사나 성금 같은 것들이 지원되어야 하는데, 수습자원의 동원이 쉽고 수습조치의 수용성이 높은 시기는 대체로 사고발생 후 100일이다. 100일이 넘어가면 자원봉사자 숫자나 성금모금 같은 것이 큰 폭으로 떨어지게 된다. 통상 사고수습의 경우에는 사고발생일로부터 100일까지가 수습의 골든타임이라고 한다.

1) 재원의 동원

세월호 사고수습의 재원은 보상금수령, 회사재산의 확보, 국민성금, 선주가 회사로부터 부당하게 빼어간 금액에 대한 환수 등을 통해 마련된다. 재원은 마련되어 주어지는 것이 아니므로 적극적이고 공격적으로 마련해야 하는 것이다. 재원마련을 하려면 해당 분야에 정통하여야 한다. 재원 마련을 포기하고 정부가 예비비 같은 것으로 가져다주는 것을 기다리거나 재원이 없으니까 할 일이 없다는 자세는 바람직하지 못한 것이다. 그리고 시신수습 및 선체인양을 위한 비용은 대부분 국가가 부담하여야 하는데 해수부 소관에서 사고가 발생했으므로 해수부 예산을 전용해서 마련한다. 예비비 같은 것을 사용할 수 있으면 좋으나 별로 여유가 없을 것이다. 해수부는 세월호 사고수습에 전념하므로 예산 소진이 되지 아니할 가능성이 높다. 재발방지대책 수행에 소요되는 비용은 국가, 국민, 해운회사가 3분하여 부담한다. 운임요금을 인상하고 해운회사가 추가적인 안전관리비용을 부담하도록 강요하며 정부도 공공부문에 대하여 비용을 부담하여야 한다. 여기에서 해운회사란 사고를 일으킨 해운회사 뿐만 아니라 전체 해운회사를 말한다. 특히 정부가 모범을 보여 비용을 부담해야 국민이나 해운회사도 비용을 부담한다. 정부가 비용부담에 인색하면 국민이나 해운회사도 잘 따라오지 않는다.

보험금수령은 보험종류별로 약관, 상법, P&I약관규정을 검토하여야 한다. 만약 보험금청구가 막히는 경우에는 감독당국과 해운회사를 모두 처벌하고 다시는 그러한 현상이 발생하지 않도록 한다. 보험금을 수령할 수 없게 되면 결국 손해배상에 국고를 투입하여야 하므로, 현재 운항 중인 내항여객선 전체에 대하여 '사고발생시 보험금수령 불가'가 발생하지 않도록 미리 감독을 강화하여야 한다. 재발방지대책으로써 가장 먼저 고쳐야할 부분이다.

해운회사가 영업을 하려면 먼저 감독당국으로부터 면허를 받아야 하고 면허를 받으려면 면허기준을 충족해야 한다. 그리고 면허기준에 의한 책임재산[10]은 사업이 개시된 때부터 사업이 종료될 때까지 유지되어야 한다. 그런데 청해진해운과 같이 사고가 발생하면 책임재산이 없는 경우가 있다. 이것은 불이 났을 때 소화전에 물이 공급되지 않는 것이나 마찬가지이다. 실무에서 선박사고가 발생하여 책임재산을 확보하려 했더니 재산이 없는 경우가 다수 발생한다. 이 경우 선사 및 감독당국을 함께 처벌한다. 그리고 현재 영업 중인 모든 내항여객선사에 대하여 책임재산 유지여부를 확인하여야 한다. 현재 은행에 적용되고 있는 BIS기준과 같은 제도를 선사에도 적용하는 것도 하나의 방안이 될 수 있다. 예전에 은행의 경우 지급불능사태가 종종 발생했었다. 뱅크런이 발생하는 경우에 은행의 지급준비가 충분하지 않아 지급불능사태가 발생하면 순식간에 전 금융체계로 전염된다. 그러므로 은행에서는 BIS기준을 만들어서 모든 은행이 항상 이 기준을 지키도록 하고 있다. 금융감독원은 매년 또는 정기적으로 은행에 대하여 BIS기준 충족 여부를 감독하고 있다.

청해진해운이 선박을 담보로 산업은행으로부터 돈을 빌렸고 세월호 사고가 발생하자 산업은행은 먼저 채권을 회수하려고 하였다. 이 경우 세월호 사고수습 담당자는 법원에 이의신청을 하여 회수절차를 중단시켜야 한다. 변제 우선순위에 밀려서 책임재산을 확보하지 못한 경우 감독당국, 해운회사, 채권자를 처벌하는 것을 고려하여야 하고 특칙을 만들어서 변제 우선순위를 변경시켜야 한다.

국민성금은 정부가 배분을 위탁받은 돈이며 투입 우선순위에 유의하여야 한다. 위로금 및 재발방지대책 순으로 투입할 수 있다. 국민성금은 기부금품규제법에 의하여 통제를 받음으로써 좀 정비가 되었다. 과거에는 기부금품규제법이 없어서 누가 모금을 했는지, 지출은 어떻게 되었는지 등을 알지 못했으므로 성금을 수집 관리하는데 어려움이 많았다. 그런데 지금도 모금주체의 모금비용 계산을 감시하여야 하고 모금한 성금을 임의로 사용하려는 것을 통제하여야 한다. 미국에서도 모금비용의 임의사용 등이 큰 문제가 되었고 그 후 성금모금액이 크게 줄어든 사례가 있다.

상법상 주식회사책임주의를 실현시켜야 한다. 선주나 사실상의 회장이 변칙적으로 회사에서 돈을 빼어간 뒤 정부가 뒤늦게 이를 회수하려는 것은 너무 늦은 것이다. 주식회사책임주의를 실현시키기 위하여 감독당국이 매년 해운회사를 감독하여 변칙거래를 방지하여야 한다.

2) 인력의 동원

사고수습을 목적으로 한 인력동원은 먼저 해양이나 선박에 대하여 아는 사람을 동원하여야 한다. 천안함 사고 때 국방부브리핑을 육군대령이 하니까 기자들이 브리핑하는 사람보다 더 잘 알고 있으므로 브리핑이 성공적이지 못했다. 세월호 사고 때에는 해경이 보고한 내용을 중대본이 판독하지 못한 문제가 있었다. 안행부가 그 전 해에 재난관리법을 고친 뒤 해양 전문가 등 해당 인력충원을 하지 않고 일반 행정 분야 사람만 충원했기 때문이다. 자원봉사자의 경우에도 이를 조직화하는 것이 대단히 중요하다. 평소에 준비가 되어 있는, 특히 전문분야에서 활동한 사람이 큰 도움이 된다. 세월호 사고의 경우에 해양부분의 퇴직자를 대거 동원하는 것이 나은 방안이었다. 잠수사와 같은 전문인력을 동원할 때에는 전문인력을 지휘할 사람을 같이 동원하여야 한다. 가급적 도급과 같은 방식으로 전문인력을 활용하여야 한다. 세월호 시신수습 과정에서 잠수사 지휘를 해경이나 해수부가 하였는데 실제로 지휘할 능력, 지식, 경험, 권한이 없었고 그 결과 많은 사상자가 발생했다.

3) 장비의 동원

선박, 장비 등의 동원과 관련하여 명확한 담당자가 없어서 아무나 동원을 통보했고, 비용을 들여 현장에 선박, 장비가 도착했는데 오랫 동안 대기만 하고 나중에 보수를 지급하지 않으니까 불만이 많이 발생하였다. 선박・장비 등은 운용인력과 함께 동원하여야 하고 장비 등과 관련된 소모품을 포함하여야 한다. 원칙적으로 선박 및 장비 등의 동원책임자가 있어야 하고 그 책임자를 통하여 동원명령이나 요청이 시행되어야 하며 동원에 응한 경우 지급되는 보수를 사전에 정하여야 한다. '보・배상 특별법'의 심의위원회를 통하여서라도 선박・장비를 제공한 사업자에게 일부라도 보상이 이루어져야 한다.

4) 협동의 기준점(사고수습 이정표)

세월호 사고수습의 자세한 스케줄이나 사고수습 계획을 공표할 수 있다면 좋겠지만, 복잡하고 예측하지 못하는 것이 많아서 곤란하다. 그러나 사고수습 과정의 효율성 및 유족 및 국민들의 예측가능성을 높이기 위해서라도 간략한 형태의 스케쥴, 즉 사고수습 이정표라도 제시할 수 있어야 한다. 즉, 누가(담당부처, 담당자) 무엇을(시신수습, 선체인양, 징계처벌, 손해배상, 새발방지대책) 언제까지 하겠다고 발표를 해야 한다. 해수부, 해경, 안행부, 복지부, 법무부, 기상청, 시사체, 관련 공공기관, 연구기관 등에 속한 많은 인력, 예산 등이 세월호 사고수습에 투입되는데 사고수습 이정표가 없으면 효율적인 협동을 할 수가 없다. 공무원은 이정표에 맞추어 인력을 준비하고 업무배분을 하여 소요재원을 준비하여 사고수습에 기여할 수 있는 것이다. 유족은 이정표를 감안하여 생활계획을 수립할 수 있다. 국민은 사정을 알아야 성금이나 조문, 자원봉사계획을 세울 수 있다. 세월호 사고로 인하여 경영에 타격을 받은 업종이 많고 특히 국가신인도에 영향을 주어 수출에 문제가 생겼던 경우까지 있었다. 이들에게 사고수습의 종료일은 상당히 중요한 의미를 갖는다. 심지어 외국에서 세월호 사고수습을 도우려 해도 정부가 발표하는 사고수습 이정표가 필요하다.

세월호 사고수습에서 아쉬운 것은 사고수습 이정표가 제시되지 않았고 누가 책임자인지 알지 못하므로 많은 혼란이 있었고 사고수습 참여자 간 협동 역시 비효율적으로 이루어졌다는 점이다. 그 이유는 사고수습 지휘부가 지식과 경험이 없어 사고수습의 기준점이 되는 것을 포기했기 때문이라고 할 수 있다. 특히 사고수습 이정표의 결여로 국민이나 유족에게 예측가능성을 부여하지 못했고 이것이 정부에 대한 불만이나 불신으로 표현되었다는 점을 지적하고 싶다. 예측가능성은 대규모 인원에 대하여 질서를 부여하기 때문에 대단히 중요하다.

5) 시간의 동원

세월호 사고의 시신수습 과정에서 하루당 평균비용을 추산하였다. 세월호 업무를 하는 국가 및 지방공무원, 해군, 자원봉사자, 공공기관 직원, 선원, 어민, 잠수사, 팽목항을 이용하는 도서주민, 선박, 크레인, 도크, 바지선 등의 장비임차료, 공유수면점용료, 토지임차료, 잠수장비나 과학장비 사용료, 해양데이터 가격, 국가가 지급한 지원비, 유족의 생활비 등을 계산하였더니 하루당 약 420억원이 산출되었다. 여기에 국가신인도 추락이나 소비심리 위축 등으로 인한 국민경제에 대한 악영향을 추산하면 그 금액의 20배로 추정되었다. 그러므로 세월호 사고수습에서 매우 중요한 것은 시간이고 수습 속도라고 할 수 있다.

유족은 처음에는 정서적으로 충격을 받고 시간이 경과하면 경제적 충격을 받게 된다. 왜냐하면 정기적 수입이 끊어지게 되는 경우가 많기 때문이다. 곧이어 법률제도에 의한 충격을 받는다. 우리나라의 법률제도는 유족에게 맞춤형으로 형성된 것이 아니고 유족이 법률제도에 대해 잘 알지 못한다. 누군가는 유족에게 법률제도 등에 대하여 설명해주고 유족이 생활계획을 세울 수 있도록 하여야 한다. 사고수습 계획이나 사고수습 이정표 같은 것이 유사한 기능을 수행한다.

자원봉사자는 대체로 100일을 버티기 어렵다. 원래 생업에 종사하던 사람이고 돌보아야 할 가족이 있는 사람인데 아무리 봉사하려는 열정이 있다고 하더라도 100일이 지나면 경제적으로 어려워지고 육체적 피로도 무시할 수 없다. 통계적으로 보면 100일이 지나면 자원봉사자의 숫자가 크게 줄어들게 되어 있다.

공무원, 군인, 잠수사 등도 100일이 지나면 한계를 노정하기 시작한다. 이들은 교대로 세월호 사고수습 업무와 본업을 수행하는데 사고수습 업무를 하다가 본업에 복귀하면 그간 처리되지 못한 일과 본업 기간 동안 처리해야 할 일이 쌓여 있다. 매일 야근을 해야 하고 어쩌다가 쉴 시간이 생기면 잠만 잔다. 어느 정도 본업의 복구가 되면 다시 세월호 사고수습 업무를 해야 한다. 100일이 지나면 지치게 되어 있다. 한 사람이 두 사람 몫의 일을 하면 100일을 버티지 못한다.

선박이나 장비 등을 제공한 기업도 100일이 지나면 본업으로 복귀하여야 한다. 원래 장비·선박 등은 본업에 종사하던 것을 가지고 온 것이다. 사실 운용인력이나 선박·장비 등은 매일 비용이 지출되고 있었던 것이고 기업이 이 비용을 계속 감당하기 어렵다. 더욱이 선박·장비 등이 사고수습에 크게 기여하지 못하고 대기하고 있는 경우에는 본업으로의 복귀 필요성이 커진다. 방어용 그물이나 어선, 인력을 제공한 어민들이 100일 이상 버티도록 기대하는 것은 무리이다.

요컨대 사고발생 후 100일 동안은 수습의 성패를 좌우하는 사고수습의 골든 타임이라고 할 수 있다. 왜냐하면 사고수습 과정에서 위에서 언급한 다양한 자원들이 동원되어야 하는데, 이 기간 동안 타 부처나 국민, 공무원, 기업 등에 사고수습을 위한 재원, 봉사, 헌신 등을 요구하면 쉽게 수락이나 동의를 해주기 때문이다. 따라서 100일 이내에 사고수습을 위한 법률개정, 재원확보, 인력동원, 기술동원, 협조, 봉사와 헌신 등을 요구하여 모두 처리하여야 한다. 그런데 이러한 것을 처리하려면 평소에 준비가 되어 있어야 한다. 사고수습을 위해 필요한 것을 생각해 내고 이 기간 중에 요구를 해야 하는 것이다. 법령개정안을 내려고 해도 미리 준비되어 있지 않으면 가능하지 않다. 세월호 사고수습에 대하여 전반적으로 이해하고 각 부분 업무를 상세히 알지 못하면 세월호 사고수습에 필요한 것이 무엇인지 판단하기 어렵다. 해수부와 해경은 이 기간 중에 너무 경황이 없어서 필요한 것을 요구하지 못했다. 실제로는 이 기간 중에 무엇을 요구하는가를 보면 사고수습의 준비성이나 능력을 알 수가 있다. 만약에 사고수습 이정표나 사고수습 계획이 있었다면 이 기간에 수습자원 동원 등 필요한 것을 요구했을 것이고, 결국 사고수습도 매우 빨라졌을 것이다.

제 2 절 시신수습

1 시신수습의 개요

1) 실종과 사망

선박사고에서 실종이란 사망에 준하는 상태로 시신수습이 성공하지 못하여 사망으로 확증되지 아니한 상태를 말한다. 즉, 생존과 사망 사이의 잠정적인 불확실한 상태를 지칭한다. 사망이란 죽음을 의미하므로 주민등록, 학적, 병적, 세적, 신용정보, 고용관계 등을 변경하여야 하고 보험금청구, 재판청구, 재산상속, 결혼 등을 가능하게 한다. 이러한 신분관계의 정리는 원칙상 국가의 업무에 속하므로, 국가가 그 비용을 부담하고 가장 효율적인 방법을 모색할 필요가 있다. 만약 현실적으로 시신수습이 불가능하다면 그 불가능성을 국가(법원)가 판정할 수 있다. 설사 유족이 비용을 부담하면서 시신수습을 계속하라고 요구를 하더라도 국가는 이를 거절할 수 있는 것이다. 시신수습은 되도록 빠르게 해야 하고 가장 온전한 상태가 유지되는 방법을 사용하여야 하며 사망확증(국가업무)이 끝나면 유족에게 지체없이 돌려주어야 한다.

2) 시신수습 환경

세월호 사고에 따른 시신수습은 험난한 작업조건 하에서 이루어졌다. 구체적으로 살펴보면, ① 작업수심은 약 50미터(해도 상 수심+조석 차+등심선 안쪽 깊이+작업 여유)이다. ② 최강유속은 시간당 11킬로미터, 유향은 창조류, 낙조류 및 날짜에 따라 일정범위에서 변화한다. ③ 작업장소는 좌우 상하로 굽어진 통로를 거쳐야 하며 상하 이동에 시간이 많이 소요되므로 깊은 곳에서의 작업시간은 매우 짧다. ④ 수중작업시 작업자는 수중에 떠 있으므로 무거운 화물이나 지장물을 제거하기 곤란하고 시야확보가 곤란하다. ⑤ 새우, 먹장어, 박테리아 등에 의해 연약 부위가 훼손되었고 시간경과에 따라 피부가 훼손되고 있다. ⑥ 조류영향으로 시신유출 가능성이 높아지고 있고 선내에 전원이 남아 있는지 확신할 수 없다.

세월호 사고가 발생한 후 일정 기간이 지난 뒤에는 시신 훼손 및 유출 가능성의 우려가 높아졌다. 우선 시신은 비중이 1보다 크므로 처음에는 가라앉다가 부패가 진행되면서 가스가 발생하면 떠오르게 된다. 잠시 후 근육이 부패하면서 신체 내부의 가스가 빠지게 되고 다시 가라앉게 된다. 침몰 해역은 조류가 센 편이라 베르누이원리에 따라 시신 유출이 쉬우며 시신의 수색범위가 매우 넓어지게 된다. 침몰현장을 둘러싼 방어그물막은 해저면의 중간에 아치형 공간이 형성되도록 설치되어 그 사이로 시신이 빠져나갈 수 있다. 현장에서 40킬로 떨어진 곳에서 시신이 발견된 것은 "그 시신이 선박하부에서 유출되어 저류를 타고 그물막을 통과하였고 그 후에 용승류를 타고 해상으로 올라온 것"으로 추정된다.

3) 잠수사의 지위 및 잠수 활동의 지휘

잠수사는 시신을 수습하거나 선체를 결박하는 등 수중활동을 수행하는 기능 인력이다. 이들은 수압, 암흑, 조류를 극복하여야 하고 호흡훈련을 하여야 한다. 갑자기 고압에서 저압으로 이동하면 눈이 튀밥처럼 튀어나오거나 혈액에 기포가 발생하고 자칫하면 뇌에 영향을 줄 수 있다. 이러한 위험을 회피하기 위하여 1일 수중작업시간의 제한, 감압장치를 이용한 적응, 수중이동속도의 제한 등 시신수습과 관련하여 다양한 제약을 받게 된다. 그 결과 수중 50미터에서 작업을 하는 경우, 들어가고 나오는 시간을 제외하면 실제 작업시간은 10분~15분에 불과하다. 세월호 사고의 시신수습에 재난로봇을 투입하기도 하였으나 큰 성과를 가져오지는 못했다.

잠수사의 인력공급은 주로 해군의 SSU나 UDT로부터 이루어진다. 이들은 모두 해군의 필요에 의하여 양성된 인력이며 전역 후 잠수사가 되는 경우가 많다. 잠수사는 구난사업자에 의하여 고용되는 형태가 지배적인데, 아직 잠수 활동이 산업화되지 않았다. 최근 들어 잠수산업을 육성하려는 노력이 있는데, 잠수 산업을 발전·육성하기 위해서는 우선적으로 잠수사 자격제도를 도입하고 자격에 따른 보수기준을 설정하는 등의 노력이 필요하다. 왜냐하면 '잠수사 자격제도'나 '잠수사 보수기준'이 잠수 활동의 경제적 가치를 평가하는 것이고, 이는 곧 잠수사와 잠수 산업을 연결하는 고리역할을 하기 때문이다. 이와 관련하여 세월호 시신수습 과정 중 1급 잠수사의 일당은 98만원으로 책정되었는데, 해군 현역 잠수사의 경우에는 일당 5000원이 지급되었다. 그런데 해군 잠수사가 본연의 업무를 한 것이 아니고 사고수습을 위해 잠수 활동을 한 것이므로 해군 잠수사에 대해서도 수당을 인상해 줄 필요가 있다.

원칙적으로 시신수습에 투입된 잠수사는 국가 업무를 수행하는 것이므로, 국가와 계약관계에 있으며 국가의 지휘에 복종하여야 한다. 따라서 잠수사는 임시적 국가공무원에 해당한다고 볼 수 있고, 업무 중 사망·부상을 당하게 되면 수난구호법에 의하여 '의사상자'로서의 대우를 받는다. 그런데 의사상자는 고용관계가 없어야 하므로, 수난구호법에서 구난업체에 고용된 잠수사를 '의사상자'로 대우하는 것은 법리상 잘못된 것이다. 그러나 그것이라도 없으면 부상 당한 잠수사를 보호할 수 없기 때문에 어쩔 수 없이 임시방편으로 규정한 것이다. 향후에는 수난구호법의 잠수사 관련 규정을 올바르게 변경할 필요가 있다.

잠수 활동의 지휘와 관련하여 업무지시, 배분, 연락 등을 해경이 담당하였는데 해경담당자가 잠수 활동을 잘 알지 못하므로 잠수 활동의 지휘가 적절히 이루어질 수 없었다. 잠수 활동 중 사상자가 발생하였을 때, 해경담당자는 계약상 업무연락만 했다고 주장하고 형식상 잠수 활동을 지휘했다고 믿어지는 잠수사는 자기는 권한을 행사한 바 없으므로 책임을 부담할 수 없다고 하였다. 잠수 활동의 지휘는 적진에 병사를 투입하는 것과 같으므로 권한 및 책임을 명확히 부여하고 그 범위를 명확히 해야 한다. 세월호 사고 시신수습 현장의 경우 국가고용, 자원봉사자, 사업자 고용 잠수사가 혼재되어 있고, 지휘책임의 문제가 있으므로 '잠수활동 표준계약서'라도 만들어 지휘책임자를 잠수사 단체에서 선정하도록 하고 국가는 계약의무를 환기시키거나 연락 및 점검 업무만 하도록 할 필요가 있었다. 또한 잠수 활동 지휘책임자에게 합당한 권한을 주어 잠수 활동의 안전을 강화하도록 하고 지휘책임자가 아닌 자가 임의로 지휘를 하지 못하도록 할 필요가 있었다.

4) 탑승자 파악(실종자 신원 확인)

해양사고가 발생할 때 가장 먼저 해야 할 일은 탑승자의 신원과 숫자를 파악하는 것인데, 이는 쉬운 일이 아니다. 과거 선박보안 때문에 탑승자의 주민등록번호를 적도록 하였다. 그런데 섬주민이나 노인들은 주소 및 주민등록번호를 적기 어려웠고, 일반적으로 시간이 소요되고 불편해서 후에 규제완화의 일환으로 이 제도가 폐지되었다. 세월호 사고 때에는 현금으로 승선표를 구입하거나 공무상 이유로 승선표를 구입하지 않은 탑승자가 있어서 탑승자 파악이 어려웠다. 결국 탑승 비디오 테이프의 판독을 통해 탑승자를 파악하느라 시간이 좀더 소요되었고, 자동차를 타고 탑승한 경우에는 운임요금의 계산을 자동차당 얼마로 하다 보니 정확한 숫자를 내놓기가 어려웠다. 탑승자 파악이 지체되어 실종자 숫자를 두고 큰 혼란에 빠졌다.

서해페리호 사고 때에는 비디오 테이프도 없었고 현금으로 승선표를 구입한 사람이 많아서 탑승자 파악이 매우 어려웠다. 그러므로 사고 당일을 전후해 실종된 사람에 대한 신고를 받고 전국 경찰에 조사를 의뢰하였다. 신고된 실종자 명단에서 생존 또는 사망이 확인된 사람을 제외하는 방식으로 탑승자를 파악하였다. 결과적으로 정확한 탑승자를 파악하였으나 엄청난 시간과 노력이 투입되었다. 23년이 지나는 동안 변한 것은 현금으로 승선표를 구입하는 사람의 숫자가 줄어들었고 탑승 비디오 테이프가 있었던 점이다.

해수부는 이번 사고를 계기로 탑승자 파악을 위하여 항공기 탑승방식을 채택하기로 결정하였다. 항공기 탑승방식은 탑승자를 파악하는데 큰 도움이 되겠으나, 짧은 거리를 가는 탑승객에는 너무나 불편하게 된다. 만약 1~2킬로를 가는 경우나 소규모 유람선, 차도선 등에 대하여 항공기 탑승방식을 도입하면 상당히 불편하고 비용이 많이 소요될 것이다. 그리고 좀 시간이 흘러 사고를 잊어버리게 되면 규제 완화를 해달라는 요청이 나타날 것이 불 보듯 뻔하다. 차라리 개인별 카드결제, 인터넷예약, 국가 및 지자체에서 발행하는 운임할인카드 등의 이용을 장려하는 방식을 취하는 것이 바람직할 것으로 보인다. 즉, 이 방식을 이용하는 승객에 대해서는 운임요금을 할인해 주고, 그렇지 않고 현금을 사용하는 경우에는 1인 1표만 판매하고 30% 정도 할증하는 방법을 고려하는 것이 나을 것 같다.

2 세월호 시신수습의 문제점

세월호 사고의 시신수습은 유족과 국가를 만족시켜야 하는 목적을 달성하지 못했고, 시간 및 비용을 통제하지도 못하였으며, 상황에 맞는 적절한 시신수습 방법을 모색・강구하는데도 실패하였다. 그리고 정부가 국가최고의 전문능력을 동원하는데 실패하였고, 법률, 기술, 경험 부족으로 유족을 설득하는데 성공적이지도 못했다. 또한 세월호 사고를 보는 전체적인 시야가 부족한 결과, 시간·비용·방법의 적절한 운용에도 실패하였다.

1) 실종자 유족의 무리한 요구 및 해경의 요구 수용

실종자 유족은 "해저에 선체를 그대로 둔 채 실종자 전원의 시신수습을 완료하라"는 요구를 하였다. 그러나 사고해역에서의 시신수습은 실종자 전원의 시신을 수습할 가능성이 낮고 무제한의 비용과 시간을 요구하는 것일 뿐 아니라 작업안전에 취약한 방식이었다. 그럼에도 불구하고, 해수부와 해경은 유족의 요구를 그대로 수용하였다. 유족의 요구는 어떻게 보면 정서상 당연한 것이었지만, 해수부와 해경은 경제적·정치적·현실적 여건을 고려하고 과학적 지식을 활용해 적절한 방식을 찾을 필요가 있었다. 즉, 매우 열악한 작업조건 하에서 작업을 계획하고 실행할 때에는 물리적 요소를 엄격히 평가하고 작업방법을 신중하게 선정해야 했었다. 또한 유족의 요구를 최대한 들어주되, 그 방식이 적절하지 않을 경우 유족을 설득하는 노력을 기울일 필요가 있었던 것이다. 그러나 정부는 그러한 노력을 기울이지 않은 채 많은 비용이 투입되는 방식을 채택하였고, 그 결과 세월호 사고가 발생한지 2년이 지나도록 사고수습을 완료하지 못하였다.

해수부와 해경이 왜 이러한 요구를 아무런 가감 없이 수용하기로 결정하였을까? 그 이유에 대해서는 두 가지로 추론할 수 있다. 첫째, 사고수습의 비용부담은 전적으로 국민의 세금으로 하는 것이기 때문이다. 예로 택시 노사협상을 들어보면, 노사는 각자의 이익을 챙기는 반면, 여전히 과속, 합승 등과 같은 문제가 발생하는 등 공익은 전혀 고려되지 못하는 문제가 발생하는 것과 유사하다. 둘째, 해수부는 사고방지를 못한 책임이 있고, 해경은 구조실패의 책임이 있으며, 비난의 주체는 실종자 유족이다. 그리고 세월호 사고의 시신수습 지휘부는 사고의 책임을 져야 할 사람들로 구성되었으므로, 실종자 유족 및 국민의 비난을 회피하기 위해서 요구를 그대로 들어주게 된다.[11)]

2) 현실성 없는 원론적인 처방

정부는 초기에 "사고해역에서 시신수습을 끝까지 한다"고 발표했지만, 이 발표는 엄격히 따지면 잘못된 말이다. "끝까지 한다"는 말은 시신을 전원 수습할 때까지 한다는 의미를 가지는데, 원래 시신수습은 국가의 목적이 달성되었거나 "추가 시신수습이 불가능하다"는 판단이 이루어질 때까지 수행하는 것이다. 그리고 여기에서 "시신수습이 불가능하다"는 것은 선체수색이나 해역수색을 모두 마치고 선체를 인양하여 선체 내에 시신이 없다는 것을 확인한 때라고 할 수 있다. 결국 구조가 가능한 시기까지는 사고해역에서의 구조 및 시신수습에 최선을 다하지만, 세월호가 물밑으로 가라앉고 난 뒤 구조가 불가능한 시점이 오면, 시신수습의 확실성이 높은 방법으로 변경을 가할 필요가 있는 것이다.

3) 잘못된 시신수습 방식의 결정

다양한 시신수습 방법이 있음에도 불구하고 이번 세월호 사고 때는 사고해역에서의 시신수습이라는 한 가지 방법만을 고수하여 많은 시간과 비용을 낭비하였다. 통상적으로 가장 많이 사용하는 방법은 선체를 수심 20m 지역까지 이동시키고 그 장소에서 시신수습 작업을 하는 것이다. 위 방법은 사고해역에서의 시신수습보다 100배 이상 용이하고 안전하며, 수습 소요시간도 매우 짧을 뿐만 아니라 시신훼손이나 유실가능성도 크게 줄일 수 있는 방식이다. 두 번째는 선체를 수심 18m 지역으로 이동시키고 선체를 인양하여 시신을 수습하는 방법이다. 이러한 선체인양은 시신을 육안으로 확인할 수 있고 종국적인 방법으로 사고수습의 전 국면에서 균형을 회복할 수 있는 방법이다.

시신수습을 하는 과정 중에서도 문제가 있었다. 해수부와 해경은 시신수습 과정에서 "수중 선체를 절단하여 구멍을 낸 후 그곳으로 출입하면서 시신을 수습한다"고 결정하였다. 당시 많은 사람들은 "절단을 해도 시신수습에 큰 도움이 안 된다, 절단하여 구멍을 내려면 시간이 많이 소요된다, 절단을 하면 절단면이 날카로워 공기공급호스가 찢어질 우려가 있고 그 경우 치명적이다"라고 이야기하면서 위의 결정에 대해 반대하였다. 그럼에도 불구하고 실제 이를 행하였고, 그 결과 잠수사가 죽었고 20일간의 시간을 낭비했으며 그 구멍을 사용하지도 못했다.

4) 해수부와 해경에 대한 잘못된 인센티브 조치

정부는 세월호 사고 발생 후 '곧' 해경을 해체하고 해수부를 축소한다는 방침을 제시하였다. 여기에서 '곧'은 '시신수습이 완료되면'으로 해석되었으므로 해수부와 해경은 사고수습이 끝나면 사고에 대한 책임만을 져야 하는 입장이 되었다. 따라서 시신수습 과정에서 적극적인 행동을 기대하기는 힘들어졌다고 볼 수 있다. 만약 정부가 일단 해수부와 해경이 수습과정에만 매진할 수 있도록 아낌없는 지원을 하고, 시신수습을 잘할 경우 이에 대한 보상을 하거나 잘못을 경감해 주겠다고 하는 등 적절한 인센티브를 제공하기로 했다면, 좀더 적극적인 시신수습 활동이 이뤄질 수 있지 않나 아쉬운 측면이 있다.

5) 사고수습 자원의 효율적 관리 실패

시신수습의 자원은 정부재원, 공무원 해군의 무상근무, 자원봉사자의 무상봉사, 팽목항과 공유수면의 무상사용, 기업, 해군, 어민 등의 선박, 장비, 그물 등의 무상사용 또는 부분보상, 유족의 지지, 잠수사의 헌신, 해양 데이타의 무상제공, 해양과학기술의 무상제공 등으로 구성되었다. 그러나 시신수습이 시작된 지 100일이 경과함에 따라 세월호 사고의 시신수습 자원은 점차 고갈되기 시작하였다. 당초 세월호 사고수습 자원은 무궁무진한 것이 아니고 한정된 것이었으므로 이의 효율적인 사용이 매우 중요하다고 볼 수 있다. 그럼에도 불구하고 세월호 사고수습 자원을 시신수습 자원으로만 전부 투입하여 사고수습의 다른 분야에는 거의 투입되지 않았다. 그 결과 사고수습 자원이 고갈된 시점에도 시신수습이 완료되지 못했을 뿐 아니라 다른 사고수습 활동은 전혀 진전이 되지 않았다.

결국 사고발생 후 100일이 경과한 이후부터 시신수습 자원은 급격히 고갈되기 시작하였고 시신수습의 난이도는 훨씬 높아졌다. 그간 수습하기 쉬운 시신은 이미 수습하였고 남은 것은 화물에 깔려 있거나 유출되었거나 아니면 수습하기 곤란한 장소에 있을 것으로 추정된다. 시간의 경과에 따라 시신은 부패되었고 새우, 먹장어 등 해양생물에 의해 크게 훼손되었을 것이다.

6) 시신수습의 실패

사고발생 후 많은 시간이 경과했음에도 불구하고 사고수습은 물론이고 시신수습도 완료되지 않아 국가신인도가 떨어지고 수출제품의 신뢰도까지 떨어지는 현상이 벌어지게 되었다. 또한 관광 · 요식업 등 일부 업종에서는 수요가 감퇴하여 큰 충격을 받았다. 결국 이러한 현상들은 국민들의 불만을 가져왔고 정부의 사고수습 능력을 의심하게 하였다.

3 세월호 시신수습 과정에서의 아쉬운 점

1) 사고수습 계획의 수립

세월호 사고가 발생한 후 우선적으로 생존자에 대한 구조가 시급하므로 초기에는 구조에 집중하기 위해 사고수습 계획을 수립할 여유가 없었을 수 있다. 그러나 일정 시간이 흐른 후에는 철저한 사고수습 계획을 수립할 필요가 있었다. 즉, 시신수습의 방식 및 기간을 설정하고 그 밖에 필요한 조치들(손해배상, 위로금, 재난방지대책 수립 등)은 언제부터 어떻게 할 것인지를 정해야 했다. 그리고 전체적인 사고수습 자원의 양을 계산하고 세월호 사고를 수습하는데 들어가는 비용은 얼마나 되는지, 비용의 충당은 어떻게 할 것인지 등에 대해 책임있는 주체(중대본, 범대본)가 계획을 수립해야 했다. 계획을 수립한 뒤에는 세월호 실종자 유족 및 국민들에게 알리고 의견을 수용해야 할 부분은 받아들이고 그렇지 않은 부분에 있어서는 납득시키려는 노력들을 기울였어야 했다.

이러한 노력들을 기울이지 않아 결국 사고수습 자원의 100%를 시신수습에만 투입하였고 그 결과 선체인양에 투입할 자원이 없어서 상업적 원리에 기초한 방식을 채택할 수밖에 없었다. 만약 '세월호 사고수습 계획이 있었다면 사고 전반에 투입될 자원의 양을 계산해서 적정 수준의 자원을 시신수습에 투입하고 그 결과 효율적인 사고수습이 이루어졌을 것이다. 또한 제약된 자원 하에서 선체 이동방식이나 시신수습 목적의 선체인양 방식을 고려할 수 있었을 것이다.

2) 사고수습 자원의 효율적 사용

사고수습책임자는 가급적 유족을 위로하여 주어야 하지만 한정된 시간과 한정된 비용으로 업무를 처리하여야 하므로, 수습자원을 효율적으로 사용할 필요가 있다.[12] 특히 자원봉사나 행정응원이 고조될 때 시신수습, 선체인양, 책임자처벌, 손해배상의 대행, 재발방지대책 등이 이루어져야 피해를 극소화하고 불필요한 비용을 줄일 수 있는 것이고 자원봉사자 등의 행위를 가치있게 만들 수 있는 것이다. 따라서 사고수습 자원이 가장 풍부할 때, 시신수습, 자원동원, 재원마련에 이르기까지 다양한 방법을 고려하고 그 중 최적의 방법을 선택하려는 노력을 기울일 필요가 있는 것이다.

이러한 사고수습과 관련하여 한 가지 간과하는 것은 민간의 자원봉사 활동 및 해군 및 해경의 동원의 비용이다. 즉, 해군, 경찰, 공무원, 자원봉사자 등에 대하여 현실적으로 보수를 지급하지는 않으나 그들이 본연의 업무를 할 수가 없기 때문에, 사고수습시 이들의 기회비용도 비용으로 산정하여 의사결정을 할 필요가 있다. 따라서 이들의 기회비용을 줄이기 위해서는 무엇보다도 빠른 시신수습이 이루어질 필요가 있는 것이다.

3) 시신수습과 선체인양 동시에 수행

사고수습 활동 중 선체인양은 시신수습과 함께 현장 활동으로 분류된다. 선체인양 역시 시신수습과 유사한 수습 조건을 가지고 있으므로 유사한 수습 자원이 필요하다. 따라서 시신수습과 선체인양을 동시에 진행해야 수습 자원을 효율적으로 활용할 수 있다. 즉, 사고해역에서 시신을 수습하는 방식만을 고집하기보다는 선체를 얕은 곳으로 이동한 후 시신수습을 한다든가, 선체를 인양해서 시신을 수습하는 방식을 고려할 필요가 있었다.

일부 사람들은 선체인양을 재산권 회복이라는 개념으로만 보고 시신수습과 선체인양을 대립된 개념으로만 생각하는데 사실은 그러하지 아니하다. 세월호 선체를 인양해도 겨우 고철 값 2억원에 불과하고 인양비용은 2억원의 수십배 또는 수백배의 비용이 들어간다. 법원의 사망의제절차에서 "시신수습이 불가능하다"는 것은 "선체를 인양하여 장애물을 제거하고 눈으로 확인하고, 관련 해역을 철저히 수색 완료했을 때"를 의미하는 것이므로 침몰된 세월호는 어차피 육지로 인양하여야 한다. 또한 세월호를 해저에 두는 것은 향후 서해 항로에 장애물이 될 수 있으므로 선체인양을 하지 않고 침몰 해역을 공원화하는 것은 안 된다.

결국 정부가 시신수습 활동을 함과 동시에 지체 없이 선체인양 계획을 수립하고 발표해야 했다. 또한 가능하다면, 수심 20m 지점으로 이동하고 거기서 플로팅 독(Floating Dock)을 이용하여 선체인양을 하고 시신을 수습했으면, 훨씬 전에 현장업무(시신수습, 선체인양, 해역수색)를 마치고 사고수습이 많이 진행되었을 것이다. 사고수습 자원도 효율적으로 사용할 수 있었을 뿐만 아니라 시신 훼손도 어느 정도 막을 수 있었다.

한 예로 서해페리호 사고 때 선체를 인양해서 시신을 수습하였기에 가장 빠르게 현장업무를 종결했고 292명의 시신 전원을 수습하였으며 잠수 활동 중 부상자도 발생하지 않았으며 수습 자원의 사용도 매우 적었다. 선체인양은 시신수습의 종국적 방법이기도 하며 물적 증거를 확보케 하여 징계나 처벌의 정확성을 가능케 하기 때문에 선체인양은 1심 재판 변론종결 전까지 완료해야 했다. 즉, 검사가 공소장변경을 할 수 있도록 하여 억울하게 처벌되거나 과도하게 처벌되는 사례를 막을 수 있고 요행히 처벌을 면하는 사람이 없게 할 수 있었을 것이다.

4) 사고수습 책임자의 선정

원칙적으로 사고방지 및 구조실패의 책임이 있는 자는 사고수습 과정 중 자신의 책임을 모면하려고 하거나 비난을 피하려고 하는 행태가 나타날 수 있으므로, 소신대로 사고수습을 하기 어렵다. 즉, 이미 이야기했듯이, 최적의 사고수습 방식을 찾기보다는 비난을 되도록 적게 받기 위해 비합리적인 방식임에도 불구하고 그대로 수행하는 경우가 많아지게 된다. 따라서 정부가 사고방지나 구조실패의 책임이 있는 사람을 시신수습 지휘부에서 제거하고 다른 사람으로 하여금 시신수습을 지휘케 하였으면 훨씬 나은 결과를 가져왔지 않나 판단이 된다.

5) 유족에 대한 설득

사고해역에서의 시신수습 방식을 원하는 유족의 요구를 들어준 결과 시신수습이 빠르게 이루어지지 않았으며 시신의 온전한 상태를 유지하지 못해 유족의 상처를 깊게 하였다. 또한 생계수단이 끊긴 유족이 팽목항에서 대기하다가 생활기반이 심하게 파괴되었고 엄청난 시간, 비용을 지출함으로써 재정 및 국민경제에 큰 부정적 영향을 미쳤다. 시신수습을 확실하게 마치지도 못했으며 수습과정에서 사망자가 발생하였고 다수의 부상자가 발생했다. 만약 전문가들의 의견을 수렴하고 좀더 효율적인 방식을 선택하려는 노력을 기울였다면, 좀더 나은 결과를 얻을 수 있지 않았나 판단된다. 다음은 21년 전 서해페리호 사고 때의 교훈이다.

서해페리호 사고 때의 시신수습

21년 전 서해페리호 사고 때에도 유족의 요구(해저에 선체를 두고 실종자 전원의 시신을 수습한다)가 있었으나 거절하였다. 전국에 침몰일 전후에 소재불명인 사람을 신고하게 하여 경찰이 일일이 소재확인을 하였고, 언론이 선장이 탈출해서 섬의 산속에 있다고 하고 목격자가 있다고 해서 해경 및 경찰이 많은 인원을 동원하여 인근 섬을 수색하였다. 나중에 선장은 선실의 자기 위치에서 발견되었다. 비용절약을 위해 해군에게 시신수습과 선체인양을 맡기었으며 침몰 5일 후에 선체인양 준비를 지시하였다. 비용은 결국 시간에 의존하므로 시간을 줄이는 노력을 하였고 행정응원이 되는 기간 내에 대부분의 업무를 완료하려 하였다. 조선소 등에서 크레인 등 장비를 보내왔는데 자원봉사 개념과 상업적 요청에 의한 것이 혼재되어 있었고 누가 요청을 했는지 알 수가 없었고 또 장비를 요청하려 했는데 이미 와 있어서 시간을 절약하고 유효하게 사용한 경우도 있었다. 조선소가 크레인선을 현장에 보내기 위하여 타인에게 지불한 비용(예선비용 등)은 국가가 지불해야 한다고 의견일치를 보았지만 결국 돈이 없어서 감사패 수여로 대신하였다. 어선에 대하여도 같은 방식이 적용되었다. 이와 같이 서해페리호 사고의 손해배상준비금 마련이 우선시 되었다.

4 쟁점사항의 정리

세월호 사고 초기 및 시신수습 과정에서 이견이 많이 발생하였고 갈등과 혼란이 있었다. 시간이 경과한 지금 시점에는 그다지 중요하지 않은 것으로 보일 수 있으나, 당시에는 세월호 사고수습의 성패를 결정할 정도로 시급하고 중요한 사항으로 다루어졌다. 이와 관련하여 몇 가지 쟁점사항에 대해서 알아본다.

1) 중대본과 범대본

중앙재난안전대책본부(중대본)는 「재난 및 안전관리기본법」 제14조의 규정에 따라 대규모 재난의 예방·예비·대응·복구 등에 관한 사항을 총괄·조정하고 필요한 조치를 한다. 그런데 실제로 중대본은 세월호 사고수습을 위한 인력, 재원, 과학기술, 장비 등을 동원할 수 없었고, 해양사고에 대하여 아는 바가 없었으며, 사고수습을 지휘할 능력이 없었다. 중대본이 할 수 있는 것은 사고수습 상황을 보고하고 상부의 지시사항을 하달하는 것이었는데, 이것도 커뮤니케이션의 문제로 성공적이지 못했다. 결과적으로 중대본이 초기에 몇 가지 실수를 하자 대혼란이 벌어졌다.

범정부사고대책본부(범대본)는 관계부처 장관회의 결정으로 구성된 조직인데 중대본 체제의 혼란을 수습하기 위하여 해수부장관을 본부장으로 관계 부처와 20여개 기관이 참여하여 세월호 사고수습을 지휘하였다. 해수부장관이 과학기술, 장비 등의 동원능력과 지휘능력을 보완하였고, 관계 부처가 소관 분야의 동원·수습능력을 보완하였다. 범대본의 성립은 세월호 사고수습 초기의 극심한 혼란을 해소하였고 사고수습을 시작할 수 있도록 하였다. 범대본은 준비되어 있지 아니한 임시조직이었으므로 인력, 예산 등에 관한 제도화가 되어 있지 않음에도 불구하고 정부부재의 혼란을 신속하게 해소한 공적은 있다고 볼 수 있다.

2) 세월호 사고수습의 책임자는 해수부장관인가 아니면 해경청장인가?

세월호 사고가 발생한 후부터 범대본이 성립한 직후까지의 기간에 세월호 사고수습을 지휘하는 사람이 누구여야 하는지에 대해 이견과 갈등이 있었다. 수난구호법은 중앙구조본부에 관한 규정을 가지고 있고 해경청장이 중앙구조본부장으로서 구조업무를 지휘하도록 규정하고 있다. 그런데 1996년 하반기에 해수부와 해경청 사이에 체결한 업무분담 약정이 있었고 이 약정에 의하면 해수부장관이 대규모 해양사고의 수습을 지휘하도록 되어 있었다. 또 세월호 사고수습을 위해서는 대규모 인력, 재원, 과학기술, 장비 등을 동원할 수 있어야 하는데 해수부장관이 실제적인 동원능력에서 월등히 뛰어났으므로 해수부장관의 지휘체제가 성립하였다.

3) 해경과 해군의 갈등

해경은 수난구호법에 따라 수상에서 인명구조를 임무로 하고 있었으며 해군은 심해잠수업무를 발달시켰다. 세월호 사고 당시 사고수습을 한 심해잠수사는 대부분 해군출신이다. 서해페리호 사고 당시 해군은 현장업무(시신수습, 선체인양, 수중수색)를 담당하였는데 당시 해군이 해경에 비해 잠수 활동, 장비동원, 수중수색의 영역에서 월등한 역량을 보유하고 있었다. 1996년 이래 해경은 부족했던 부분을 많이 보완하였고 해경청이라는 차관급 조직으로 승격됨에 따라 시신수습 업무에서 해군에 대하여 우위를 차지하려고 하였으나 해군은 이에 반발하였다. 대체로 기술적이고 미세한 부분에서 갈등이 지속되었으며 해수부장관은 이를 조정할 여유가 없었다. 이러한 갈등은 결국 지휘체계, 권한 및 책임 범위의 혼란을 가져왔고, 세월호 사고에서 이러한 문제가 여실히 드러났다. 즉, 잠수사가 사망하여 지휘책임 문제가 발생하였을 때 해경은 "연락업무만 했다"고 하고 잠수사를 직접 지휘했던 해군출신은 "권한을 행사한 것이 없으니 책임을 부담하기 곤란하다"고 하는 등 서로 책임을 떠넘기는 행태가 나타난 것이다.

4) 사고수습의 주체: 중앙지휘본부인가 현장지휘관인가?

세월호 사고수습 초기에 일각에서는 사고수습을 현장지휘관 중심으로 하는 것이 효율적이라는 의견이 있었다. 즉, 재난 및 안전관리기본법의 규정에 의한 지역대책본부나 소방계통의 현장지휘관이 근접한 수습자원을 활용하여 포괄적 권한을 가지고 수습을 하는 것이 보다 효율적이라는 의견인 것이다. 그러나 세월호 사고와 같은 대형사고의 경우에는 대규모 인력, 장비, 과학기술, 재원 등을 동원해야 한다. 또한 해양사고를 수습하기 위해서는 수로, 선박, 선원, 해상교통, 해운사업자, 항만, 국제협약 등에 관한 권한을 가지고 있어야 한다. 따라서 이러한 자원의 동원 및 거버넌스를 효과적으로 운용할 수 있는 중앙지휘본부가 사고수습의 지휘관이 되고 현장지휘본부는 현장의 임무에 충실할 수 있도록 업무를 분담할 필요가 있다.

5) 시신수습은 인명구조에 포함되는 것인가?

수난구호법은 수상에서 인명구조를 해경의 임무로 하고 있고, 인명구조란 원칙적으로 수상에서 생존자를 구호하는 것을 의미한다. 반면에 시신수습은 수중에 있는 죽은 자를 꺼내는 것으로, 그 목적은 사망을 확인하는 것이다. 따라서 시신수습을 위해 필요한 기술, 기능, 장비는 인명구조를 하는데 필요한 그것들과 다르다. 물론 침몰된 선체에서 생존자를 구조할 수도 있고 인명구조와 시신수습이 연속행위로 이루어지는 경우가 있으므로 좀 애매한 구석도 있다. 결론적으로 수상에서 인명구조는 해경의 본연의 임무라고 할 수 있는 반면, 시신수습은 해경의 본연의 임무라기보다는 사고수습을 지휘하는 해수부장관을 보좌하는 측면에서 수행하는 임무라고 할 수 있다. “해경이 시신수습에 대한 준비가 덜 되었다”는 언론의 비판이 있었는데, 이는 적절하지 않은 것으로 보인다.

제 3 절 선체인양

1 선체인양의 개요

1) 선체인양의 의미

선체인양이란 바다에서 침몰된 선박을 꺼내는 활동을 말하는 것으로 그 목적은 재산권 회수, 사고원인 조사, 해상교통장애물 제거, 수로기능 회복, 해양오염원 제거, 공유수면관리, 국가재난복구 등이다. 그리고 인양목적에 따라 인양방법, 인양비용부담, 인양필요성 판단, 적용법률, 인양책임자 등이 달라진다. 구체적으로 살펴보면, ① 재산권 회수란 침몰된 선박을 끌어내어 그 경제적 가치를 회복하는 것으로, 인양된 선박의 가치에서 인양비용을 공제하고 남는 것이 있을 때 인양을 실시한다. 이 때 적용법률은 수난구호법이고 책임자는 선사이며 선사(또는 보험사)의 비용으로 처리한다. ② 해상교통장애물 제거란 침몰선박이 해상교통안전을 저해할 때 이를 치우는 것을 의미하고, 침몰선박이 해상교통안전의 저해를 가져오는 정도가 인양비용보다 클 때 인양을 실시한다. 이 때 적용법률은 해사안전법이고 책임자는 해양수산부장관이다. ③ 수로기능 회복이란 해도와 실제 수로의 불일치를 해소하려는 것으로, 불일치 해소비용과 인양비용을 비교하여 적은 쪽을 선택한다. 이 때 적용법률은 측량, 수로조사 및 지적법이고, 책임자는 해양수산부장관(해양조사원장)이다. ④ 해양오염원 제거가 목적인 경우에는 해양환경관리법이 적용되고 해수부장관이 책임자이다. ⑤ 국가재난복구가 목적인 경우에는 재난 및 안전관리기본법이 적용되며 해양사고 주관기관으로서 해수부장관이 책임자이며 비용은 재난복구비용을 사용할 수 있다. 세월호의 선체인양의 경우에는 그 목적이 국가재난복구에 있으므로 위에서 제시된 모든 목적을 포괄한다고 볼 수 있다.

2) 선체인양의 필요성

세월호 선체인양은 사고원인 확정(증거의 확정)을 통하여 재판과 징계를 촉진하고 억울한 사람이 없도록 하며 국회 진상규명위원회의 진상규명을 위한 필수적 사항이다. 그 필요성을 구체적으로 살펴보면, ① 추가적인 시신수습을 하고 최종적으로 실종자 및 사망자를 확정하기 위해서 필요하다. ② 법률적으로 사망의제절차를 수행하기 위해 선체인양을 해야 한다. ③ 민형사 재판절차의 진행, 신분관계의 정리, 징계처분, 손해배상 대행, 재발방지대책의 실행 등을 위하여 사고원인을 확정할 필요가 있고 선체를 인양해야 최종적인 확정이 가능하다. ④ 수로기능의 회복, 해양오염원 제거 등 국가목적(안전향상 및 국가배상법 상 책임수행) 달성을 위해 필요하다.

혹자는 “인양비용이 소요되니 인양을 하지 말자”라는 의견을 제시한다. 또는 “침몰선박 및 해역을 추모해상공원으로 하자”는 의견도 있다. 그러나 침몰 선체를 해저에 그대로 둘 경우, 선체 및 잔해가 태풍과 같은 기상변화에 따라 움직일 수 있고, 이는 선박 운항에 위험요소가 될 수 있으므로 방치할 수 없다. 만약 선체를 고정하고 관리가 가능하다고 하더라도, 비용 측면에서 차라리 인양하는 것이 관리하는 것에 비해 더 적게 든다. 우선 현재 사고해역은 수로, 어장 등으로 100% 활용되고 있는 공간인데 추모해상공원으로 할 경우 다른 기능을 포기해야 되므로 곤란하다. 육지에서 유사한 사고가 발생할 경우 그 토지를 모두 매수해야 공원을 만들 수 있는 것처럼 해양에서 일정 장소를 공원으로 만들려면 많은 비용이 소요된다. 또한 수로에 침몰선박이 해저에 있다는 것을 세계 모든 선박에 알려야 하므로 해도를 고쳐야 하는 비용이 든다. 뿐만 아니라 침몰선박을 고정하고 관리하거나 오염원을 제거하는 등 단기적으로도 많은 비용이 든다. 그리고 수로를 외해 쪽으로 이동하여 설치할 경우 빠른 길을 놔두고 돌아가야 하므로 장기적으로도 많은 비용이 소요된다. 그 외에도 시신수습이나 사고원인 확정 등을 포기해야 하는 문제점이 있다.

3) 세월호 선체인양의 조건

세월호 침몰 현장의 작업수심은 해도상 수심, 조차와 등심선 안쪽 깊이 그리고 작업여유 깊이를 고려하면 50m이다 수중선체 무게는 8,400톤으로 추정되었다. 배수를 한 후 공중인양시 무게는 약 13,000톤으로 추정되었다. 침몰현장의 해양 저질은 뻘, 암반, 쇄설물로 구성되어 있다. 최고유속은 2.5미터/초이며 유향은 일정범위 내에서 가변적이다. 수온은 10월경 급격히 떨어지며 겨울철에는 북서풍이 강하여 작업이 쉽지 않다.

이러한 환경조건을 고려할 때, 2014년 또는 2015년에 사고수습을 마무리 하기 위해서는 사고발생 직후에 선체인양 준비를 시작해야 했다. 즉, 전체적 사고수습 계획의 범위 내에서 선체인양 계획을 수립하여 비용, 시간, 장비, 기술, 인력을 규정하고 이를 동원할 준비를 해야 했다. 늦어도 침몰 후 100일 이내에 선체인양이 완료되는 것이 정상적인 것이다.

4) 선체인양의 성패 결정 요소

기본적으로 선체인양의 성패를 결정하는 요소는 크레인, 플로팅 독 등 장비, 해양데이터, 잠수 활동능력, 침몰선박의 이동을 위한 노선사와 예선, 침몰 선박의 제원 및 설계도, 선체인양 기획능력이다. 우리나라의 경우 해양데이터나 장비 분야는 이미 세계적 수준에 도달하여 있고 잠수 활동능력은 상당한 수준에 있다고 볼 수 있다. 다만, 장비의 제원 및 용량, 침몰선박 정보, 해양데이터, 잠수 활동능력, 선박이동능력 등을 규정하고 적절히 조합하여 최적의 인양방법을 도출하는 능력인 기획능력이 다소 떨어지지만 충분히 극복할 수 있는 요소이다.

5) 선체인양의 책임자

기본적으로 선체인양 책임자는 해수부장관으로 선체인양 시기, 방법에 대한 의사결정책임을 진다. 인양작업 담당은 장관이 지정한 사람으로 국가기관, 민간인양사업자, 외국인양업자, 조선소 등 유사능력자 등이 된다. 서해페리호 사고 때에는 해군이 장비, 잠수사, 기타 수색인력 등에서 우월했고 비용이 들지 아니하므로 해군을 인양책임자로 선택한 바 있다.

6) 선체인양 비용 부담자

「재난 및 안전관리기본법」 제62조에 따라 일차적으로 국가가 부담한다. 사전협의가 없어도 국가는 선사 및 보험사로부터 비용을 청구할 수 있다. 그러나 우선순위를 갖는 사망배상금, 부상치료비 등이 부족할 것으로 보이므로 실제로는 거의 보전받지 못할 것 같다. 그리고 인양담당자에게는 인양계약 또는 인양명령에 따라 정해진 금액을 지급한다.

문제는 해수부나 해경이 민간업체에 선박 및 크레인 등을 요청해 미리 와서 대기함으로 인해 발생한 비용은 어떻게 지급해야 하는가이다. 서해페리호 사고 때 조선소 등이 선박, 장비를 긴급 수배하여 사고현장에 보냈는데 별로 사용하지 않아서 대기만 하다가 그냥 되돌아갔는데 비용지급이 없었다. 손해배상 재원이 없어서 모든 재원은 사망배상 재원으로 사용했고 크레인 등에 대한 비용은 청에서 따로 돈을 마련하여 실비의 일부만 지급했고 조선소 등이 국가봉사 개념으로 한 것이라고 양해해 주었다. 세월호 사고 때에도 이와 유사한 상황이 벌어졌는데, 이 부분과 관련해서는 향후 제도개선이 이루어져야 할 것으로 보인다.

2 세월호 선체인양의 방식 및 방법

1) 범대본의 선체인양 방식 결정

선체인양 시기는 장관이 재난관리 상 필요하다고 판단한 때이다. 즉, ① 시신수습 노력을 다하여 추가적 수습이 곤란할 경우(유족이 인정해야 함), ② 시신이 분해되기 시작하여 수습이 곤란할 경우. ③ 시신이 깊이 가라앉아 물리적으로 추가 작업이 어려울 경우에는 선체인양을 즉각적으로 실시할 필요가 있는 것이다. 범대본은 선체를 인양하여 육안으로 시신을 확인해야 하고, 실종자 신분관계를 확정하여 유족의 법률적 회복을 도모할 수 있으며, 공무원 징계, 책임자처벌, 손해배상, 재발방지대책의 전제를 실현시킬 수 있다. 선체를 빨리 인양해야 사고원인을 확정하고 재판 진행을 촉진시킬 수 있으며 억울한 사람이 없도록 할 수 있다. 그러나 범대본은 실종자 유족의 요구를 일부 수용하고 시신수습 자원의 고갈을 감안하여 절충적 방안을 채택하였다. 시신수습 활동을 계속하되 수습 자원이 고갈되니 꼭 필요한 부분을 일부 상업화하고 나머지는 원대복귀시키는 결정을 하였다.

2) 선체인양 방식의 결정: 비상업적 방식과 상업적 방식

세월호 사고수습은 기본적으로 비상업적 방식을 채택하고 있다. 비상업적 방식이란 수습참여자의 공동체에 대한 봉사와 헌신 및 명예를 기반으로 하는 사고수습 방식이며 전쟁이나 국가재난 발생과 같이 상황이 긴급하고 절박할 때 주로 활용하는 방식이다. 즉, 국민성금, 자원봉사자, 공무원, 해군 등의 헌신, 기업의 장비 무상 제공 등을 기반으로 사고수습을 하는 방식을 의미한다. 한편 선체인양의 경우에는 상업적 방식을 채택하였다. 상업적 방식이란 정부와 민간업체 간 계약을 통해 정당한 보수를 제공하고 대신 민간업체가 사고수습을 하는 방식을 의미한다. 따라서 선체인양의 직접적인 책임은 인양업체가 지지만, 국가도 국민과의 관계에 있어서 선체인양의 책임을 진다. 왜냐하면 정부가 상업적 방식으로 선체인양을 하기로 결정했고 국가계약법에 따라 계약자 선정권한을 행사했기 때문이다.

선체인양의 경우 비상업적 방식과 상업적 방식 중 어느 방식이 더 적절했을까? 선체인양의 방식의 결정을 하는데 있어서 고려해야 할 점들이 무수히 많겠지만, 적어도 선체인양의 확실성(결과)과 선체인양에 걸리는 시간 및 비용(투입) 두 가지가 가장 중요한 요소라고 할 수 있다. 이를 바탕으로 두 가지 방식을 비교하면, 우선 확실성이라는 측면에서는 상업적 방식을 선택할 경우 최고의 기술력을 담보할 수 있으므로 비상업적 방식에 비해 우월하다고 할 수 있다. 그러나 상업적 방식은 민간업체에 대가를 제공하는 방식으로, 이전에 아무런 대가 없이 자원을 제공한 자들의 동기 및 의욕을 감퇴시키게 만들 수 있다. 즉, 형평성의 구현에 지장을 주어 공동체적 요소가 퇴색하고 구성원의 공동체에 대한 충성심이 약화된다. 특히, 선체인양 업체를 해외업체로 선정하게 될 경우 내국인은 비상업적 방식으로 수습 자원을 제공하는 반면, 외국인은 상업적 방식으로 수습 자원을 수령해가기 때문에, 내국인을 역차별하게 된다. 즉, 내국인에게는 헌신과 봉사만을 요구하는 것이 되고, 외국인에게는 명예와 정당한 이익을 제공하게 되는 것이다.

선체인양에 걸리는 시간 및 비용 측면에서는 비상업적 방식이 상업적 방식에 우월하다고 볼 수 있다. 우선 비상업적 방식은 민간업체와 계약을 체결할 필요가 없어 입찰공고 및 선정에 소요되는 기간이 필요하지 않기 때문에 상업적 방식에 비해 선체인양을 빨리 시작할 수 있다. 또한 비상업적 방식의 경우 민간업체 또는 정부기관에게 선체인양에 소요되는 약간의 비용, 그리고 명예나 광고 기회 같은 것을 지급하면 되므로 비용 측면에서 상업적 방식에 비해 훨씬 유리하다.

3) 선체인양 비용

선체인양 비용은 구난업이 발달하고 선체인양 사례가 계속 반복적인 경우는 상당히 신뢰성 있는 비용추정이 가능하다. 그러나 세월호 선체인양의 경우 국내외의 유사사례가 별로 없고, 선체인양 방법이나 인양 기술의 적용에 따라 인양 비용이 큰 차이가 나며, 구난업계는 '구난평균기술' 같은 것을 공유하지 않으므로 비용추정이 힘들다. 장비, 인력, 기술 등을 결합시키는 방법에 따라 비용이 급격하게 변동할 수 있고, 특히 인양 소요시간을 비용으로 환산하여 포함시키면 큰 차이가 나게 된다. 그리고 요구되는 인양 품질에 따라 인양 비용이 달라진다. 침몰 선체가 좀 긁히거나 찢겨도 상관없다면 인양 비용은 상당히 떨어질 수 있는 것이다.

해수부나 전문가 등은 선체인양 비용으로 3,000억원에서 1조원까지 소요될 것이라고 이야기하면서 차라리 인양하지 말자라는 의견을 제시하기도 하였다. 그러나 해수부나 전문가의 비용계산은 상업적 원리가 적용되는 경우에만 타당하다. 일반적으로 상업적 원리가 적용되기 위해서는 ① 전쟁, 재난의 경우가 아니고, ② 일상적으로 반복되는 업무이면서, ③ 견적이 가능하고 통상적으로 미리 재원 준비가 되어 있고, ④ 다수의 경쟁적 사업자가 있어야 하며, ⑤ 사업자간 평균적 인양방법이나 평균적 기술이 공유되어야 한다. 그러나 세월호 인양의 경우 상기 요건에 하나도 부합하지 아니하므로 비상업적 원리를 적용하는 것이 적절하다. 그러나 실제 상업적 원리를 적용하여, 많은 국가재원이 선체인양에 투입되게 되었다.

4) 재원 마련 및 재원 배분방법

(1) 재원 마련방법

재원은 대체로 대통령 소관에 속한다. 당시 안전행정부는 재난예산을 편성하기는 하나 실제로 예비비가 없는 경우가 많아, 보통 재난 발생시 안전행정부예산을 전용할 수밖에 없다. 그리고 해양수산부의 재난예산은 거의 없고, 사고수습의 책임주체인 범정부대책본부(범대본) 또한 정규조직이 아니므로 재원기능이 취약할 수 밖에 없다.

재원 확보를 위해 여러 가능성을 모색할 수 있지만, 재원 마련의 신속성을 담보하기 위해서는 우선적으로 해수부 및 해경의 2014년 또는 2015년의 불용예산이나 공사비 예산을 전용하거나 타절[13]하여 마련하고 동 재원은 시신수습이나 선체인양 등과 같은 현장업무에 투입한다. 물론 국회에 예산을 요구하거나 기재부에 예산신청을 할 수도 있지만, 이는 시간이 많이 소요될 뿐만 아니라 충분한 예산이 담보될지도 미지수다. 따라서 범대본이 재원계획을 수립하고 국무회의에 보고하여 전용을 포괄적으로 처리하는 것이 가장 적절할 것으로 보인다. 예로 서해페리호 사고 때에도 토목예산 250억원, 기타 예산 30억원 정도를 전용 및 타절하여 현장업무수행용 재원을 마련하였다.

둘째, 청해진해운을 매각·처리하여 재원을 준비한다. 금액은 크지 않을 것이나 반드시 실행하여야 하고 이는 주로 손해배상 재원으로 사용한다.

셋째, 해운조합공제에서 400억~500억원을 강제로 빌리고 나중에 받을 보험금으로 상계처리한다. 주로 손해배상 재원으로 사용하되 선체보험에 해당하는 것은 현장업무에 투입할 수 있다. 사업자의 고의 또는 중대한 과실로 피해가 발생했으므로 보험금을 받지 못한다고 하지만 이 부분은 정밀검토가 필요하다. 보험종류마다 다르고 보험약관마다 좀 다르게 규정된 경우도 있다. 선원보험의 경우에도 일률적인 판단을 하기 어렵다. 서해페리호 사고 때에도 받지 못한다고 했으나 실제 보험금을 받았다. 만약 보험금을 받지 못하게 되는 경우에는 감독공무원을 징계하여야 한다. 왜냐하면 감독공무원은 사업자가 고의 또는 중대한 과실을 하지 않도록 하여 사고시 보험금을 받을 수 있도록 해야 했는데, 이를 행하지 않은 책임이 있기 때문이다.

넷째, 국민들의 성금은 안행부 소관에서 회수하여 배상재원이나 지원금의 주력으로 사용하여야 한다. 운임 및 요금과 비례하는 법정 손해배상금액보다 적정 손해배상금액이 클 것이므로 이에 대한 보전을 하는데 성금을 사용해야 할 것이다. 왜냐하면, 우리나라는 물가안정 등을 위하여 운임 및 요금의 인상을 제한하여 온 반면, 국민소득의 증가나 생명가치에 대한 인식전환 등에 의하여 타협 가능한 손해배상금액이 상당히 높게 형성되기 때문이다.

마지막으로, 검찰로부터 '유병언 재산의 회수가능 금액 및 시기'를 받아 이를 담보로 재정융자 또는 파이낸싱을 할 수도 있다. 그러나 유병언의 사망으로 인해 회수금액과 시기가 큰 타격을 받았으므로, 부족분에 대해서는 기획재정부에서 지급할 것을 요청하여야 한다.

정부재원을 동원(전용 이용 포함)하려면 국무회의 보고가 있어야 한다. 현행처럼 세월호 사고수습을 각 부처가 분담하는 형태로 갈 경우 국무회의의 역할은 더욱 더 중요하게 된다. 적절한 조정이 이루어지지 않을 경우 자칫 재원종류별로 연관성이나 통합성이 떨어지고 재원확보를 위한 치열한 노력을 격려하기 어려워질 수 있다. 재원지출 업무담당자와 재원확보 업무담당자가 다르면 재발방지대책의 수립이나 여객선운임요금의 인상조정, 보험가입강제 및 보험료인상, 적절한 보험금액의 결정, 면허기준의 변경(책임재산의 수준변경), 사업자의 안전관리비용의 증가 등을 종합적으로 다루기 어렵다. 현행 세월호 사고수습은 "재원마련에 소극적이다" 또는 "누군가 재원을 마련해 주면 이를 적절하게 지급하거나 사용하는데 업무의 초점을 두고 있다"는 비난이 있다. 실제로 사고수습을 위한 재원마련은 사고수습 업무의 핵심적 부분으로, 재원마련 과정에서 사고수습 업무를 정밀하게 이해하게 되고 꼭 필요한 재발방지대책을 수립할 수 있게 된다.

(2) 재원 배분방법

사고수습 방식/방법에 따라 필요한 재원은 기하급수적으로 늘어날 수 있으므로, 기본적인 재원 배분원칙을 정할 필요가 있다. 원칙적으로는 확보된 돈에 맞추어 비용을 지급하거나 사고수습 방법을 결정해야 한다. 특히 누차 강조하지만 사고수습 기간은 곧 돈과 같으므로, 시간을 최소화시키기 위한 노력을 기울일 필요가 있다.

우선 비용지급과 관련하여 안행부가 재해대책비로 부담할 수 있는 것은 안행부가 처리하도록 한다. 이를 위해서는 미리 지급해야 할 비용의 항목 및 액수를 상당히 정밀하게 알아야 하고, 확보된 돈에 맞추어 선체인양 방법을 고안해야 한다. 따라서 선체인양에 있어서 경쟁입찰 등 상업적 원리를 적용하지 말고 선체인양 임무부여(명령)＋보상(최저실비제공＋봉사헌신＋표창장, 감사장 등 명예제공, 간접광고 등)을 적용하는 것이 좋다. 시신수습 등에도 같은 원리를 적용한다. 해군에 임무를 부여하면 선체인양 비용과 시간이 크게 떨어질 수 있다. 손해배상금액이 결정되면 그 금액을 제외하고는 주로 재발방지대책 비용으로 사용하여야 한다. 복지비용은 복지부나 안행부가 처리하도록 하고 해수부는 운임요금 조정, 선원인건비, 적정 보험료 결정, 면허기준 조정 등에 신경을 쓴다.

사고수습 전체에 대한 재원 배분은 선진국의 경우에 현장업무+손해배상에 50%(과거 복원)를 사용하고, 재발방지대책에 50%(미래준비)의 재원을 투입한다. 서해페리호 사고 때에는 과거 복원에 90%, 미래준비에 10%를 투입했는데 청장이 사임하였으므로 미래재원을 마련하기 곤란했던 사정이 있었다. 세월호 사고에는 현장업무에 33%, 손해배상에 33%, 재발방지대책에 33%를 투입하는 것이 바람직하다. 현장업무는 예산전용을 해서, 배상금준비는 보험금과 성금을 주력으로, 재발방지대책은 기재부에서 돈을 받아 투입한다. 재발방지대책을 위하여 국고, 여객사업자, 국민이 각각 33%의 부담을 담당하도록 한다.

5) 선체인양 방법

(1) 선체인양 방법의 종류

선체인양 방법의 결정은 그 목적에 따라 달라진다. 세월호 사고의 경우에는 시신수습이 중요하다고 판단되므로 수심 20m 지역으로(선박회전을 통한 정위치 작업 없이 부력증강만 해서 그대로 이동) 이동하고, 여기서 2차 시신수습을 하고 그 뒤에 인양하는 것이 바람직할 것으로 판단된다.

구체적인 선체인양 방법은 어떻게 결정하는 것이 좋은가? 여기에서는 주로 활용되는 방법을 간략히 소개하고, 본 저자가 생각하는 방안을 제시한다. 첫째, 고전적인 방법을 소개하면, 우선 썰물 때 대형뗏목이나 바지선을 해상에 띄워 놓고 침몰선박과 뗏목 등을 쇠사슬로 연결하여 묶어둔다. 밀물이 되면 부력에 의하여 뗏목이 상승하고 묶어둔 침몰선박도 조석차 만큼 떠오른다. 침몰선박을 밧줄로 연결하여 인근 섬이나 해변에서 말 같은 것으로 끌거나 조류를 이용하여 조류방향으로 끌고 간다.[14] 세월호 침몰현장은 조석차가 3미터이고 서해안 해저지형의 평균경사도가 1/1000이므로 3킬로 정도를 해안선 가까이 붙일 수 있다. 침몰 선체가 바닥에 닿아서 더 이상 끌리지 않으면 선체를 놓고 다시 썰물을 기다리고, 썰물 때 선체와 뗏목의 연결 체인을 3미터 정도 조여 놓는다. 밀물 때 다시 3미터가 떠오르면 해안

가로 3킬로 정도 이동하고, 수심이 충분히 낮아질 때까지 이를 반복한다. 수심이 충분히 낮아지면 썰물 때 침몰선박 내 화물을 제거하거나 가벼운 나무 등으로 부력보강을 실시하고 다시 이 과정을 반복한다.

고전적 선체인양 방법과 현대적인 선체인양 방법 간에는 장비의 차이만 있을 뿐, 기본적인 원리는 동일하다. 고전적 선체인양 방법의 핵심적 내용을 살펴보면, 조석, 조류, 부력을 아주 잘 활용하고 있다. 그리고 선체인양이 진행되면서 점차 작업의 난이도가 지속적으로 떨어지는 방법을 사용하고 있다. 썰물 때 수중작업을 했고 밀물 때에는 부력과 조류를 이용하였다. 수심이 낮아지거나 해안에서 가까워지면 선체인양은 점차 쉬워지게 된다. 한 부분에서 실패하더라도 다시 시도를 할 때에는 좀더 난이도가 떨어지도록 인양방법을 정한 것이다.

세월호 선체인양 방법과 관련해서 고려해야 할 요소는 인양 확실성, 소요시간, 비용 등이다. 인양된 선체의 온전성을 강조하면 인양방법을 변경해야 하고 그 경우 비용이 추가된다. 세월호의 경우 선체의 겉 부분은 증거확보를 위해 크게 중요하지 않고 시신의 온전성에 큰 영향을 주는 것도 아니며 선체의 고철 값은 최대 2억원 정도에 불과하므로 중요한 기준이 아니다. 이러한 기준을 고려한 세월호 선체 인양 방식으로는 다음과 같은 것들이 있다.

첫째, 선체를 결박하고 수면 하까지 크레인으로 끌어올리고 선체를 정 위치로 변경하고 수면 상으로 끌어 올린 뒤 배수작업을 실시하고 공중으로 인양하여 바지선 위에 올려놓는 것이다. 이 방법의 문제점을 살펴보면, 우선 국내에 무게가 13,000톤인 세월호를 공중 인양할 만한 18,000톤 정도의 크레인이 없을 뿐만 아니라 크레인의 리치가 부족하여 선박을 바지선 위에 올리기가 어렵다. 그리고 선체를 정 위치로 변경하거나 배수작업을 하는데 시간이 많이 소요되어 조류, 야간, 바람 등 외력의 영향을 많이 받는다. 만약 2개의 크레인을 조합한다고 하더라도 선체를 인양하기 위해 힘을 조절하기 어렵고, 리치의 경우에는 작은 크레인이 결정적이므로 2개의 크레인 조합방식은 부적절하다.

둘째, 약간 변형된 방안으로 조금 전의 방법 중 바지선에 올려놓는 것 대신에 수면 하까지 끌어올려진 선박 밑에 플로팅 독을 끼워 넣은 뒤 크레인을 조금씩 늦추고 플로팅 독의 부력을 조금씩 크게 하면서 균형을 맞추어 플로팅 독의 부력으로 선박을 부상시키는 방법이다. 이 방법 또한 다음과 같은 문제가 있다. ① 두 번째 방안은 크레인용량문제와 리치문제를 피하는 방안인데, 조류, 파도 등 외력의 영향을 가장 크게 받는다. ② 끌어올려진 선체를 플로팅 독에 놓을 때 플로팅 독이 균형을 유지할 수 있으려면 선체에 비하여 플로팅 독이 엄청나게 커야 가능할 것 같으나 현장실험을 했다고 하니 의견을 보류하겠다. ③ 이 방법은 주로 수중에 떠 있는 잠수함을 인양할 때 사용하는 방법인데 수중에 떠 있는 잠수함은 무게와 부력이 균형상태에 있고 플로팅 독도 자체 무게와 부력이 균형상태에 있다. 잠수함과 플로팅 독을 포개 놓으면 무게와 부력이 균형상태인 1개의 물체가 되고 점차 부력을 강화하면 인양이 될 것이다. 그런데 크레인으로 잡고 있는 선박을 수중에 떠 있는 플로팅 독에 올려놓으려면 선체를 플로팅 독의 부력 중심점에 정확히 올려야 하고 아주 천천히 부력의 균형을 유지하면서 강화시켜야 하는데 이것이 매우 어렵고 시간이 많이 소요되며 조류와 파도 등의 영향으로 그렇게 정밀한 작업을 할 수 있을 것 같지 않다. 따라서 사실상 거의 불가능할 것으로 판단한다.

셋째, 해수부의 기술검토 TF가 제시한 인양방안이 있다. 우선 세월호 수중무게가 8,400톤이므로 크레인 2대를 병렬로 연결하여 수면 상 3미터를 들어올린다. 그리고 세월호 우측면에 93개 구멍을 뚫어 선체를 결박하고, 수심 30미터 지점까지 2.3킬로를 이동한 뒤, 플로팅 독에 올리고 부양한다. 이 방안은 그 개요는 타당하나 다음과 같이 상세부분의 운용이 불리한 것으로 판단된다.

〈기술검토 TF의 인양방안에 대한 본 저자의 의견〉

수중선체 무게가 8,400톤으로 고정하여 생각하지 말고 화물을 제거하거나 부력보강조치를 하면 약 3,000톤을 삭감할 수 있고 1만톤급 크레인을 사용하면 약간의 부력보강조치로 운용가능하다. 이 경우 크레인을 1개만 사용할 수 있으며 운용이 편하다. 3미터를 들어 올린다는 것은 수면에서 3m라는 뜻으로 이해한다. 그러나 세월호 결박을 위해 구멍 93개를 뚫는 것은 시간이 많이 소요되고 위험하다. 1개를 뚫는데 7일~10일이 소요된다. 세월호 절단의 위험이 크게 증가한다. 설사 와이어를 연결한다고 하더라도 나중에 크레인으로 선체를 조작하기 어렵다. 선체를 감싸 안은 것처럼 선체를 결박해야 선체 움직임을 정밀하게 제어할 수 있다. 세월호 선수를 크레인으로 약간 들어 선체 밑으로 체인을 감을 수 있다.

플로팅 독은 수심 30미터 지점에서 운용하기 어렵다. 삼호의 플로팅 독은 수심 24미터까지 들어간다. 수중에 떠 있는 플로팅 독에 선체를 올려놓기 어렵다. 차라리 수심 21미터보다 얕은 지점까지 더 이동하는 것이 낫다. 이 경우 조석에 관계없이 24시간 작업이 가능하다. 그리고 그런 장소는 있다.

이동방법에 관한 것이 없다. 크레인 2대를 대향하는 방법으로 연결하여 선체를 들었을 때에는 이동이 대단히 어렵다. 그러므로 병렬형태로 연결하는 것을 예상한 것 같다. 이동은 대형예선 2척+중형예선 3척과 도선사가 필요하다. 창조류를 이용하여 이동한다.

만조시 수심 23m 지점(해도 상 수심 20m 지점)에서 잠시 쉬어 수면에서 선체를 5미터 끌어올리고(수면에서 선체의 가장 높은 부분이 5미터) 최대한 낮은 곳으로 이동한다. 이론상 (선폭이 22m이고 5m를 끌어올리고 밀물이니까 3m를 더하여 선폭에서 뺀다) 해도 상 수심 14m 지점까지 이동시킬 수 있다.

수중무게 8,400톤을 화물제거나 부력보강을 통해 대폭 삭감하고 크레인은 1대만 사용한다. 세월호에 구멍을 뚫지 말고 선미를 닻으로 고정하고 크레인으로 선수를 들어 올려서 결박하는 것이 낫다. 해도 상 수심 17m 지점 부근(21~14m)까지 이동해야 플로팅 독 운용이 편하며. 이동방법은 예선과 도선사를 활용한다.

마지막으로, 필자가 기획한 방안으로 2014년 5월 관계부처에 건의한 인양방법이다. 즉, 선체를 뉘어 있는 상태로 결박하여 수면 하까지 크레인으로 끌어올리고 크레인과 침몰선박을 함께 도선사와 예선을 사용하여 수심이 낮은 곳으로 이동하여 해저 면에 놓고, 플로팅 독을 지면에 붙여서 선체와 가깝게 설치하고, 크레인으로 선체를 들어 플로팅 독에 올리고, 플로팅 독의 균형을 체크한 후 점차 부상시킨다. 이 방안은 선체인양을 위한 해수부안과 거의 같다. 이 방안의 장점은 선체인양을 4개의 전문분야로 분류하고 각 전문분야에서 일상적으로 수행하는 활동을 조합한 방안이라는 점이다. 또한 조류, 부력, 조석을 이용하는 것이며 인양절차가 진행될수록 난이도가 떨어지는 장점이 있고, 인양소요시간을 최대한 줄여서 위험노출을 극소화하였다.

필자가 기획한 방안과 해수부안 간 차이점은 리프팅 홀(lifting hole) 93개를 뚫지 않는다는 점이다. 이 구멍작업을 하려면 시간이 많이 소요되고 선체절단의 위험이 커지고 선체 위쪽을 잡으니까 정밀한 조종이 어렵고, 잠수사가 위험에 노출된다. 선체는 정 위치로 있을 때 가장 견고하며 그 경우에도 골격부분을 이용하여 선체를 결박한다. 선체가 뉘인 상태에서 리프팅 홀을 뚫으면 선체절단의 위험이 있다 선체가 뉘인 상태에서는 반드시 골격부분을 이용하여 선체를 둘러싸서 결박하여야 위험을 줄일 수 있다. 침몰 지점은 뻘, 암반, 쇄설물로 구성되어 있고 수심이 깊으니까 결박작업을 하기 어려워서 리프팅 홀을 뚫으려고 한 것이다. 이 리프팅 홀을 뚫는다는 것은 계약경쟁상 제스처라는 이야기가 떠돈다. 정신없는 사람이 아니면 리프팅 홀을 뚫으려 하지 않는다는 이유였다. 수중에서는 가급적 용접, 절단, 파공 등의 작업을 줄여야 한다. 리프팅 홀을 뚫지 말고 그 대신 선미부분을 닻으로 고정하고, 선체 머리부분을 크레인으로 약간 들어 올리면 그 틈새로 체인작업을 할 수 있다. 이것을 몇 번 반복하면 선체의 골격부분에 정확히 체인을 감을 수 있다. 그 외에도 탱크의 물을 빼면 부력을 보강할 수 있고 선미부분의 화물을 제거하거나 부력 보강재를 사용할 수도 있다. 해수부 안은 선체의 이동에 대하여 언급이 없는데 만약 2대의 크레인을 대향하는 형태로 조합하여 선체를 들어 올리면 선체와 크레인을 함께 이동시키기가 거의 불가능하다.

〈제안하는 방법〉

뉘어 있는 선체를 뼈대 위치를 중심으로 결박하고, 선미부분이 무거우므로 부력을 보강한다. 삼성5호 크레인으로 수면근처까지 끌어 올리고 크레인 양쪽에 대형예선 2척을 붙이고 앞쪽에 소형예선으로 인양선체를 끌어 선체와 크레인이 충돌하지 않도록 하여 수심 17m 지점으로 이동한다. 약 3km 정도 이동하면 적당한 장소가 있다. 이동로 도중에 암초가 없어야 하고, 도착 장소는 평평하고 옆에 플로팅 독을 바닥에 설치하기 좋아야 하며, 밀물 때 이동하면 부력을 최대한 활용할 수 있다. 선체를 바닥에 놓고 바로 옆에 플로팅 독을 침하시켜 바닥에 붙여 설치하고, 크레인으로 선체를 들어 독 위에 놓은 뒤 플로팅 독의 무게중심을 보정한다. 그 후 부력으로 상승시키고 예선으로 끌고 삼호조선으로 간다.

수면 위로 끌어올리지 아니하므로 크레인 용량이 충분하며 리치도 문제가 없다. 수중에서 부력을 받기 때문에 결박체인이나 선체도 절단위험을 피할 수 있다. 예상이동거리는 3킬로 정도이고 인양시작에서 장소 도착까지 시간이 많이 소요되지 아니하므로 밤이 오는 것을 피할 수 있다. 플로팅 독은 24m까지 침하가 가능하므로 밀물 때 선체를 이동하고 도착지 부근에서 약간 들어 올리면 수심 17m 지역까지 이동시킬 수 있다. 선폭은 22미터이므로 선체의 높이는 뉘인 상태의 선체의 폭에 해당하고 이는 플로팅 독에 충분히 넣을 수 있다.이 모든 작업을 모두 국내장비와 기술로 가능하다.

"선체를 결박하고, 수중에서 선박을 정 위치로 변경한다. 선체를 수면 상까지 끌어 올리고 수면 상에서 배수작업을 시행한다. 배수작업이 끝나면 크레인으로 선체를 공중으로 인양하여 바지선 위에 올려놓는다." 이 방법은 배수작업 후 선체의 무게가 13,000톤 정도이므로 국내크레인을 사용하여 작업을 할 수가 없다. 크레인을 중국에서 임차해야 하는데 시간을 맞추기 어렵고 비용이 많이 소요된다. 그 크레인은 놀고 있는 것이 아니기 때문이다. '수중에서 정 위치 변경'에 그리고 배수작업에 시간이 소요되어 밤을 지낼 것이 예측되고 외력의 영향을 받게 된다. 크레인을 조합하여 운영하는 것은 상당히 어렵고 작은 크레인의 리치가 문제가 될 수 있다.

선체를 높이 인양하는 것을 피하기 위하여 플로팅 독을 수중에 떠 있도록 한 뒤 그 위에 선체를 거치하는 방안이 제기된다. 그러나 플로팅 독이 수중에 떠있을 때에는 그 위에 선체를 거치하기가 대단히 어렵다.

제안된 방법에 따른 비용계산은 크레인선과 플로팅 독을 용선하고 예선 3척을 용선하여야 한다. 기타 임차장비에 대하여 실비를 지급하고 감사장 기타 간접광고를 지원한다. 잠수인력과 수색인력은 해군 및 해경을 활용하고 수당과 표창장을 지급하고 해양조사선, 해군장비, 해양과학기술원 등의 장비는 협조 요청하여 사용한다. 그 경우 선체인양에 소요되는 총 비용은 약 400억원이다.

6) 선체인양 작업과정

(1) 본 저자의 제안

첫째, 사전작업 및 결박을 실시한다. 기름 제거, 화물 제거, 유출방지그물막 설치, 부력보강 및 조정 등을 한 뒤 선체를 감싸 안아서 결박하되 선체 골격부분을 이용한다. 물론 해저 면에 암반부분이 있으므로 선체의 골격부위에 결박하기 곤란할 수도 있다. 리프팅 홀을 뚫으려면 시간이 많이 소요되고 그 홀을 이용하여 선체를 결박할 경우 움직임이 불편하므로 리프팅 홀을 뚫는 것은 되도록 자제한다. 부력보강은 먼저 선체의 탱크를 활용하여 실행하고 부력보강재를 투입할 수도 있다. 선미부분의 화물을 일부 제거하거나 선미부분의 부력을 보강해야 균형유지를 할 수 있으며 전체 무게를 감소시킬 수 있다.

둘째, 크레인을 이용하여 수면 하까지만 인양한다. 삼성 5호(8000톤) 또는 현중 크레인(10,000톤) 중 1척을 이용하여 실행하되, 크레인의 인양 최대높이, 리치, 각도, 여유 공간, 인양 줄의 개수를 고려한다. 만약에 부력보강을 하거나 화물을 제거할 경우 수중의 선체무게는 약 5000톤으로 줄어들 수 있을 것이다.

셋째, 도선사 및 예선을 이용하여 (크레인선 및 선박)을 3킬로 정도 이동한다. 이때 크레인선에 예인보조대를 용접한다. 선체를 정 위치로 변경하지 않고 뉘인 채로 이동한다. 그리고 '예선 1만마력 2척+중형예선 1척' 또는 '대형예선 2척+중형예선 3척' 중에서 택일하고 도선사와 예선운용팀을 함께 투입한다. 광양항에서 도선사와 대형예선을 차출하여 사용한다.

넷째, 수심 17m 해역(밀물 때 20미터) 근처에서, 선체를 좀더 들어 올려서 선체를 최대한 낮은 수심으로 이동한다, 플로팅 독 작업을 해야 하므로 가급적 평평한 장소이어야 하고 충분한 공간이 있어야 한다. 침몰장소로부터 대략 3킬로 지점에 적당한 장소가 있다.

다섯째, 플로팅 독을 선체에 붙여서 수심 20미터 지점의 바닥에 설치하고 크레인으로 들어서 플로팅 독에 올려놓는다. 삼호조선의 플로팅 독은 24미터까지 들어가므로 수심 21미터 이내의 해역에서 24시간 조석의 영향을 받지 않고 작업을 할 수 있다. 선체가 뉘어 있으므로 플로팅 독의 세로로 진입해야 인양거치가 용이하다. 정확한 위치파악이 어려우므로 발신기 등을 이용하는 것을 고려해야 한다. 거치가 완료되면 플로팅 독의 기능을 이용하여 균형을 잡고 부족하면 돌이나 금속 망태를 이용하여 균형을 보완한 뒤 플로팅 독을 부양시킨다.

(2) 검토사항

선체에 리프팅 홀을 많이 만드는 것은 선체절단의 위험이 있고 선체인양시 균형을 잡는데 어려움이 있다. 리프팅 홀은 한 개당 1주일 정도 소요되는데 구멍을 뚫는 데만 93주가 소요되면 곤란하다. 크레인을 여러 개 조합하여 사용하면 조정이 어렵고 위험하다. 선체를 들어올려 수중에 있을 때에 시신을 수습할 목적으로 잠수사를 투입하면, 선체가 조류의 영향을 받아 움직이게 되므로 부직질하다. 또 그물막을 제거 및 설치해야 하므로 시간이 소요된다. 선체이동은 조류를 타고 하는 것이 바람직하다. 선박과 크레인이 충돌하지 않도록 중형예선을 배치하여 잡아당기고, 크레인선 양측에 예선을 배치하여 도선사가 이동을 지휘하도록 한다. 밀물 때 중간 장소(수심 20~17미터)에 도착하면 3미터를 아낄 수 있고 선체 폭이 22미터이므로 선체를 수면 위로 5미터 정도 끌어 올리면(28미터 혹은 25미터~22미터) 6~3미터 정도의 여유가 있게 된다. 적절한 중간 장소가 침몰지점으로부터 3킬로 이내에 있다. 만조시 중간지점에 선체를 적치하고 썰물에 맞추어 신속하게 플로팅 독을 바닥에 설치하여, 신속하게 선체를 플로팅 독에 올리고 균형을 잡아 천천히 부상시킨다. 국민과 기업은 재난극복에 기여할 의무가 있으므로. 예선, 도선사, 크레인선, 플로팅 독, 바지선, 결박요원, 수색요원에 대하여 명령으로 인양업무를 실행하고 실비제공, 광고노출허용, 감사장(표창장), 기타 명예 등으로 대가를 지급한다.

③ 콩코르디아호 인양사례

이탈리아에서 2년 6개월 전에 침몰한 쿠르즈 선박 콩코르디아호의 인양행위가 시작되었다. 침몰 직후부터 인양준비를 해 왔고 이제 실행을 하는 것이다. 인양비용은 약 1조 5,260억원이다. 이 선박은 11만 4,500톤이며 길이는 290미터이다. 이 선박의 인양이 주목을 받는 것은 세월호 인양과 겹쳐지기 때문이다. 그런데 이 선박의 인양은 세월호 인양과 상당한 차이가 있다. 콩코르디아호의 인양비용은 보험사가 지불한다. 세월호도 선체보험을 가입하였다. 그러나 금액이 적고 손해배상준비금이 부족하므로 어차피 국고가 인양비용을 부담한다. 만약 국가나 해운회사가 콩코르디아호 인양비용을 직접 지불한다면 이러한 비싼 방법을 선택하지 않는다.

콩코르디아호의 좌초지점이 고래보호구역이어서 환경당국이 인양방법을 제약하였다. 선주 및 보험사가 이 방법을 선택할 수밖에 없었다. 이러한 인양방법의 제한은 엄청난 비용의 지출을 강요한 것이다. 세월호 침몰지점은 환경보호구역이 아니고 설사 환경보호구역이어서 해수부가 고비용 인양방법을 강요했다고 하더라도 청해진해운이 망해서 강요당할 사람이 없는 것이다. 보충적으로 국가가 선체인양을 하여야 할 때에는 싼 방법을 선택하여야 한다.

이 선박이 2년 6개월의 준비기간을 거친 뒤 인양을 할 수 있었던 것은 시신수습, 부상자 및 유족지원, 책임자처벌, 배상재원확보, 배상절차, 배상기준액 결정, 재발방지대책 등이 선체인양과 상관없이 질서있게 진행되었기 때문이다. 또 회사가 망하지 않았고 선주가 회사에서 돈을 빼먹지도 아니하였다.

우리나라는 시신수습, 부상자 및 유족지원, 책임자처벌, 배상재원확보, 배상절차, 배상기준액 결정, 재발방지대책 등 무엇하나 제대로 진행되지 않는다. 청해진해운은 망했고, 유병언은 도피했고, 유족들은 단식하고, 모든 사람이 거칠고 타협할 줄을 모른다. 사회분위기에 편승하거나 악용한다. 그러므로 엄청난 간접비용을 지출하게 되는데 우리나라 사정 하에서 2년 6개월 동안의 간접비용을 추정하면 약 36조원이 나온다. 우리에게 주어진 인양시간은 대단히 짧고 실행속도도 신속해야 한다. 비용을 줄이려면 다른 방법은 없다.

콩코르디아호는 침몰 직후에 연료유제거, 인양준비용 구축물 설치시작, 인양비용계산과 조달, 인양방법 결정 등 인양준비를 했다. 우리나라는 시신수습만 했고 다른 것은 생각할 여유가 없었다. 콩코르디아호를 인양할 때 1조 5,260억원, 2년 6개월이 소요되었으므로 세월호도 1,080억원, 380일이 소요되는 인양방법을 선택한다고 하는 것은 아니 된다.

제 4 절 행정상 부작위범의 처벌

1 행정상 부작위범의 의의

세월호 사고와 관련하여 행정상 작위범, 행정상 부작위범, 형사상 작위범, 형사상 부작위범의 처벌을 모두 고려해야 하지만 여기서는 행정상 부작위범만을 살펴보기로 한다. 세월호 사고수습은 무엇보다도 신속성과 합리성을 구현해야 하는데 행정상 부작위범을 방치하면 효율적인 사고수습 체제를 구축하기 어렵다. 어떤 공무원 또는 사람이 해야 할 일을 지속적으로 하지 않아 오랜 세월 동안 부작위 사례가 쌓여 세월호 사고가 발생했음에도 불구하고, 사고수습만 하고 행정상 부작위를 제거하지 않으면 유사사고가 또 다시 발생할 수 있다. 특히 행정상 부작위범은 특징상 범죄의식이 없거나 희박하고 여러 사정이 결부되어 오랫 동안 유지되어 온 경우가 많다. 또한 조직의 분위기 상 부작위가 쌓여 있는 경우가 많아 조직 구성원이 관성적으로 부작위를 범하는 사례가 많다. 따라서 경각심을 불러일으키는 조치를 취하지 않을 경우 시간이 조금 지나면 옛날 관성대로 부작위를 범하게 된다.

문제는 부작위를 범한 인력이 사고수습과 관련해 많은 전문지식과 경험을 가지고 있어 사고수습 과정에서 배제하는 것이 쉽지 않다는 것이다. 만약 다른 인력을 모아서 사고수습 조직을 구성하면 상당한 훈련기간이 필요할 것이고 결국 시간을 지체하게 된다. 그렇다고 해서 행정상 부작위범과 관련된 인력을 사고수습의 중요결정에 참여시키면 잘못을 감추려 하거나, 관성을 갖고 평상시의 업무태도를 갖거나, 시간, 예산타령을 하거나, 자기 그룹의 잘못을 감추기 위해 유족과 타협하는 일이 발생하게 된다. 따라서 이러한 부작위범에 대해 전문지식 및 경험은 활용하되 중요 의사결정과정에는 배제하는 등의 적절한 조화를 이룰 수 있을 때 사고수습이 효율적으로 이루어질 수 있다.

1) 행정상 부작위범의 분류

광의의 행정상 부작위범은 행정상 의무의 존부, 능력의 여부, 그리고 행위 여부 등 세 가지 기준에 의거해 8가지 범주로 분류될 수 있다. 협의의 행정상 부작위범은 '행정상 의무가 있고 할 수 있었는데도 불구하고 행위를 하지 않은 경우'에 한정된다. 문제는 행정상 의무의 존부를 판단하기가 사실 매우 모호하다는데 있다. 장관의 경우 포괄적으로 책임을 부담하지만, 이하 직급의 공무원들은 어디까지 행정상의 의무를 부담해야 하는지가 명확하지 않은 경우가 많다. 즉, 그들의 의무를 정하는 규정들이 없거나 빠져버린 경우도 있고, 상충되는 규정이 있거나, 그런 규정이 있어도 오랫동안 관행으로 지켜지지 않았거나, 그 의무를 실현시킬 수단이 없거나, 의무를 실현할 시간이 없거나, 의무가 있었는데 이미 퇴직했을 수도 있다. 그러므로 외부에서 구체적 사람이나 직위에 대하여 행정상 의무의 존부를 판단하기 곤란하다.

능력 여부에 대하여도 모호하기는 마찬가지이다. 업무를 처리하려면 개인의 능력, 권한, 의사, 시간, 재원, 인력, 업무계획 등이 필요하다. 특정 공무원에게 "당신은 이 일을 할 수 있었다"고 하면, 그 공무원은 "권한이 없었다"거나 "예산이 없었다"거나 "인력이 없었다"거나 "업무계획에 그런 것이 없었다"고 하거나 그때 "병들었다"고 하는 등 많은 이유를 댈 수가 있고, 그 공무원의 의사는 외부에서 알 수가 없다.

행위의 존부를 판단하는 것도 비록 간단해 보이기는 하나 실상은 그렇지 않다. 왜냐하면 특정한 행위가 행정상 의무에 충분히 부합하는가와 특정한 행위가 행정상 의무에 부합하더라도 적시에 이루어졌는가에 관한 문제가 남기 때문이다. 예컨대 선박사고를 방지할 의무가 있었는데 "선박사고 방지를 위한 토론회"를 개최했고 그 후에 선박사고가 발생한 경우에는 행정상 의무에 부합하는 행위를 하였다고 판단할 수 있을까? 물론 토론회를 아예 안하는 것보다는 낫겠지만, 행정상 의무에 부합하는 행위를 했다고 판단하기는 곤란하다.

2) 행정상 부작위범의 처벌 원칙

행정상 부작위범을 처벌하지 않으면 사고를 일으키게 된 구조를 변경할 수 없다. 행정상 부작위범을 처벌하는 원칙은 ① 상사를 먼저 처벌해야 한다. 즉, 장관을 문책하여야 한다. 장관이 재원, 인력을 규정하였고 업무우선순위를 정했으므로, 장관을 처벌하지 않고서는 그 장관의 명령에 따른 부하를 처벌할 수 없는 것이다. ② 행정상 부작위범이 발생하는 환경 및 분위기가 문제이므로 신속하고 광범위하게 불이익처분을 하여야 한다. ③ 처벌의 정밀성을 따질 시간적 여유가 없으므로, 사고가 발생하면 무조건 일률적으로 징계한다. ④ 증거가 불충분하고 책임이 모호한 부분이 있으므로 어쩔 수 없이 가볍게 처벌한다. ⑤ 부작위범에게 복구기회를 부여한다. 즉, 사고수습에 공을 세우면 불이익 처분을 면책한다. 처벌의 종류로는 승진 불이익, 타부서로 전보, 당분간 직위해제, 일정기간 인사혜택 금지, 근무성적평정의 하위점수 부여 등이 고려될 수 있다.

2 선원근로감독

1) 개 요

세월호 사고 때 선장 및 선원이 승객구조의무를 버리고 먼저 선박에서 나왔고 선장 및 선원에 대한 윤리문제가 제기되었다. 그리고 이와 더불어 선장 및 선원의 열악한 근로조건 문제가 동시에 제기되었다. 기본적으로 책임을 요구할 때는 그만한 보수를 보장해줘야 하지만, 세월호의 선장 및 선원에게는 적절한 보수가 지급되지 않았다고 볼 수 있다. 결국 선장과 선원의 노동에 관한 문제를 규정하고 있는 선원법이 있었지만, 선원법만으로는 이를 해결할 수 없었다.

2) 선원근로감독

선원근로감독은 선원법에 근거가 있으며 해수부에서 오랫동안 수행해 왔던 업무이다. 노동부의 근로감독은 노동3법, 근로기준법에 근거하고 상당수의 근로감독관을 확보하여 상당히 잘 운영되고 있다. 선원근로감독은 사실 육상근로감독보다 훨씬 오래 전부터 발달하였고, 국제노동기구(International Labour Organization, ILO)에서도 해사부분이 먼저 발달하였다.[15)]

해운항만청에는 선원과와 노정과가 있었고 선원과는 선원자격과 승무기준을 관장하고 노정과는 선원근로감독을 담당하고 있었다. 노정과는 비율급(보합제)을 사용하는 어선원, 월급제를 채택하는 여객선 및 화물선 선원, 그리고 해외송출선원의 근로감독을 수행하여 왔다. 난이도나 업무량을 기준으로 보면 어선원, 해외송출선원의 근로감독이 어려운 반면, 여객선 및 화물선 선원의 근로감독은 평이하고 큰 문제가 없는 업무이다. 그런데 조직 개편과정에서 해수부는 노정과를 없애고, 대신 선원근로감독에 대한 업무를 노동부에 위탁하는 협약을 체결하였다.[16)] 문제는 선원법은 해수부 소관 법률이므로 노동부가 원칙적으로 선원근로감독을 할 수 없게 되었고, 그 결과 선원근로감독 업무가 공중에 떠버리는 현상이 발생하였다. 그리고 얼마 지나지 않아서 세월호 사고가 발생하니까 선원근로감독 기능의 부재가 가지고 온 혹독한 폐해를 경험해야 했다.

3) 선원근로기준

선장이나 선원이 승객구조의무를 저버리고 먼저 선박에서 탈출하였으므로 「선원법」을 개정하여 벌칙을 대폭 강화하였다. 그런데 이런 벌칙만 강화한다고 해서 선장이나 선원이 승객구조의무를 더 잘 할 수 있을까? 벌칙 강화 이전에 승객구조의무를 잘 수행할 수 있도록 선원근로기준을 상향조정하여 의무이행에 대한 경제적 토대를 보강할 필요가 있다. 월급 250만원의 알바선장에게 승객구조의무를 확실히 하도록 강제하는 것은 좀 곤란하다. 일례로 세월호의 알바선장이 재판 중에 "권한도 없고 보수도 매우 적게 받는데 그에 합당한 정도의 업무는 했다"라고 답변하였다는 것만 보더라도, 처벌만 강화한다고 해서 승객구조의무를 이행하도록 하는데 한계가 있다는 것을 알 수 있다.

세월호사고 이후 "좀 젊고 유능한 선원을 사용했어야 했다"는 말이 있었다. 물론 대학을 졸업하고 충분한 경력을 가지고 유능한 선원이 많이 있지만, 그 사람들은 월급 250만원을 받고 일하지 않는다. 노동의 질은 인건비에 비례하므로, 정부가 안전을 강조하려면 충분한 인건비가 지급되도록 규제를 할 필요가 있다. 선장 및 선원에 대한 처우가 개선되지 않는다면, 결국 유능한 선원이 여객선사업에서 직업을 구하려는 동기가 말라버리므로, 여객선사는 젊고 유능한 선원을 구할 수 없게 될 것이다.

4) 개선 대책

정부는 노정과를 부활시키고 그간 중지되었던 선원근로감독 기능을 수행하여야 한다. 선원근로감독을 하면서 선원의 근로기준을 상향하여 경력과 숙련도 및 책임이 필요한 업무에는 적정 수준의 보수가 지급되도록 하여야 한다. 그리고 이것이 가능하기 위해서는 운임과 요금을 인상하여 인상차액으로 선박의 안전설비를 보강하고 선원의 인건비 상향문제를 해결하여야 한다. 운임과 요금을 적정수준으로 올리지 못하게 막는다면 세월호 사고와 같은 것이 발생할 수밖에 없다.

3 인명구조의 실패

1) 인명구조책임

해양사고가 발생할 경우 일차적인 인명구조책임은 해경이 담당한다. 물론 해수부, 해군, 중대본 등도 간접적인 책임이 있기는 하나, 기본적으로 일차적 책임은 해경에 있으므로, 해경이 인명구조에 관한 모든 권한과 책임을 부담한다. 인명구조는 대체로 급박한 상황 하에서 이루어지므로 현장중심, 현장지휘관 중심으로 이루어져야 한다. 해경지휘부의 지휘책임 역시 한정된 범위에서 부담한다. 해경지휘부는 현장에서 인명구조가 유효하게 이루어 질 수 있도록 예산, 인력, 조직, 교육훈련, 지휘통신체계 확립 등을 준비하여야 한다. 그러나 선체결박을 위한 수중활동, 시신수습, 선체인양 등 구난 등에 대하여는 해경이 직접적 책임을 부담하지 않는다.

2) 인명구조의 실패

감사원(2014)은 "세월호 구조과정에서 정부당국의 초동대응은 총체적 부실이었다"고 기술하고 있다. 정부의 구조태세는 잘 되어 있지 않았는데, 구체적인 내용을 살펴보면, ① 세월호가 항해했던 항로에는 200톤 이상의 중형함정이 배치되었어야 했지만 중국어선 불법조업 특별단속 등의 영향으로 123정(100톤급)이 해역경비를 담당하였다. 123정은 사고 당시 현장 지휘함정으로 지정되었지만 정원 13명(구조 가능 인원 9명)에 불과할 뿐만 아니라 위성통신장비 등을 갖추지 않아 사고대응능력이 떨어졌다. ② 사고의 조기파악과 관련하여 진도VTS는 세월호가 급변침한 8시 48분경 모니터를 통해 사고가 발생했음을 파악할 수 있었음에도 이를 파악하지 못했고 9시 6분이 되어서야 목포해경으로부터 연락을 받고 사고 발생 사실을 알았다. 당시 진도VTS는 관제사 2명이 2개 섹터로 나누어 관제를 해야 했지만 1명이 2개 섹터를 모두 담당하는 변칙근무를 하였다. ③ 구조당국은 세월호에 연락해 승객들을 갑판에 집결하게 한 뒤 퇴선을 유도할 수 있는 기회를 놓쳤다. ④ 123정은 세월호와 연락하지 못했으며 진도VTS는 사고 초반 세월호와 교신하여 상황을 파악했으면서도 관계당국에 해당내용을 전달하는데 소홀했다. ⑤ 구조당국 내부의 상황전파와 관련하여 해경은 8시 58분 출동명령을 내렸지만 배에 얼마나 많은 사람이 타고 있는지 얼마나 침몰했는지에 대한 내용을 알리지 않았다. 그 결과 사고현장에 있었던 구조관계자 중 일부는 세월호가 침몰한 뒤에야 배 안에 사람이 300명 넘게 있었다는 사실을 알게 되었다. ⑥ 목포 122구조대는 상황대기함(513함)이 준비돼 있는데도 버스로 팽목항으로 이동해 어선에 올라 현장에 도착했다. 122구조대가 513함을 탔다면 1시간 10분 가량 빠른 11시 10분경에 사고현장에 도착할 수 있었다. 서해해경청 특공대도 이동수단을 파악하지 않은 채 목포항으로 이동했다가 탈 수 있는 배가 없다는 사실을 확인한 뒤에 전남경찰청 헬기를 수배해 출동하였다. ⑦ 9시 30분 현장에 도착한 123정은 승객들의 즉각적인 퇴선이 필요했음에도 선실에 진입하여 승객의 퇴선을 유도하는 등의 적극적 조치를 취하지 않았으며 다수의 승객이 선내에 남아있다는 사실도 뒤늦게 보고했다. 또 선장과 선원을 구조한 직후에도 구조된 선원들이 휴대한 무전기를 이용해 선내에 남아있는 선원들과 연락해 승객퇴선유도 방송을 했을 경우 승객들이 빠져나올 기회를 만들 수 있었지만 이를 활용하지 않았다. 이는 구조 활동의 실패를 의미하였다. ⑧ 중대본 또는 안전행정부는 사고 상황이나 구조자원을 파악하기보다는 언론브리핑에 집중했으며 그나마 부정확한 내용을 발표하여 혼선만 초래했다.

3) 상황과 대응

세월호 초동대응과 관련하여 적절한 지휘 및 조치만 하였으면 피해를 극소화할 수 있는 상황이 있었음에도 불구하고, 행정상 부작위로 인해 구조 기회를 일실하고 말았다. 안타까운 상황들을 구체적으로 살펴보면, ① 8시 48분에 세월호가 급변침하였고, 진도VTS에서 근무가 제대로 이루어졌다면 모니터를 통해서 당시 상황을 파악할 수 있었다. ② 세월호 침몰현장에 가장 먼저 도착했던 유조선 둘라에이스호 선장 문모(62)씨는 세월호 조타실에 있는 승무원에게 무선을 통해 "승객들을 지금 탈출시키면 구조하겠다. 빨리 탈출시키십시오"라고 했으나,[17] 이준석 선장은 끝내 퇴선명령을 내리지 않았다. 이때 퇴선명령이 있었다면 피해를 극소화할 수 있었다. ③ 9시 4분에 세월호 승무원 강씨가 122 긴급전화로 목포서에 신고해서 "선체가 40도 기울었고 선내에서 움직이지 말라고 방송하고 있다"고 말했고 이때 해경(목포서 무경장)은 퇴선지시를 했어야 했다. ④ 9시 7분에 진도VTS는 세월호와 교신을 하였고, 그때 선장에게 퇴선명령을 지시했어야 했다. ⑤ 9시 17분경 세월호가 진도VTS에 문의했는데 "지금 50도 이상 좌현으로 기울어져 사람이 좌우로 움직일 수 없는 상태"(9시 17분)라며 "승객을 탈출시키면 구조가 바로 되겠느냐"(9시 24분)고 했다. 진도VTS는 서해청 상황실에 비상탈출 여부를 문의했고(9시 25분), 상황실은 "현지사정을 잘 아는 선장이 판단할 사항"이라고 결정권을 미뤘다. 선박의 외부상황을(구조준비 여부) 물어본 것이므로 진도VTS나 서해청은 "구조준비가 되었으니 탈출시키라"고 했어야 했다. ⑥ 9시 30분경 해경 항공구조단 소속 특공대원이 탑승한 헬기가 도착했는데 '탈출 안내방송'을 하지 않았다. ⑦ 9시 30분에서 35분경 123정이 도착했는데 선내에 진입하여 승객을 구조하거나 최소한 퇴선유도를 할 수 있었다. 123정은 라이프 재킷을 입고 해상에 떠있는 승객이나 갑판의 선원을 구출하는 것은 어선이나 상선에 맡기고 선실에 갇혀있는 승객의 구조에 집중했어야 했다. ⑧ 10시 17분경 선실에서 마지막 카톡 메세지가 도착했으므로 이때까지는 구조가 가능했다. ⑨ 11시 24분경 잠수대원이 있는 목포해양구조대는 차를 타고 진도로 간 뒤 어선을 이용하여 현장에 도착했는데, 세월호는 이미 선수만 남기고 침몰한 뒤였다.

4) 인명구조의 성공조건

사실 인명구조는 생각보다 어렵다. 우선 신속하고 정확한 신고를 수리하여야 하는데 부정확한 신고, 장난신고, 허위신고가 많다. 단원고 최모 학생이 전화신고를 했는데 해경이 사고지점을 확인하기 위하여 위도·경도를 요구하였고 학생은 알 수가 없었다. 즉, 신고자와 접수자의 언어가 서로 통하지 못한 것이다. 또는 신고처를 모르는 경우도 있었다.

해경 내부의 상황전파도 만족스럽지 못했다. 해경은 상시 준비태세를 갖추고 있었어야 했는데 장비, 인력, 충분한 훈련, 경험 및 예산 등이 많이 부족했다. 구조대가 신속하게 현장에 도착했어야 했는데 늦게 도착했을 뿐만 아니라 도착한 구조대가 적절한 장비, 훈련된 인력, 구조경험 등에서 부족했다. 인명구조를 지휘할 현장지휘관이나 해경지휘부는 상황판단, 지휘능력 및 책임감, 통신 및 정보공유, 상황대응 가이드라인 측면에서 너무나 뒤떨어졌다. 그리고 해경청은 위 여러 가지 사항을 뒷받침할 조직, 예산, 기획 등 부분에서 업무를 태만히 하였다. 또한 인명구조에 집중하여야 함에도 불구하고 현장지휘권 독점에 더 많은 관심을 가졌고 다른 선박이나 어선 등의 구조 활동을 결과적으로 제약했다. 아마도 승객의 인명보다는 구조대의 안전을 더 중시했는지 모르겠다. 인명구조는 원래 리스크가 있는 업무인데, 모든 국민이 보고 있는 상황에서 아무런 조치가 없었고 많은 승객이 사망했으므로 국민의 실망이 분노로 바뀐 것이다. 인명구조는 많은 요소들이 모두 갖추어져야 성공할 수 있는 것이므로 상당히 어려운 업무이다. 설사 그렇다고 하더라도 철저한 준비를 하지 못한 해경지휘부는 입이 열 개라도 할 말이 없다. 그리고 이러한 해경지휘부로 하여금 사고수습을 담당하게 한 것은 잘못한 것이다.

4 해경청의 해체

1) 해경청의 임무와 업무수행

(1) 해경청의 변천 과정

해경은 해상경비, 해난구조, 해상교통 안전관리, 해상범죄의 예방단속, 해양오염에 대한 감시 및 방제, 해상밀입국 단속업무를 관장한다. 해양경찰청장은 치안정감으로 임명하고, 그 아래에 경비안전국, 정보수사국, 장비기술국, 해양오염방제국을 두었으며 3개의 지방해양경찰청과 그 소속 13개 해양경찰서를 두었다. 정부는 일본어선의 불법어로 사례를 방지하기 위하여 1953년 12월 14일 해양경찰대 편성령을 제정하고 내무부 치안국 소속의 해양경찰대를 창설하였다. 1955년 2월 7일에는 상공부 해무청으로 소속이 변경되고 명칭도 해양경비대로 변경되었으며, 1962년 4월 3일에는 해양경찰대설치법 제정으로 내무부 소속기관으로 다시 변경되었다. 1991년 8월 1일에는 경찰청 발족과 더불어 경찰청 소속기관으로 변경되었다. 1996년에는 해양행정체제 일원화 차원에서 해양수산부가 발족하면서 해양수산부 외청으로 독립하였다. 해양경찰청장의 계급은 차관급인 치안총감으로 격상되었다. 2008년 2월 29일에는 조직개편으로 국토해양부 소속의 외청으로 되었다가 2013년 2월 다시 해양수산부 소속으로 이관되었다. 2014년 11월에는 정부직제개편에 따라 국민안전처가 신설되었고 해경은 2014년 11월 18일까지 업무를 종료하고 해양경비안전본부로 조직, 직제를 변경하였고 국민안전처 소속이 되었다.

해양경찰의 해체로 해경의 형사, 수사, 정보, 보안, 외사 등 정보수사 기능이 경찰로 넘어갔다. 정보수사국이 경찰로 이관됨에 따라 해양경비안전국, 해양오염방제국, 장비기술국은 국민안전처 해양경비안전본부로 편입되었다. 본부인원은 426명에서 257명으로 축소되었으며 담당 업무는 별 차이가 없다.

(2) 세월호 사고 당시의 해경의 무능한 대처

세월호 사고 당시 방송화면은 해경이 해난구조에 무능한 조직이었음을 명백히 보여주었다. 모든 국민이 화면을 보고 있는 상황에서 해경은 아무 것도 하지 않음으로써 국민을 실망시켰으며 많은 학생이 희생되었다. 헬기는 왔다가 그냥 돌아갔고 해양경찰의 단정에는 해난구조에 필요한 장비가 하나도 없었으며 요원들은 훈련이 되어 있지 않았다. 구난신호를 늦게 받았고, 구난요청 전화를 받고도 사고위치의 좌표를 물어보는 것으로 보아 의사전달 체계도 큰 문제가 있었음이 드러났다. 123정은 그래도 현장에 빨리 도착한 것이었고 다른 단정은 오지도 않았다. 해양경찰 수뇌부는 해양에 대하여 잘 모르는 사람들이었고, 승객의 인명구조보다 해양경찰의 안전을 더 중요시한다는 느낌을 주고 말았다.

2) 해경청의 해체 이유에 대한 저자의 의견

(1) 구조 구난의 실패

2007년부터 2011년까지 전체 해양사고 구조율은 5년 평균 95.8%로 1,176척을 구조하였고 사람 수를 기준으로는 7,188명을 구조하였다. 그 중 해경이 구조한 비율은 75.1%로 883척, 5,106명이었고, 어선이 구조한 비율은 3.7%. 민간자율구조대가 구조한 비율은 8.2% 자력으로 구조한 비율은 10.5%이었다. 전체 해양사고의 구조를 선박규모별로 분류하면 20톤 미만 선박이 65.7%, 20톤~100톤 사이의 선박이 29%이었다. 해경이 구조한 비율이 75.1%인데 이것은 상당히 높은 편에 속한다. 문제는 세월호와 같은 대형선박의 구조를 위한 장비, 인력, 재원이 준비되지 않았다고 생각된다. 2011년 부산제주 카페리선 설봉호가 여수해역에서 화재가 발생하였는데 해경직원들이 불타고 있는 선박에 진입하여 승객 120명을 전원 구출한 사례가 있고 천안함 사고 때에도 상당한 승조원을 구출한 바 있다. 다만, 세월호 사고 때에는 승객을 구출하는데 실패하였다. 헬기로 온 구조대가 준비를 해 와서 선내에 진입했더라면, 구조대가 더 빨리 올 수 있었으면, 123정이 준비를 해 와서 선내에 진입했더라면, 진입해서 승객 일부라도 구출하였거나 구출하지 못했더라도 최선을 다하는 모습을 보여주었더라면 해경에 대한 평가가 달라졌을 것이다.

구난과 관련하여 구난업은 옛날부터 비즈니스 형태로 발전하였다. 인명구조는 국가의 업무이나 구난은 원칙적으로 국가의 업무가 아니다. 재난복구용 구난이나 수로복구용 구난은 국가 업무가 분명하지만, 구난 전체가 국가의 업무가 아니며 국가 업무에 속한 구난을 해경청이 관할하는 것도 아니다. 구난사업을 규정한 '구난업 규정'은 원래 건설교통부에 속한 규정이었다. 구난행위에 돈을 지불할 자는 건교부 수로국, 건교부 공유수면 관리부분, 해운항만청의 해운 및 항만분야, 선주(보험회사) 등이었고 따라서 '구난업 규정'은 건교부가 가지고 있는 것이 타당했다. 1996년 해수부가 설립되고 수로국이 해수부에 편입되었으므로 건교부는 '구난업 규정'을 해수부로 이관하였다. 해수부 설립과 동시에 해양환경업무와 공유수면관리업무를 수행하게 되었는데 이 업무 역시 구난업과 관련이 있었다. '구난업 규정'은 해수부가 가지고 있었어야 했는데 1996년 후반기에 이를 해경청으로 넘겼다. 서해페리호 사고 때에 해군으로 하여금 구난을 담당하게 하였는데 해경청이 구난에 대해 업무영역을 넓히고자 했다. 그런데 해경청이 이 규정을 수난구호법에 통폐합하였다. 수난구호법은 말 그대로 인명구조에 관한 법률이다. 「구난사업법」 형태로 법제를 운용하였으면 구난업도 발달하고 해경의 구난능력도 크게 발전했을 것이다. 그리고 구난업 규정을 「수난구호법」에 편입하면서 구난사업에 대한 규제를 창설한 연유로 재난복원용 구난, 항만운영을 위한 구난, 수로복원을 위한 구난, 해양환경복원을 위한 구난 등은 수난구호법의 구난에서 멀어지게 되었고 선주(보험회사)의 재산회복용 구난만이 수난구호법의 적용을 받게 되었다. 시야나 그릇이 옹색하면 물을 많이 담을 수가 없는 것이다.

구난을 위해서는 설비, 장비, 전문 인력이 필요하다. 구난에 필요한 설비나 장비로는 대형크레인, 플로팅 독, 대형예선, 감압설비를 갖춘 바지선 등이 있는데 우리나라 구난업자는 영세하고 일거리가 계속되지 아니하므로 대형 설비나 장비를 갖추기보다는 임차하여 사용하고 있다. 인력 여건의 경우 해군에서 잠수인력이 배출되므로 상당히 좋은 편이라고 할 수 있다. 그러나 구난기획업무는 취약하다고 볼 수 있고, 이를 보완하기 위해서는 우리나라 구난사업자가 구난경험을 축적할 수 있도록 하여야 한다. 해군은 자신들의 필요에 의하여 잠수인력을 양성하고 구난장비를 도입·운용하고 있는 반면, 해경청은 구난장비, 설비, 인력을 운용하고 있지 아니하므로, 해경청이 구난에 실패했다고 보는 것은 곤란하다. 많은 사람들이 구조와 구난을 혼동하고 해경이 구난을 남낭하고 있는 것으로 오해하고 있을 뿐이다. 오히려 해수부가 구난장비, 설비, 구난인력양성, 해양데이터, 법률 등을 운용하고 있으므로 해수부장관이 중대본을 지휘해야 하는 것이 맞다.

(2) 수사정보 기능에 치중하여 권력기관화 하였다

해경청은 해수부 산하기관이어서 업무상 해수부장관의 지휘를 받게 되어 있다. 그러나 인사운영상 육상경찰 출신을 해경청장으로 임명함에 따라 좀 이상한 조직이 되었다. 육상경찰 출신의 해경수뇌부는 익숙한 정보수사 기능을 중시 및 확장하였고, 그 결과 이에 속한 인원은 840명으로 전체 조직의 10%에 달했다. 특히 정보수사 업무는 아무래도 권력적 업무이므로, 해경청 위상을 세우는 데도 도움이 되었다. 정보수사 업무를 하는 해경청은 해양에서 업무를 수행하기보다는 사업자가 많은 항만에서 업무를 수행하고자 했다. 그런데 항만은 사업자가 많고 돈이 많았지만 이는 주로 해양항만청장 관할이었고, 항만구역에서는 법률, 물리력, 정보, 기술 등을 해양항만청장이 장악하고 있으므로 해경청을 별로 필요로 하지 않았을 뿐만 아니라 필요한 경우 육상경찰이 그 업무로써 관여하였다. 그럼에도 불구하고 해경은 해양으로 나가려 하지 않고 자꾸만 육상으로 들어오려고 했고, 그 결과 육상경찰과 자주 충돌하게 되었다. 육상경찰과 해양경찰간의 업무배분을 살펴보면, ① 해상에서 범죄가 발생하고 해상에서 해경이 범인을 체포한 경우 해경관할, ② 해상에서 범죄가 발생하고 육상에서 해경이 범인을 체포한 경우 해경관할, ③ 해상에서 범죄가 발생하고 육상에서 육경이 체포한 경우 협의 후 육경관할, ④ 육지에서 범죄가 발생하고 해상에서 해경이 체포한 경우 협의 후 육경관할, ⑤ 육지에서 범죄가 발생하고 해상에서 육경이 체포한 경우 육경관할이지만 실제로는 확률이 적다.

해경청은 정보수사권을 남용하여 해경청의 위상을 제고하는데 사용하였다. 해경 수뇌부가 경찰청에서 오게 됨에 따라 해경직원은 해경 수뇌부 및 경찰청에 충성을 하고 해수부의 업무상 지휘를 거부한 적이 많이 있었다. 그리고 그 대응책으로 정보수사권을 남용하여, 해경청이 오히려 해수부 수뇌부의 동향을 감시하거나 해수부 직원이나 해수부 관련 사업자를 이유 없이 감시하거나 수사하기도 하였다. "세월호 구조 구난에 실패했고 수사정보기능에 치중하여 권력기관화 하였다"라는 말은 구난 부분을 제외하면 상당히 설득력이 있다고 판단한다. 그러나 이것이 해경해체를 정당화하기에는 좀 부족한 것이다.

3) 경찰기능과 행정기능(1996년 정부조직법 개정)

1996년에 해수부가 설립되면서 해경청이 함께 설립되었다. 당시에 해경청의 주된 기능에 대하여 2가지 관점이 대립하였다. 해경청의 주된 기능을 경찰로 보고 해경청장은 치안총감으로 해야 한다는 안과 신설조직의 주된 기능을 구조 구난, 해안경비, 해양오염 방제, 해양환경 업무로 보고 그 수장을 별정직 공무원으로 해야 한다는 두 가지 안이 있었다. 후자는 해운항만청, 수산청, 총무처 등의 의견이었는데 유엔 해양법 협약 때문에 해수부 및 해경청이 신설되는 것이므로, 이러한 유엔 해양법 협약에 대응하기 위해 해수부 및 해경청은 위임업무 성격을 가진 구조, 구난, 해안경비, 해양오염방제, 해양환경업무의 수행을 해야 한다는 것이었다. 그러나 전자를 원한 내무부, 경찰청, 해경청 계열은 해경청을 사실상 경찰청의 외청으로 보고 경찰청을 확장하는 개념으로 본 것이다. 그들은 해경청을 경찰청의 인사숨통을 트는 도구로 생각하였다. 해경청장 자격을 치안총감으로 하면 치안정감은 경찰청에만 있고 해경에는 그 만한 고위직이 없으므로 당분간 육상경찰만이 해경청장이 될 것이라고 생각하였다. 또한 해경청 수뇌부의 인사를 장악하면 해경청이 해수부의 업무상 지휘를 받는다고 하더라도 사실상 경찰청의 외청이 될 것이라는 속셈이었다. 치열한 논쟁 끝에 경찰계열의 의견이 채택되었고, 대신에 해수부장관의 해경청장 추천권과 해경 주요간부의 인사 등에 관한 사전협의권을 법령에 규정하기로 하였다. 그러나 실질적으로 그 법령에 규정된 추천권과 사전협의권은 나중에 거의 무력화되었다. 왜냐하면 해수부장관은 해경청장으로 추천할 치안정감인 경찰공무원을 알지 못했고 상부나 행자부는 그런 법령이 있는지 조차도 알지 못했기 때문이다. 그리고 해양경비 인력과 무기 사용 그리고 병력 상한선과 관련된 문제가 논의되었는데, 이것이 해경청장을 경찰공무원으로만 임명해야 한다는 논거가 되었다.

세월호 사고가 발생하고 해경 해체가 논의될 때 해경청의 폐해, 즉 "육경출신만 해경청장에 임명되고 해경청장이 해사제도에 문외한이고, 해수부의 지휘를 받으려 하지 않았으며, 수사정보 기능을 남용하고 구조 구난에 실패하고 구조, 구난, 방제 등에 관련된 예산, 조직, 인력을 미리 준비하지 않았다"는 사실은 1996년 해경청 창설 때에 이미 배태되고 있었던 것이다.

세월호 사고 후 해경의 수사정보 기능 요원 840명을 경찰청으로 이동시키고 해경청장의 자격제한을 해제하여 별정직 등으로 하고 해양재난방제청(해양재난방지는 해수부의 업무이다)으로 명칭을 바꾸며 해수부 소속으로 한다는 의견이 국회에서 논의 되었다. 즉, 기존의 해경은 구조, 구난, 해안경비, 해양에서 위법행위단속(범죄가 해양에서 발생하고 범인을 해양에서 체포했을 때에 한한다), 해양오염방제, 해양환경수임업무 집행 등을 관장하도록 한다는 것이다. 그리고 대규모 인사혁신을 추가하면 세월호 사고의 충격을 완화할 수 있으며 빠르게 사고수습 체제로 전환할 수 있다는 것이 제안이유였다. 이 방안은 결국 1996년 해경청 창설 당시 논의되었던 제안과 같은 것이었으며 유엔 해양법 체제에 적절히 대응할 수 있는 방안으로 평가되었다.

4) 해경청의 해체 및 대응방안에 대한 저자의 의견

해경청을 해체하여 수사정보 기능을 경찰청으로 나머지는 국민안전처로 보내고 그 소속으로 해양경비안전서를 설치하였다. 여러 문제점을 해결한 조직안이었다. 그러나 구조, 구난, 해안경비, 해양에서 위법행위단속, 해양오염방제, 해양환경업무 등은 해수부의 지휘를 받지 않고는 수행할 수 없는 업무이다. 해수부는 해양에 관한 법률, 지식, 경험, 설비, 선박, 인력, 해양데이터, 해양과학기술, 국제공조 등 해양에 관한 모든 것을 관장 운용하고 있다. 국민안전처가 해양경비안전서를 지휘하는 경우 성과를 내기 어렵다. 국민안전처는 원자력사고, 메르스와 같은 전염질환관리, 항공기사고, 화학물질사고, 해상사고 등에 매우 무력하다. 이러한 사고에 대처하기 위해서는 고도의 전문능력과 풍부한 인적 자원, 과학기술, 고가의 시설, 장비를 동원할 수 있어야 한다. 우리나라는 국민안전처로 하여금 이러한 능력과 준비를 갖추도록 하기에는 재원과 인력이 너무나 부족하므로 사실 불가능하다. 국민안전처가 음압설비, 방사능 관련 설비, 또는 화학물질 관련 설비를 갖추려면 돈이 너무 많이 들고 많은 관련 인력이나 과학자를 양성, 고용하기에는 불가능하다. 그러므로 해당 분야의 업계에서 그 비용을 지출하게 하고 사고가 발생하면 일부 대가를 주고 징발해서 사용하는 것이 훨씬 나은 방법이다. 그 외에도 수많은 개별법령을 개정하여야 한다. 정부가 문명발달에 수반된 사고에 대응하는 것을 너무 안이하게 판단하였고 그 어려움을 과소평가한 것이다. 해양경비안전서를 해수부 소속으로 하고 각 부처에 해당 안전국을 설치하고 국민안전처는 기획기능만 하여야 한다.

결국 세월호 사고 이후 국민안전처 및 해양경비안전서 체제가 성립하였는데 구조 구난 업무에 관하여 장비, 인력, 기술면에서 달라진 것이 없다. 예산은 확인되지 않았다. 수사정보업무는 경찰청으로 갔고, 해안경비업무는 달라진 것이 없고, 해양환경업무, 해양오염방제업무, 해상교통관리업무는 지휘체계 불일치로 오히려 불리해 졌다.

5 항만 VTS 이관

1) VTS의 의미 및 운용

선박교통관제시스템(Vessel Traffic Service System, VTS)은 선박교통이 빈번한 항만에서 선박의 안전한 입출항을 위해서 도입되었다. 레이다를 설치하고 무선통신으로 연결하여 운용하며 중계소를 두어 음영구역을 보완한다. 항만 전체와 항만 입구 그리고 항만 인근 해역을 관제한다. 그러나 레이다의 통달거리가 점차 커지고 통신기술이 발달하였고, 국제무역항이 상당히 많아짐에 따라 결국 우리나라 전 연안해역이 관제구역에 포함되게 되었다. 당초의 수로교통은 해도(전자해도 및 네비게이터), 등대, 무인표지시설을 이용하여 수행되었는데 항만입구와 같이 선박교통량이 많으면 그 부분에 한하여 VTS를 도입했던 것이다.

진도VTS는 군산항과 목포항 사이의 거리가 멀기 때문에 공백구역이 존재하고 백야도VTS는 산에 의하여 발생한 음영구역이기 때문에 설치되었다. 이 부근해역은 해도, 등대 또는 무인표지시설 등으로 항해를 할 수 있지만, 해경이 몇 년 전에 이 구역에 VTS를 설치하여 운용하고자 하였다. 당시 해수부는 "VTS는 3교대로 운용되므로 인건비가 많이 들고, 이 해역의 교통량이 많은 것이 아니므로 해도, 등대, 무인표지시설로 커버가 가능하다"고 한 반면, 해경은 백야도VTS가 어선에 대한 서비스를 강화할 수 있으며 진도VTS는 공백 부분을 메울 수 있다고 주장하였다. 결국 해경의 의견대로 2개의 해역 VTS를 설치하고 운영을 하기 시작했다.

해수부의 항만 VTS 운용요원은 항해사나 선장 출신이 많고 대부분 해양계 대학출신으로 선장, 항해사 등과 선후배로 연결되어 있고, VTS 운용요원으로 오랫 동안 근무하여 숙련이 된 후 운용책임자로 승진하였다. 전국 항만에 VTS가 있으므로 승진 및 승임기회도 보장되었고, 도리어 항만입구에는 항상 선박으로 붐비고 매일 관제를 수행하므로 업무가 많아서 걱정이었다. 반면, 해경VTS는 운용요원의 신분이 경찰이라서 선장 및 항해사와 대화가 잘 되지 않을 뿐더러, VTS 운용 경험도 거의 없고 운용요원이 양성되지도 않았다. 해경 내 운용요원은 승진기회가 적기 때문에 직업으로서 매력을 갖기도 힘들고 진도VTS나 백야도VTS는 선박통항량도 적고,

보수도 낮아 근무자들이 매력을 가지지 못했다.

2) 세월호 사고 당시 진도VTS의 문제점

세월호 사고 당시 항해사는 군산VTS와 제주VTS에는 통화 및 보고를 자주 했으나 진도VTS와의 통화는 꺼렸다. 그 이유로는 ① 진도VTS 운용요원이 VTS 운용 뿐만 아니라 선박운항에 대하여 잘 모르고, ② 진도VTS 요원들은 경찰신분이므로 아무래도 고압적인 태도를 가질 가능성이 높으며, ③ 제주VTS나 군산VTS에 알거나 친한 사람이 있었다. 그 결과, 세월호는 제주VTS에 구조요청을 하고, 제주VTS는 진도VTS에 다시 연락하고, 진도VTS는 또 다시 해경구조대에 연락하고 출동하느라 시간이 많이 지체되어 골든 타임을 낭비하고 만 것이다. 진도VTS는 운용 등 업무과정이 미숙하고 요원의 훈련이 되어 있지 않아 세월호 사고방지나 긴급구조에 실패하였을 뿐만 아니라 기본적으로 VTS 운용은 경찰업무가 아니다. 그러므로 세월호 사고 이후에 이를 폐지하던지 아니면 해수부에서 운용하도록 했어야 했다.

3) 정부의 항만 VTS 관리 이전 조치에 대하여

정부는 세월호 사고 이후 선박 사고방지를 위하여 항만 VTS를 국민안전처로 넘긴다는 결정을 하였다. 항만 VTS는 해수부가 선박의 항만입출항을 위하여 오랫동안 운용하고 있었고 그 중요성은 매우 크다. 그럼에도 불구하고 아주 작은 해역 VTS 운용 조차도 실패하였고 운용경험이나 능력, 여건이 되어 있지 않은 해경에게 항만 VTS를 넘긴다고 하니 아무도 그 말을 믿지 않았다. 우리 정부가 아무리 몰라도 사고확률이 10,000배가 증가하는 결정을 할 수는 없을 것이라고 생각하였다. 만일 광양항 같은 곳에서 VTS 운용을 실패하면 한번에 200조원의 손해가 발생할 수도 있다. 왜냐하면 40만톤의 유조선이나 광탄선이 광양항을 많이 입출항하고 있기 때문이다.

세월호 사고와 같은 대형 해난사고를 방지하려면, 진도VTS 운용요원을 숙련된 사람으로 바꾸고 인건비를 더 지급하고 해역 VTS를 추가 증설하면 된다. 이를 위해서는 장비구입비와 인건비가 소요되는데 이를 투입하는 것을 꺼리고, 대신 항만 VTS 시설, 장비, 인력을 빼어내서 유사 해난사고 방지에 투입해버린 것이다. 항만 VTS는 지방해양항만청장이 항만운영을 할 때 눈에 해당하는 역할을 한다. 즉, 지방해양항만청장은 항만 VTS 및 항만관리정보시스템, 항무과, 개항단속반, 예선 및 도선사 그리고 항만공법을 가지고 항만운영을 하는 것이다. 그런데 이러한 항만 VTS를 국민안전처로 옮기게 될 경우 지방해양항만청장은 항만의 선박사고를 방지할 능력이 없게 되고 결국 항만 선박사고를 방지하지도 못하고 사고시 적절한 긴급조치를 할 수도 없다. 또한 항만의 선박사고에 대하여 책임을 부담하지 않을 이유가 되고 만다.

선박사고를 방지한다는 이유로 항만 VTS를 국민안전처로 넘기는 안을 제출한 사람은 해사제도에 대해 아무 것도 모르는 분이고 이런 분은 위와 같은 안을 제출하지 않았어야 했다. 그리고 그 제안을 받아서 심사하는 사람은 이 방안에 대해 해수부나 해사제도를 아는 분에게 의견을 물어보았어야 했다. 해수부장관이 청와대에 찾아가서 항만 VTS를 국민안전처로 넘기는 것을 재고하라고 했더니 Y수석이 "잘 알겠습니다. 그런데 이 건은 이미 대통령께 보고되어 결정되었으니 곤란합니다. 항만 VTS의 50%를 안전처로 넘기고 다음 정권 때 다시 찾아가십시오"라고 하였다. 참으로 무책임한 사람이었다.

광양항은 우리나라 산업을 위한 중추 항만이다. 광양항은 석유화학, 철강, 전력 및 가스 산업이 중국이나 일본에 대하여 우위를 갖게 하였다. 초대형선박을 중심으로 운송체계를 구축한 나라는 우리나라 외에는 없고 동북아에서 광양항과 같은 항만은 없다. 그런데 단점이나 위험도 함께 있다. 양식장이 많고 조류가 부산과 일본 서안으로 흘러간다. 유조선이나 가스운반선 등 선박사고가 발생하면 그 파장을 감당하기 어렵다. 엑손발데즈호 사고피해의 10배에 상당하는 피해가 발생할 수 있다. 사고가 발생한 후 책임소재를 따져보았자 소용없다. 잘 모르면 듣기라도 잘 해야 한다. 항만 VTS는 지체없이 원상회복시켜야 한다.

6 행정상 부작위 처벌사례

1) 해운조합에 대한 부작위 처벌

여객선운항관리는 선사가 제출한 선박검사증서, 선원근로감독결과서(승무원수,

승무자격, 보수지급 여부, 안전위생 등), 고박확인서, 기상 및 해황예보 등을 확인하고 여객선의 출항을 허가하거나 거부하는 공권력적 행위이다. 따라서 운항관리는 국가의 업무이며 국가가 업무수행에 따른 비용을 부담해야 한다. 그러나 세월호 사고 당시에는 여객선사를 규제하는 운항관리자의 인건비를 해운조합 조합원인 선사로부터 돈을 걷어 충당하고 있었다. 이는 사장의 월급을 받는 종업원이 사장을 규제하는 것과 같은 것으로, 애초부터 적절한 규제를 하리라고 기대하는 것은 현실성이 없는 것이었다. 결국 적절한 여객선운항관리는 이루어질 수 없었고 세월호 사고를 방지할 수 없었다.

이러한 여객선운항관리업무를 해태한 해운조합을 처벌하기 위해 여객선운항관리업무를 해운조합에서 떼어내어 선박공단으로 이관하였는데, 이는 적절한 부작위 처벌이 아니다. 처음부터 여객선운항관리업무는 정부가 해운조합의 반대에도 불구하고 강제로 위탁한 업무로 위탁수수료를 거의 주지 않아 해운조합은 이러한 업무를 하는 것을 탐탁지 않게 여겼다. 따라서 여객선운항관리업무를 해운조합에서 떼어내는 것은 해운조합을 처벌하는 것이 아니고 도리어 선박공단을 처벌하는 것이 된다. 선박공단은 선박안전법, 선박법 등에 의하여 설립되었고 안전국, 지방청 해무과, 선박공단, 선박소유자의 구조를 가지고 있다. 해운법 관련조직이 선박공단의 업무범위에 들어오니까 선박공단 직원들이 혼란스러워 하고 그 결과 실제로 유효한 여객선운항관리업무를 할 수가 없다.

〈왜 해운조합에서 여객선운항관리를 하게 되었을까?〉

서해페리호 사고 당시 여객선 사고의 재발방지대책으로 정부는 운항관리인력의 인건비를 지급하는 여객선운항관리공사를 설립하기로 하였다. 그러나 정부가 당장 재원이 없어 공사의 설립을 1년 연기하고 대신 여객선운항관리업무를 해운조합에 위탁하여 수행하게 되었다. 1년 동안 한시적으로 여객선사로부터 돈을 받아 운항관리 인력의 급여에 충당하기로 했는데 1년이 지나도 정부가 계속 돈을 주지 않아 임시 해운조합 체제가 22년 동안 유지되었고 그 결과 세월호 사고가 발생한 것이다.

정부가 해운조합에 업무를 강제로 위탁할 때, 해운조합 이사장이었던 S씨는 "여객선운항관리는 국가의 업무이고 여객선사의 돈을 걷어 운항관리자의 월급을 주고 그 운항관리자가 여객선사를 규제한다는 것은 불가능하다"고 반대하였다. 이에 대해 해운항만청은 "1년만 위탁하여 그런 식으로 처리하고 1년 후에 정부가 예산을 준다고 하니 그때 여객선운항관리공사를 만들 것이니 1년만 참아 달라. 다른 방법이 없으니 어쩔 수가 없는 사정을 선배가 이해해 주어야 한다"고 설득하였다. 이에 대해 S씨는 "1년만 수탁 받아 그런 식으로 처리하라고 하니 하겠다. 1년 후에 정부가 돈을 주지 않아 이것이 계속되면 언젠가 누군가는 피눈물을 흘릴 사람이 있을 것이다. 그 때 이 사람을 원망하지 말아야 한다"고 하였다. 실제로 그로부터 22년 후 L씨와 J씨가 피눈물을 흘렸다.

2) 어떻게 해야 하는가?

세월호 사고가 발생했으면 여객선사로부터 돈을 걷는 것을 폐지하고 정부가 운항관리자의 월급을 주는 형태의 여객선운항관리공사를 출범시켜야 했다. 그런데 정부는 돈을 지급하는 대신 이 업무를 해운조합에서 떼어내어 선박안전공단이 처리하도록 하였다. 여객선사는 여전히 선박안전공단 소속의 여객선운항관리본부에 운항관리자 인건비를 지급하여야 했고 운항관리자는 여객선사를 규제하는데 어려움이 있다. 선박안전공단은 해운법에서 출발한 법인이 아니라서 업무 연관성이 없을 뿐만 아니라 여객선운항관리를 할 때에는 해운법의 적용을 받으므로 효율적인 여객선운항관리를 할 수 없다. 이는 사고 확률을 훨씬 높인 것이었다.

과거에 여객선운항관리체제를 변경하려는 시도가 있었는데 정부가 돈을 지급하지 아니하고 여객선사의 돈으로 월급을 받는 운항관리자가 여객선사를 규제하기 어려우니 타협안으로 정부가 여객선사로부터 돈을 받고 그 돈을 여객선운항관리자에게 월급조로 주면 운항관리자가 선사를 규제하기가 훨씬 편할 것 같다는 의견이 있었다. 그러나 정부가 여객선사로부터 돈을 받는 것을 싫어하고 여객선사도 만약 정부에 돈을 내면 운항관리자가 자신의 말을 듣지 않으려 할 것이므로 반대하였기 때문에 실현되지 못했다.

제 5 절 손해배상

1 손해배상의 원칙

1) 손해배상책임은 기본적으로 누가 지는가?

승객이 청해진해운과 운송계약에 따라 운임을 지불하였고, 청해진해운은 승객을 운송하다가 선박 침몰로 승객의 일부(피해자)에게 손해를 발생시켰다. 따라서 청해진해운은 피해자에게 손해배상을 할 책임이 있다. 그러나 국가는 운송사업을 수행한 바 없고 피해자와 계약을 맺은 바 없으므로, 민법상 규정된 손해배상책임은 없다. 다만 청해진해운은 배상문제를 협의할 사람이 없고 배상재원이 없으므로, 국가가 청해진해운을 대행하여 손해배상을 협의하고 배상재원 마련을 지원해준다. 즉, 국가는 피해자의 권익을 보호하고 국가적 혼란을 조속히 해결하기 위해 조정하는 역할을 할 뿐이다. 물론 행정상 부작위 또는 근무 태만 등으로 인해 사고의 피해를 줄이지 못한 책임은 있다고 하나, 이는 손해배상 문제가 아니라 공무원 처벌과 관련된 문제이다.

국가배상책임을 주장하거나 국가배상책임을 골자로 하는 신규입법을 하는 것은 법률적으로 그리고 현실적으로 의미가 없을 뿐더러 불가능에 가깝다. 국가배상법에 의하여 손해배상을 청구하면 유족이 패소한다. 공무원의 운항감독 부실을 이유로 손해배상청구를 하면 설사 소송에 승리한다고 하더라도 최대배상금은 1억원 정도에 불과할 것이다. 다른 국가배상청구소송과 균형을 맞추어야 하기 때문이다. '보 · 배상특별법'을 새로이 제정하고 그에 따라 배상을 받으려고 하는 경우에도 형평성 때문에 배상금을 많이 받을 수 없다. 단지 시간만 많이 소요되며 우리나라 법률체계를 혼란스럽게 만들 뿐이다. 또한 납세자 저항이나 위헌소송의 우려가 있다. 민법과 부속법령에 따라 손해배상을 받고 성금 등을 재원으로 하는 위로금을 받으면 충분하다.

2) 감독책임과 (손해배상) 책임재산

청해진해운과 같은 여객운송사업자는 설사 사고가 발생하더라도 손해배상책임에 대비하기 위하여 항상 책임재산을 유지하도록 되어 있다. 해운법상 면허기준은 자본금 얼마 이상, 선박합계 총톤수 몇 톤 이상으로 되어 있고 사업자는 이 면허기준을 면허기간 내내 유지하여야 한다. 사업자는 여객보험, 선원보험, 선체보험 등 각종 보험에 가입할 의무가 있고 최소 부보금액이 정해져 있다. 사업자는 사고가 발생한 경우 보험금을 유효하게 청구할 수 있도록 하여야 하고, 보험금을 책임재산으로 활용할 수 있도록 하여야 하며, 회사 돈을 외부로 빼돌리지 않아야 한다. 우리 상법은 법인책임주의를 채택하고 있는데 사업자가 사진을 고가로 매입하는 등 재산을 빼돌리는 행위를 하는 것은 허용하지 않고 있다. 정부는 감독권을 행사하여 사업자의 책임재산 유지 여부를 항상 확인해야 한다.

세월호 사고가 발생하고 사업자가 손해배상을 해야 할 때에 청해진해운에 면허기준에 의한 책임재산이 없다고 하고, 각종 보험청구권은 사업자의 고의 또는 중대한 과실 때문에 유효한 청구가 곤란하다고 하고 있다. 사업자가 면허기준에 의한 책임재산 및 보험금을 담보로 돈을 빌려 썼고 결과적으로 책임재산이 없게 되었다. 청해진해운의 파산절차가 있었다고 하는데 해수부의 책임재산보존을 위한 조치가 분명하지 않아 보인다. 유병언이 법인의 돈을 빼돌려서 청해진해운에 남은 책임재산이 없다는 말이 있다.

정부는 청해진해운에 면허를 부여한 때 그리고 그 후 매년 동 사업자의 책임재산 유지 여부를 확인했어야 했다. 또 사업자가 고의 또는 중대한 과실로 여객선사고를 일으키지 않도록 지도 감독을 했어야 했다. 사업자가 책임재산이나 보험금을 담보로 돈을 빌리는 경우 책임재산 유지 여부를 확인했어야 했다. 파산절차가 개시되면 해수부는 책임재산 보존을 위하여 어떤 조치를 했어야 했다. 만약 정부의 감독이 철저했더라면 유병언이 청해진해운에서 돈을 빼돌리기 쉽지 않았을 것이기 때문이다.

세월호 사고에 따른 손해배상을 하려하니 청해진해운의 책임재산이 턱없이 부족한 것으로 드러났고 결국 국고가 손해배상재원을 부담하게 되었다. 해수부가 사업자에게 면허를 주고, 사업을 하게 하면서 감독을 부실하게 하였고, 사고가 발생할 때마다 국고가 손해배상재원을 부담하게 되었다. 국고가 투입되기 위해서는 그 전제로 여객운송사업의 감독 부실에 대한 책임을 물어야 한다. 과거에도 국고가 투입될 때마다 예외없이 문책이 있었다. 감독 부실이 없었다면 사업자의 책임재산이 모자라지 않는 것이다. 국고가 그 손해배상재원을 부담하지 않도록 사전에 감독을 강화하는 것이 필요하다.

현재 여객선이 약 166척이 있는데. 이 여객선도 사고가 발생하면 책임재산이 없는 경우가 다수 발생할 것이다. 이에 대한 현황파악과 대책을 준비해야 한다. 바다 유람선이 542척, 강・호수 유람선이 1000척 이상, 유조선 등 화물선이 많이 있고, 수많은 어선이 있는데. 사고가 발생하면 책임재산이 없는 경우가 매우 많다. 해수부는 여객선운송사업 감독을 철저히 하여 안전사고가 발생하지 않도록 해야 하고 또 사고가 발생했을 때 책임재산이 준비되어 있도록 하여야 한다. 세월호 사고는 정부가 사고방지에 무능력하다는 것과 인명구조에 철저하게 실패했다는 것과 손해배상책임재산을 준비하는데 대단히 부실했다는 것을 말해준다.

3) 손해배상 방법

(1) 손해배상 청구방법

손해배상을 청구하는 방법은 당사자 간 협의를 통하는 방법, 재판을 통하는 방법, 특별법을 입법하여 처리하는 방법 등 크게 세 가지가 있다. 각 방법들에 대해서 구체적으로 살펴보면, 첫째, 당사자 간 협의를 통하는 방법이야말로 가장 신속하고 확실하며 충분한 배상금을 받을 수 있는 방법이다. 물론 사고를 일으킨 청해진해운은 지급능력 및 지급의사가 없기는 하지만, 이를 국가가 대행하여 충분히 해결할 수 있는 문제이다.

둘째, 재판을 통하여 받는 방법은 시간과 비용이 많이 소요되며 강제로 받아내는 것이므로 받을 수 있는 배상액도 '당사자 협의를 통하는 방법'에 의한 금액의 1/2 정도로 추정한다. 재판을 이겨도 상대방이 항소를 하게 되고 최종심까지 시간이 많이 흐른다. 최종심에서 승소하더라도 다시 강제집행절차를 수행하여야 한다. 그리고 설사 강제집행절차를 수행하더라도 채무자가 돈이 없으면 배상금을 받지 못한다.

셋째, 특별법을 통한 손해배상방법은 유족의 요구이기는 하나 시간이 많이 걸리므로 효율적인 방법은 아니다. 특별법 제정을 하려면 기준이나 절차 같은 것이 많이 필요하므로 시간이 많이 걸릴 수밖에 없다. 또한 특별법을 제정한 뒤 배상금액을 피해자에게 유리하도록 설정하고 그에 따른 배상금액을 확보할 뿐만 아니라 집행공무원의 집행 의지를 독려해야만 원활한 손해배상이 이루어질 수 있다. 이러한 활동 중 어느 하나라도 잘못되면 배상금을 받기 어려워진다. 더군다나 특별법을 제정하거나 유리한 배상금액을 설정하면 소급입법 문제와 형평성 문제가 제기되고 정부에 대한 납세자의 불만이 고개를 듦에 따라, 세월호 사고의 피해자들은 국민으로부터 유리되기 시작하며 시간이 갈수록 불리하게 된다. 또한 정부는 형평성 문제를 보완하기 위하여 수많은 법령이나 기준을 고쳐야 하는 부담을 갖는다.

(2) 특별법에 따른 손해배상 청구의 문제점

원칙적으로 청해진해운이 손해배상의 책임이 있지만, 특별법이 "공무원(국가)의 안전감독 미흡으로 인해 여객의 사망피해가 확대되었다"를 인정하였으므로 국가는 그 인과관계가 미치는 범위 내에서 손해를 배상해야 한다. 그러므로 국가의 배상금액은 공무원의 안전감독 미흡으로 인하여 피해가 확대된 부분을 금액으로 환산한 범위에 머무르게 된다. 특별법은 청해진해운의 배상책임을 부인하지 않았다. 특별법은 피해자에게 대위변제를 하고 청해진해운 등에 대위청구를 할 계획이었다. 물론 청해진해운 등이 돈이 없으므로 대위청구는 사실상 불가능하다.

해운법, 자동차운수사업법 등은 면허기준 등에 사업자의 배상책임재산을 준비시켰고, 게다가 보험금을 받아 사업자의 손해배상책임의 이행을 준비시키고 있다. 만약 특별법에 따라 민법에 규정된 사업자의 손해배상책임을 모두 국가가 인수한다면, 공무원에 대한 구상 및 사업자에 대한 구상 모두를 해야 한다. 그런데 특별법을 소급 적용하여 공무원에 대해 구상하는 것이 어려우므로 공무원에 대한 구상은 사실상 거의 불가능하다. 또한 사업자가 돈이 없으므로 사업자에 대한 구상 역시 사실상 불가능하다. 결국 특별법에 따라 공무원 및 사업자에 손해배상을 청구하는 것은 사실상 거의 불가능하므로 혼란만 야기할 뿐, 아무런 실익이 없다.

(3) 대 안

특별법에 의한 국가의 손해배상은 총리실로 하여금 공무원의 안전감독 미흡에 따라(그 인과관계가 미치는 범위까지의) 손해액을 배상하게 한다. 그리고 사업자의 손해배상은 해수부로 하여금 청해진해운 매각, 보험금 회수, 성금 투입, 유병언 재산 회수 등의 방법을 활용해 민법, 해운법 등에 따라 배상을 하도록 하여야 한다. 배상금액은 사고내의 형평, 역사적 형평, 업종 내 형평, 업종 간 형평이 보장되어야 하고 대체로 운임률과 비례를 이루어야 한다. 전체 손해배상 금액은 사업자의 손해배상과 국가배상 두 개를 합해 6억원까지 가능하겠으나, 그 이상으로 할 경우 형평을 파괴하고 여러 개의 법령을 변경해야 하는 문제가 발생한다. 종합하면 국가배상금은 2억원 정도, 사업자배상금은 '성금+보험금+유병언 재산'을 주력 재원으로 하여 약 4억원 정도로 총 6억원 정도를 손해배상금으로 줄 수 있다. 국고부담은 1인당 2억원 정도이므로 감당 가능하고, 법률체계 혼란도 적다.

2 손해배상 준비

1) 손해배상재원 마련

손해배상을 준비하기 위해서는 기본적으로 손해배상재원 확보(청해진해운 매각, 보험금 수령, 유병언이 빼돌린 돈의 회수, 성금 회수, 기타 정부재원 확보 등)를 먼저 하여야 한다. 즉, 성금이나 국가재원이 손해배상에 투입되려면, ① 다른 재원이 먼저 확보되어야 하고(최선을 다 해야 함), ② 청해진해운이 '배상할 재원이 없게 되었는데' 이를 방치한 감독공무원을 징계하여야 하며, ③ 손해배상책임자가 청해진해운이어야 한다.

2) 손해배상 절차의 대행

손해배상이 잘 이루어지려면 배상책임자가 있어야 하고 배상재원이 충분히 준비되어 있어야 하며 손해배상을 청구하는 사람이 있어야 한다. 세월호 사고의 경우에 청해진해운이 사실상 망했고 임원은 구속되었고 법인 조직은 붕괴되었다. 배상재원과 관련하여 ① 청해진해운의 손해배상을 위한 책임재산이 부족할 것으로 예상되고, ② 보험의 종류가 많고, 고의, 과실문제가 있으며, 해상보험은 국제기준이 적용되어 유족이 보험금을 청구하기가 대단히 어렵다. ③ 청해진해운은 시장경제기본원칙을 일탈하여 사실상 선주가 법인재산을 빼돌린 흔적이 있으므로(종교적 저임금, 가장매매, 횡령 등) 사실상 선주의 재산을 환수하여야 하는데 이것을 유족이 수행하기는 어렵다. 또 손해배상청구에 대하여는 유족이 원칙적으로 감옥에 있는 김 사장을 만나서 청구하여야 한다. 그런데 사장이 손해배상문제를 잘 처리할 형편이 아니고 사실상 선주는 도피해 버렸다.

정부는 이런 사정을 감안하여 세월호 사고에 따른 손해배상을 정부가 처리하도록 하였고 해수부, 안행부, 검찰 등이 이를 담당하고 있다. "정부가 처리한다"는 것은 배상재원 확보에 관한 문제를 정부가 주도적으로 처리한다는 것이며 손해배상 협의시 정부가 청해진해운을 대신하여 협의 상대방으로 나선다는 의미이다. 이것은 국가가 청해진해운의 배상책임을 인수하여 국가가 손해배상책임을 지고 청해진해운은 손해배상책임을 면제한다는 것은 아니다. 청해진해운의 손해배상책임은 변하지 않으며 책임이행과정에서 어려움이 있을 것이므로 정부가 이를 도와 적절한 손해배상이 이루어지도록 한다는 의미로, 청해진해운을 도와주려는 것이 아니고 피해자를 도와주려는 것이다. 정부주도 하에 손해배상책임 문제를 해결하는 것은 대규모 손해배상사건의 경우에 조속한 사회 안정을 기하려는 목적으로 수행된다.

유족이 변호사를 고용하고 재판을 청구하여 배상금을 받으려면 시간이 오래 걸리고 배상금도 적게 된다. 정부주도 하에 당사자협의를 통하여 손해배상 문제를 처리하면 배상금액도 통상적인 금액보다 2~3배 정도로 많아지고 소요기간도 100일에서 최장 1년 정도 걸린다. 이 방안은 통상적인 방법이 아니고 대통령이 유족을 위로하려고 채택한 것이다.

3) 협의절차와 기준

협의절차와 기준은 결국 민법 및 민법 부속법령의 적용을 받는다. 신규입법의 경우에도 결국 민법의 절차나 기준과 유사한 것을 만드는 것이다. 배상액 기준은 피해자 간 형평, 업종 내 형평, 업종 간 형평, 역사적 형평을 충족하여야 한다. 형평성 유지에 실패하면 조정을 해야 하므로 나중에 할 일이 많아진다. 국가공동체에 대한 충성심 확보를 위해서라도 세월호 사고의 배상금액은 천안함 사고의 배상금과 상당한 비례를 유지하여야 한다.

재판절차와 조화를 위하여 협의실패시 재판절차를 이용할 수 있도록 협의절차를 설계하여야 한다. 협의와 재판이 이질적 원리에 의하여 진행되도록 하면 안 된다. 협의를 합의로 바꾸기 위하여 협의당사자인 정부가 배상금액을 제안하는데 이 제안은 매우 중요하다. 협상의 기준점을 제시하는 것이므로 확보된 재원, 상대방의 기대, 판례나 전례, 법률 등을 매우 잘 아는 책임자가 제안을 하여야 한다.

4) 협상대표단의 선정

협상대표단의 구성은 협의 성패를 좌우할 정도로 중요하다.[18] 일반적으로 피해자 대표단은 선출과 동시에 전체 피해자와 유리되기 시작하고, 피해자대표단의 의견은 전체 피해자의 의견과 다른 경우가 많이 있다. 또한 과격한 강경파가 피해자 대표단이 될 경우, 폭력배가 재개발사업의 조합장에 선출되어 재개발사업이 잘 진행되지 않는 것과 같이 협의의 진전이 이루어지지 않을 수 있다. 뿐만 아니라 혹자는 피해자 대표단을 직업으로 하는 경우가 있는데, 그 경우 직업유지를 위하여 협의나 협상을 오래 지연시키려는 행태를 보일 수 있다. 서해페리호 사고 때에도 초기에 강경파 대표단이 구성되어 폭력이 난무하고 협의는 진척이 없었다. 폭력행위를 문제 삼아서 폭력행위 관여자 전원을 체포하고 해산한 뒤 온건파로 구성하였다. 대표단 구성을 바꾼 뒤 협의는 일사천리로 진행되었고 얼마 지나지 않아서 결국 원만한 합의에 이르게 되었다.

허베이호 사고의 경우에 피해자 대표자들이 강경하고 다른 사람의 말을 듣지 않았고 특별법과 재판을 좋아하고 피해자가 그 대표자를 지지하니까 되는 일이 없었다. 사고가 난 후 6년 8개월이 흘렀지만 지금도 12만 5천건의 소송이 진행 중이고 앞으로 10년이 지나도 모든 문제가 해결되지는 않을 것이다. 관계자 모두가 쓴 맛을 보았는데 피해자의 대표자는 그래도 6년 8개월 동안 일거리가 있었으니까 좀 이득을 보았다고 하겠다. 그런데 그 이득은 피해자와 국가를 착취해서 얻은 것이고 정당하지 못하다.

3 손해배상 절차

1) 손해배상 협의 · 절충 절차

배상협의 절차는 경험에 의하여 도출된 협의 · 절충 절차이다. 이것은 재판절차가 아니며 사적자치영역에서 당사자 간 협의 · 절충을 위한 제도로 원만하고 신속하게 합의에 이르도록 하는 것이다. 그러나 합의가 재판절차와 모순이 없도록 하여야 하며 대표단 간의 합의가 유족 전체의 동의를 이끌어내도록 하여야 한다.

배상위원회는 유족대표 9명, 정부공공부문대표 9명, 위원장으로 구성한다. 세월호 손해배상은 당초 청해진해운이 담당하여야 하나 임원이 모두 구속된 상태로 배상협의를 할 실질적 능력과 의지가 없으므로 정부 · 공공부문이 배상재원 마련과 배분에 관하여 개입한다. 위원장은 배상문제 처리에 경험이 있고 해운사업에 어느 정도 지식이 있어야 한다. 사람의 마음을 읽을 수 있는 사람이면 더욱 좋다. 위원장 아래 적어도 3명의 참모진을 두는데 재원 및 회의담당, 법무 및 절충담당, 공보 및 고충담당이 그것이다.

배상(협의 · 절충) 절차는 ① 기초사실의 확정(사망, 부상, 화물피해에 따른 피해 및 피해자 확정), ② 이용 가능한 재원조달방안 개략 보고, ③ 배분기준 설정(선원 · 여객의 분리 여부, 화물피해산정 방식, 부상자치료비 처리 등), ④ 배분방식의 결정(분별안, 무차별안), ⑤ 배상금결정 기준설정(연령 · 소득 기준, 유사 사례안, 사회적 정당성안), ⑥ 재원확정 보고, ⑦ 배상기준액 제시, ⑧ 절충, ⑨ 배상기준액 합의, ⑩ 불복의 경우 소득증명을 하여 법원에 배상액산정 결정신청, ⑪ 배상금 지급(불복자는 재판결과에 따라 지급) 등으로 이루어진다. 위의 절차는 서해페리호 사고시에 염태섭 청장이 (사표를 제출하고 수리되기 전까지 기간에) 손해배상재원 마련과 배상 절차를 준비하라는 지시에 의하여 4시간 만에 마련한 것이다. 그 결과, 여러 결함이 있으나 신속하고 원만한 합의를 이루는데 크게 기여하였다. 이와 관련한 특이점은 다음과 같다.

서해페리호 사고 당시 배상 절차의 특이점

1. 유족대표가 유족을 충분히 대표하지 못하는 점이 있었다.
2. 선원은 선원법으로, 여객은 민법으로 손해액을 산정하는데 선원이 너무 불리한 결과가 되어 이를 분리하지 않았다.
3. 화물피해액은 화물목록에 화물가치를 너무 낮게 기입하는 경우가 있었다.
4. 부상을 자가 치료하거나 재래요법을 사용하거나 치료를 하지 않는 경우가 있었다.
5. 생명상실에 대하여 무차별안을 채택하였다(연령 · 소득기준을 사용하지 않았다, 긴 논쟁이 있었다).
6. 배상액 절충에 구체적 사정과 사회적 필요를 고려하였다.
7. 배상기준액 합의에 대하여 90%가 넘는 유족이 배상금을 수령하였다.
8. 불복한 사람은 고소득자이며 소득증명이 확실한 사람들이었고 법원에 배상액산정 결정을 청구할 수 있도록 편의를 제공하였다.
9. 협의 초기에는 불신과 감정이 있어서 진행이 잘되지 않았고 유족대표단 중 일부에 의한 폭력행위가 있어서 유족대표단을 해산하고 재구성하였다.

2) 손해배상액 산정

세월호 사고의 손해배상액 산정은 ① 화물은 화물목록에 기재한 가치 및 감정가 그리고 판단에 의하고, ② 부상자의 손해액은 치료비로 계산하며, ③ 여객의 생명상실의 피해에 대하여는 '위자료+소득상실액'으로 산출되고, ④ 선원 및 승무원의 생명상실에 따른 손해배상액 산정은 민법이 아닌 선원법에 의하여 계산된다.

생명상실의 손해배상액은 위자료에 소득상실액을 더한 값으로 산출되는데, 소득상실액은 국민소득이나 시간의 경과, 인플레 등에 의해 적정액과 간극이 벌어지는 수가 있다. 소득상실액은 내적 평등 문제 때문에 변경하여 적용하기 어려우므로 재판관 등은 위자료를 조정하여 적정액에 접근시키는 노력을 해 오고 있다. 위의 식에서 소득상실액은 대체로 '잔존 근로년수'에 '소득액'을 곱해 계산이 이루어지는데, 우리나라 임금 커브가 30대 중후반에 급격히 상승하고 30대의 경우 잔존 근로년수가 많이 남아 있으므로 39세 전후의 산출액이 가장 크게 된다. 이러한 산출방식은 몇 가지 문제점을 내포하고 있다. 첫째, 국민의 평균수명이 길어지고 60대, 70대에도 왕성하게 경제활동을 하거나 자원봉사 등 비경제활동을 하는 경우가 많은데, 이를 고려할 수 없다. 둘째, 소득증명이 없거나 임금이 적은 직업에 종사하는 사람이 불리하다. 농업에 종사하거나 가사를 책임지는 경우, 일시적 고용관계를 반복하는 사람, 불규칙적인 소득자, 일시적으로 과소취업을 한 자, 취미 목적이 혼합된 직업을 가진 자, 실업자 등의 소득상실액이 과소 추정되는 문제가 있다.

선원의 생명상실 손해액 산정은 급여에 기간을 곱해서 정하는데 세월호에 근무한 사람은 일종의 '종교적 저임금'을 받고 있어 여객보다도 오히려 불리하다. 사망한 선원은 사실 선박 침몰시 살아날 수 있음에도 불구하고 직무를 성실히 수행하다가 죽은 사람들인데 이들에 대해 종교적 저임금을 적용하여 손해배상액 산정을 하는 것은 적절하지 않다.

정부주도 하에 당사자 협의를 통하여 손해배상액을 정할 때에는 법원의 결정이나 재판으로 정하는 경우보다 훨씬 신축성이 있고 구체적 사정을 잘 반영할 수 있다. 또 대규모 배상을 할 때에는 전형적인 손해배상액 산정방식을 사용하지 않고 무차별적인 손해배상액 산정을 하는 수가 있다. 이 경우 산정된 손해배상액에 불만족하는 사람에 대하여 소송기회를 보장하여야 한다. 그리고 집단적 손해배상액 산정을 잘 하려면 피해자의 사정을 잘 알아야 하고 통계에 능숙하여야 한다.

4 손해배상구조 개선방안

1) 제1안: 본 저자가 선호하는 안

국가가 손해배상책임을 부담하는 청해진해운을 대행하여 배상재원을 마련하고 유족과 협의하여 배상금을 지급한다. 민법을 적용하는 것이므로 협의절차, 배상금 기준, 불복절차 등 상세규정은 모두 민법을 따른다. 손해배상책임은 청해진해운이 지지만, 국가는 청해진해운의 업무를 대행하는 자로서의 지위를 갖는다. 민법을 적용한다는 것은 손해배상에 관한 모든 상세규정이 구비되어 있다는 것을 의미하고 가장 일관되고 신속하게 업무를 처리할 수 있으며 집행공무원의 적극적 업무추진을 보장할 수 있다는 것을 의미한다.

구체적으로 청해진해운의 업무를 대행하는 자는 해수부가 된다. 해수부는 청해진해운의 감독부처이며 면허기준을 통하여 청해진해운이 배상책임재산을 준비하라고 명령하였으며 해운법, 선원법, 선박법 등을 통하여 여객보험, 선원보험, 선체보험을 가입하고 항상 청구권을 보존하도록 명령하였다. 설사 사고가 발생하였다고 하더라도 청해진해운에 배상재원이 남아 있어야 하고 보험금 청구가 가능해야 한다. 세월호 사건과 같이 사고 발생 후 배상책임 재원이 없고 보험금청구권을 행사할 수 없는 경우에는 행정감독이 잘못된 것이다. 반드시 행정책임을 묻고 행정적 회복을 시도하여야 한다.[19] 만일 안행부가 손해배상 업무를 맡으면 법인재산 회수나 보험금 청구를 거의 포기한 것으로 되고 행정적 회복은 불가능하게 된다. 안행부가 최선을 다해도 40점을 넘기 어렵다. 손해배상 업무는 전체 사고수습 업무와 독립된 것이 아니며 다른 업무와 긴밀하게 연결되어 있다.

배상재원은 청해진해운의 법인재산, 보험금, 유병언이 청해진해운에서 빼돌린 돈, 국민성금을 사용하고 모자라는 경우 국고를 일부 투입할 수 있다. 구체적인 내용을 살펴보면, ① 해상보험금 청구는 상당히 복잡하고 시간이 걸린다. 최종 재보험인 P&I가 선진국 보험원칙에 의존하므로 우리 상법 등과 충돌하는 경우가 있다. 이건 사고에 있어 고의 중대한 과실이 문제가 되기는 하지만 보험종류별로 상세한 검토를 거쳐야 하는 것이고 미리 보험금을 받지 못한다고 결론을 내면 안 된다. 21년 전에도 동일한 조건이었으나 보험금 82억원을 받았다. ② 상법은 원칙적으로 청해진해운에만 배상책임을 부담시키고 있지만, 유병언이 2만원짜리 사진을 5000만원에 매입하는 방식으로, 또는 근로를 제공하지 아니하고 대가를 받는 방식으로 청해진해운의 돈을 빼내어간 흔적이 있으므로 이에 대해서는 회수를 해야 한다. 다만, 세모 파산과 관련된 돈은 청해진해운과 관련되어 있지 않으므로 회수하지 아니한다. ③ 복지국가 측면에서 국가가 성금을 배상재원으로 할 수가 있다. 이는 청해진해운은 돈이 없고, 국가가 대행하여 재원을 마련하고, 성금이 배상 등을 위하여 사용하라고 조성된 돈이기 때문이다. ④ 국고는 4순위로 투입될 수 있는데 이론상 성금 액에 상당하는 금액이 가능할 것이다. 세월호 사고 손해배상의 경우 국고투입은 거의 없을 것으로 판단된다. 다만 배상금 지급시기와 재원회수의 시기가 불일치하거나 금액이 일시적으로 불일치하는 경우가 있는데 이것을 해소하는 역할을 국고가 해야 한다.

요컨대 재원의 우선순위는 청해진해운의 법인재산 및 보험금이 1순위이고 유병언 전 회장이 빼내간 돈이 2순위, 국민성금이 3순위, 국고가 4순위를 구성한다.

특히 성금의 사용과 관련하여 시신수습, 선체인양, 재발방지대책에 우선하여 손해배상에 투입되어야 한다. 시신수습을 못한 자에 대한 위로금으로 사용하는 것이 2순위이고 시신수습 비용으로 쓰는 것이 3순위이다. 이 방식의 경우 국가와 유족의 관계는 같은 방향을 지향할 뿐만 아니라 납세자와 국가의 관계도 같은 방향이 되므로 이러한 협의는 반드시 성공이 가능하다. 또한 성금사용이 가능하고 불가피하면 국고를 투입할 수 있을 뿐만 아니라 청해진해운을 보호할 필요가 없으므로 국가 입장이 신축적이고 임기응변이 가능하다. 또 유사사례가 많은 것은 모든 당사자에게 심리적 안정감을 준다. 엄청난 장점이다.

2) 제2안: 정부가 실행하려는 안

제2안은 재난관리법의 프레임을 이용한 것으로 국가가 유족에 대하여 손해배상책임을 지고 국고로 배상금을 지급한 뒤, 유병언 등의 재산을 구상하는 방식으로 이루어진다. 먼저 배상금을 국고로 지급하는데, 국가가 손해배상책임을 부담하는 것이므로 성금을 배상재원으로 사용하지 못하고 성금은 배상과 관계없이 배분한다. 이 경우 국가와 유족은 배상금액을 두고 대립관계가 되며 납세자가 국가를 감시함에 따라 국가 입장이 옹색해지는 문제가 발생한다.

이 방안은 다음과 같이 재난관리법을 과대해석한 문제가 있다. 재난관리법은 재난구역에서 (국고를 써야 할) 절박한 필요성이 있고, 비용을 부담할 자가 없거나 책임자를 특정할 수 없을 때 국가가 국고로 재난에 대응하고 나중에 책임자가 나타나면 구상하는 프레임을 가지고 있다. 세월호 사고의 손해배상은 이런 의미의 '절박한 필요성'으로 해석되지 아니하며 책임자가 명백히 존재하고 또 그 책임자가 책임이행 의무와 수단을 가지고 있으므로, 재난관리법의 프레임을 적용하는 것은 청해진해운에 대한 특혜이다.

구상대상은 유병언의 전 재산이 되므로, 구상대상은 세월호 사건에 한정되지 않아 '유병언 특별법'의 입법이 필요하다. 이 방안의 두 가지 핵심사항인 "국가가 배상책임을 진다"와 "유병언의 전 재산을 회수한다"는 것은 논리적 근거가 빈약하고 과잉이다. 국가 법률체계를 어지럽게 하고 또 이런 사례를 만들면 오랫동안 국가 사회에 바람직하지 아니한 결과가 초래된다.

인과관계가 복잡하게 얽힌 현대사회에 있어 이러한 사례가 너무 많다. 예컨대 관광사업을 하는 민간항공기가 추락하여 송전선을 끊었는데 송전이 차단되어 전기를 이용하여 양식을 하던 양식장에 큰 피해를 입혔다. 조종사 겸 사장과 관광객이 죽었고 여객보험 5억원, 기체보험 5억원이 남았지만 저당권자가 있었다. 양식장이 항공사에 손해배상을 청구해도 받을 수 없으니까 한전에게 "한전이 먼저 배상을 하고 한전이 항공사에 구상하라"고 하였다. 이유는 "항공기가 추락해서 물고기가 죽은 것이 아니고 전기가 끊어져서 물고기가 죽었다"이었다. 한전은 유사사례가 너무 많아 그 요구를 수용할 수 없었다. "양식장이 항공사에 배상 청구하는 것이 맞다"가 그 표면적 이유이었다. 결국 양식장은 배상을 받지 못했다.

제2안은 막상 실행하려고 하면 잘 진행되지 않는다. 먼저 국고로 지급하여야 하는데 재원 마련이 쉽지 않고 지급액산정과 관련해서 어려움이 있다. 절차, 기준, 공무원책임 등 상세한 규정이 없으므로 업무의 진척이 대단히 느리게 된다. '유병언 특별법'을 만들고 집행하는데 시간이 많이 소요되고, 과다한 구상은 반발이 있다. 국고지급 시점과 구상 시점, 지급액과 구상액 사이에 큰 차이가 있을 수 있고 이런 미스매치를 해결하기 위한 신축성이 적게 된다.

3) 이와 관련한 본 저자의 생각

세월호 사고의 배상과 같이 다수의 인원으로 구성되고 또 절박한 유족의 손해배상 문제를 처리함에 있어 국가와 유족이 대립구조로 만나는 것을 적극적으로 피해야 한다. 손해배상 상세규정이 없으면 집행공무원의 준거가 없게 되므로 누구도 결정하지 않으려 한다. 그러므로 제2안을 채택하는 경우는 손해배상 목적을 충분히 달성할 수 없다.

손해배상은 원칙적으로 유족의 경제적 회복을 도모하는 것이다. 그런데 그 외에도 행정적 회복을 하여야 하고,[20] 법질서 회복이 필요하며,[21] 여객선 시장질서 위반에 대한 (금전적) 징벌을 하여야 한다.[22] 또한 국가는 유족을 불쌍히 여기고 도와주는데 노력을 다해야 한다. 특히 앞에서 언급하였듯이 국가와 유족의 관계구조가 같은 방향으로 이루어져야 유족을 충분히 도와줄 수 있다. 경험에 따르면 유족은 배상실무자와의 접촉을 통해서 최고의사결정자의 가슴에 무엇이 들어 있는지를 알아내게 되므로, 배상실무자의 가슴 속에는 측은지심이 있어야 한다.

세월호 사고는 그간 국민경제에 약 120조원에 해당하는 충격을 주었다. 그렇다고 세월호 사고를 '있어서는 안 될 사고'로만 보고, 청해진해운, 유병언, 해운조합, 감독을 잘못한 공무원들을 단순히 '죽일 놈'으로만 보면 문제가 해결되지 않는다. 원망에서 벗어나 세월호 사고수습을 '보다 살기 좋은 나라'를 만드는 과정의 일부이거나 그런 기회로 생각한다면, 많은 고질적 문제를 해결할 수 있다. 세월호 사고수습(시신수습, 선체인양, 처벌 및 징계, 손해배상, 재발방지대책)을 통하여 유족의 회복 외에도 시장질서의 회복, 행정적 회복, 법질서의 회복을 달성한다면 120조 원보다 더 큰 금액을 복구할 수 있고 국가리더십을 공고히 할 수 있다. 격정을 버리고 평온한 상태에서 배상문제를 실무적으로 접근하는 것이 좋겠다. 국가와 납세자, 유족이 각각 전투대형으로 만나지 말고 친구를 보는 각도로 만나야 한다.

제 6 절 재발방지대책

1 여객선 세월호 전복사고 특별조사보고

1) 해양안전심판원(2014.12.29.)의 특별조사보고의 내용

1.1 여객선 세월호는 인천항과 제주항을 왕복 운항하는 내항 정기여객선으로서 농무로 인하여 정상적인 운항계획보다 약 2시간 30분 늦은 2014년 4월 15일 21시 05분경 선원 및 승무원 33명, 여객 443명, 화물 2,142.7톤 등을 적재하고 인천항 연안여객부두를 출항하여 제주항으로 항해하였다.

1.2 당직 항해사인 3등항해사는 맹골수도를 통과한 후 2014년 4월 16일 08시 46분경 전남 진도군 병풍도 동쪽 해상을 약 18노트로 통과하면서 당직 조타수에게 침로를 135도에서 140도로 1차 변침토록 지시하였다.

1.3 1차 변침이 완료된 후 3등항해사는 08시 49분경 침로를 145도로 2차 변침을 지시한 후 당직 조타수의 조타 미숙으로 선수가 정침되지 않고 우현으로 급속히 회두하자 타를 좌현으로 사용할 것을 지시하였다.

1.4 그러나, 세월호는 계속 빠르게 우선회하면서 좌현으로 과도한 외방경사가 발생하였고, 이로 인하여 고박 상태가 불량한 화물 등이 쏠리게 되면서 선체는 좌현으로 더 경사되었다.

1.5 세월호는 좌현으로 계속 기울어지면서 선체 현측 개구부 틈 등을 통하여 바닷물이 선내로 유입되었고, 결국 2014년 4월 16일 10시 25분경 전복(선체 횡경사 약 108도)된 후 같은 날 10시 31분경 전남 진도군 병풍도 북방 약 3.5마일 해상(북위 34도 12분 33초, 동경 125도 57분 24초)에서 선수 구상선수(Bulbous Bow)만 남긴 채 선체가 수면 밑으로 가라앉았다.

1.6 선수 선저부만 수면 위로 드러낸 채 조류에 따라 표류하던 세월호는 2014년 4월 18일 12시 57분경 전남 진도군 병풍도 북동방 약 3.1마일 해상에서 완전히 침몰하였다.

1.7 이 사고로 여객을 포함한 승선원 476명 중 172명이 구조되었으나, 295명(학생 246명, 교사 9명, 일반인 · 승무원 40명)이 희생되었고, 2014년 12월 26일 현재 9명이 실종된 상태이다.

1.8 한편, 세월호에 적재되어 있던 화물 중 선수갑판에 적재되었다가 선체경사로 바다로 떨어진 컨테이너 등을 제외한 그 외 화물은 화물창내에 잔존하고 있는 것으로 추정되며, 선내에 적재되어 있던 연료유 등 유류 약 214㎘는 일부 유출 · 수거되거나 선내에 있는 것으로 보인다.

1.9 이 사고의 원인은 도입 후 선박 증축 등 개조에 따라 복원성이 약화된 세월호가 선박검사기관의 복원성 승인 조건보다 선박평형수를 대폭 적게 실은 대신에 화물을 과다하게 적재하여 복원성 기준을 일부 만족하지 못하고, 적재된 화물을 적절하게 고박하지 않아 대각도 급변침시 복원력이 상실될 수 있는 상태로 출항하여 항해 중, 당직 조타수의 부적절한 조타에 의하여 선체의 급격한 우현 선회와 함께 발생한 과도한 좌현 선체 횡경사로 인하여 화물이 한쪽으로 쏠리면서 복원력을 상실하여 발생한 것으로 판단된다.

1.10 과도한 선체 횡경사 이후, 사고 해역 주변에서 조업 중이던 어선, 인근을 항해 중인 화물선, 관공선, 경비함정 및 해경헬기 등이 인명구조에 참여하였다.

1.11 하지만, 평소 실질적인 비상훈련이 부족하였던 선장 등 선원들은 여객을 퇴선시키거나 객실 밖 집합장소로 대피하도록 안내하는 등 적절한 조치를 취하여

야 했음에도 불구하고 이러한 조치를 취하지 않고 자신들부터 먼저 퇴선하는 등 선원들의 매우 부적절한 행위로 인하여 대규모 인명피해가 발생하였다.

1.12 이 사고와 관련하여 언론 등에서 문제를 제기한 사항 중 세월호 AIS 선박 위치자료의 비정상적인 궤적에 대하여 목포항VTS 센터의 AIS 서버에 저장된 원본 데이터를 수집하여 복원하고, 사고 당시 인근 타 선박의 AIS 자료와 진도 연안VTS에 저장된 레이더 항적을 비교하였다.

1.13 그 결과, 일부 시간대에서 국제해사기구(IMO)의 AIS 기술기준 등과 다르게 위치정보가 수신되지 않는 현상이 발생하였고 비슷한 시간대에 같은 해역을 운항하는 다른 선박에서도 유사한 현상이 발생한 것으로 보아, 이러한 현상은 AIS의 기계적인 특성에 의해 발생한 것으로 보여진다.

1.14 세월호가 암초 등 수중물체와 충돌하였거나 이로 인하여 좌초하였다는 주장은 선수부나 선저면에 충돌흔적이 없는 것과 선원들의 일관된 진술로 보아 근거 없는 것으로 판단된다.

1.15 사고발생 이전에 선체이상이 있어 정선하였거나 마주 오는 선박을 피하기 위하여 급선회를 하였다는 주장 역시 AIS 항적이나 VDR 자료 등을 확인해 보면 사실이 아님을 알 수 있다.

1.16 사고해역이 '좁은 수로'(일명 협수로)에 해당되는지에 대하여 다양한 주장이 있을 수 있으나 사고가 발생한 지점은 맹골수도로부터 약 5마일 떨어져 있는 점 등을 고려할 때, '좁은 수로'로 간주하는 것은 타당하지 않는 것으로 보인다. 다만, 3등항해사의 경력 등을 고려할 때, 이 구간에서는 선장이 직접 지휘하거나 3등항해사의 조선을 감독하는 것이 바람직하다고 판단된다.

1.17 선장이 퇴선을 명령하였는지에 대하여 세월호 선교에 같이 있던 선원의 진술이 엇갈리고 있지만, 만약 선장이 여객을 퇴선하도록 지시하였다고 하더라도, 여객 탈출을 유도하는 선원들에 대한 비상배치 명령이 없었고 여객이 대피하고 있는지 확인도 하지 않은 점 등을 감안하면 선장 등 선원들은 여객을 퇴선시키려는 실질적인 의지가 없었다고 보는 것이 합리적이다.

1.18 향후, 이러한 사고의 재발방지를 위하여 사업자의 안전관리 강화 등 내항 여객선의 안전관리 체계를 개선하고, 카페리선박의 출항 전 화물적재 종료시간을 준수하면서 출항 전에 화물 고박상태를 제대로 확인토록 할 필요가 있다.

1.19 그리고, 선원, 선사 관계자 및 하역작업자에게 차량 및 화물 고박장치에 대한 교육, 카페리선박의 조종특성에 대한 선원 교육 등을 별도로 실시하고, 대형 연안선박과 여객선에 대한 항해사 등의 면허등급과 인원 수를 강화할 것을 제안한다.

1.20 또한, 여객선의 선박복원성 확보를 위해서는 복원성 약화를 초래하는 개조 시 정부로부터 허가를 받도록 관련 규정을 강화하고, 선박평형수를 적재하여야만 선박복원성 기준을 충족하는 선박은 그 선박복원성 자료 등에 안전항해를 위해 필요한 최소 선박평형수 적재량 등을 명시하는 방안을 도입할 필요가 있다.

1.21 카페리선박의 화물 고박장치 기준 강화, 객실 밖 여객 집합장소에 구명동의 비치 규정 신설 및 VTS간 유기적인 연계체제 구축 등에 대하여도 개선방안을 검토할 것을 제안한다.

2) 특별조사 보고 내용에 대한 저자의 생각

(1) "선박증축 등 선박개조에 따라 복원성이 약화되었다"에 대하여

우리 해운사업자가 신조선박을 가지고 영업을 한다면 선박개조, 증톤, 증축이 필요 없을 것이고 선박복원성 문제도 매우 적게 될 것이다. 그런데 현재의 시장상황, 즉 운송수요, 운송공급, 운임요금 수준을 고려하면 신조선박으로 영업을 하면서 수익을 내기는 거의 불가능하다. 여객선운송사업 면허제라도 지속적으로 유지된다면 가까스로 가능할 수도 있겠으나 진입제한을 자꾸 풀라고 하기 때문에 면허제가 지속된다고 믿기도 어렵다. 따라서 고가의 신조선을 도입했는데 진입규제가 풀리면 망하는 수밖에 없다.

일본도 위와 같은 문제로 고민을 많이 했고, 결국 선박공유제를 도입해서 이 문제를 해결하고자 하였다. 선박공유제는 여객선사와 정부가 선박을 공유하는 것인데 공유는 결국 담보의 기능을 한다. 일정 기간(일반적으로 20년) 운임수입으로 사업자가 정부의 돈을 갚으면 그 선박은 사업자의 소유가 되고 이를 외국에 매각한다. 이후 매각대금 일부와 다시 정부로부터 빌린 돈을 활용하여, 새롭게 배를 만들고 여객선운송사업을 계속하는 것이다. 다만 신조선을 투입할 때는 운임요금을 약간 인상할 수 있도록 하고 그 돈으로 여객선 안전조치를 강화하도록 한다. 결국 선박공유제는 여객선 안전사고를 방지할 수 있는 근본적인 대안이 될 수 있다.

선박공유제를 도입하지 않고 대신 현행처럼 중고선을 도입하도록 하고 증톤, 증축에 대해 검사를 철저히 한다는 것은 근본적인 재발방지대책이 아니다. 중고선을 도입하는 한, 증톤·증축의 욕망은 자연스레 생길 수밖에 없는 것이고, 이를 감시한다는 것은 실제 비용도 많이 들 뿐 아니라 쉬운 일도 아니다.[23] 선박공유제의 도입은 여객선 안전사고를 방지할 수 있을 뿐만 아니라 우리 사회에 다양한 기여를 할 수 있다. 우선 신조선을 함으로써 여객선 건조능력을 발전시킬 수 있고 그 결과 우리나라 조선산업의 발전에 기여할 수 있다. 즉, 선박공유제를 도입하면 우리나라 조선산업의 하부구조를 보완할 수 있으며 장차 카페리선이나 쿠르즈선의 건조에도 디딤돌이 될 수 있다. 또한 중소 조선소의 수요를 창출할 수 있다. 그리고 선박공유제는 여객선 운임요금의 인상을 억제할 수 있으며 국가가 도서민에게 교통복지를 제공하는 수단으로도 사용할 수 있다.

우리나라 내항여객선이 170척 정도이므로 10년으로 나누어 선박공유제를 도입하면 연간 17척의 건조비의 70~80%를 부담하면 되므로 많은 재원이 투입되지 않는다. 관광선이나 유람선은 1,000척을 상회하므로 이 부분도 나중에 확대하면 된다. 어느 정도 정부 돈이 투입되면 모기지 형태를 유동화 시킬 수 있는 것이다.

(2) "선박검사기관의 복원성 승인조건보다 선박평형수를 대폭 적게 실은 대신 화물을 과적하였다"에 대하여

한국선급이나 선박안전공단의 선박검사관의 일차적 의무는 선박복원성을 확보하는 것이다.[24] 기본적으로 선박복원성은 선체 구조에 관한 것이고 고정 설치된 선박설비를 기준으로 판단해야 하는데, 세월호의 선박복원성 판단을 하면서 "선박평형수를 일정 규모 이상을 반드시 실을 것"이라는 조건부 승인을 하였다.[25] 선박평형수는 선장의 재량에 따라 수시로 변경될 수 있는 사항이므로 이를 조건으로 선박구조의 복원성 문제를 넘어가는 것은 큰 문제라고 할 수 있다.

이에 대한 대안으로 보고서 1.20에 "선박평형수를 적재하여야만 선박복원성 기준을 충족하는 선박은 그 선박복원성 자료 등에 안전항해를 위해 필요한 최소 선박평형수 적재량 등을 명시하는 방안을 도입할 필요가 있다"고 기재한 것은 조건부승인의 약점을 보완하려고 한 것에 불과할 뿐 근본적이 대안이 될 수 없다. 왜냐하면 세월호와 같이 화물을 과적하기 위하여 선박평형수를 빼내는 것을 막을 방도가 없기 때문이다. 즉, 선박검사관이 해당 선박을 매일 추적하여 선박평형수를 점검할 수 없고 "최소 선박평형수 적재량"을 명시하여 이를 점검하는 기능과 책임을 여객선 운항관리자에게 맡기려면 최소 2개 이상의 법률을 개정하여야 하며 재원이 뒷받침되어야 한다. 따라서 기본적으로 선박검사기관은 순전히 선박 구조만을 두고 복원성 문제를 판단해야 하지 조건부 승인을 내리는 방식으로 접근하면 안 된다.

(3) "고박 부실"에 대하여

선박에 실린 화물은 선체에 고정하여 결박해 놓아야 한다. 선박은 물 위에 떠 있으므로 선체가 옆으로 기울어질 수 있는데, 이때 고박되지 않은 화물이 있으면 화물이 한쪽으로 이동하여 선박이 복원성을 상실할 위험성이 크다. 따라서 선체에 고박장치가 설치되어 있어야 하고 선박검사기관이 고박장치를 점검해야 한다. 가벼운 화물은 만약 격벽 같은 것이 있어 화물의 이동을 제한할 수 있다면 그냥 적재하지만, 중량물은 반드시 고박하여야 한다. 화물적재나 고박은 전문적 업무에 속하므로 위 업무의 사업등록이 있는 사업자만이 그 업무를 해야 하지만, 세월호의 경우 사업자등록이 되어 있지 않은 사업자가 임의로 수행했다. 그 결과 화물적재나 고박은 제대로 이루어지지 않았던 것 같고, 출항시간에 임박하여 승용차 10여대가 승선하였는데 아마 이 승용차는 고박되지 않았을 것이다.

보고서는 1.4에서 "세월호는 계속 빠르게 우선회하면서 좌현으로 과도한 외방경사가 발생하였고 이로 인하여 고박 상태가 불량한 화물 등이 쏠리게 되면서 선체는 좌현으로 더 경사되었다"고 기술하고 있다. 화물고박은 선박이 폭풍우나 복잡한 해류를 뚫고 갈 때 매우 중요시 된다. 그런데 화물고박은 평시에 짧은 거리를 항해하거나 해황이 평온할 때에는 중요하게 생각되지 않고, 비용을 발생하게 하는 규제나 불필요한 업무 정도로만 생각될 수 있다. 그리고 화물고박사업을 등록한 사업자는 그 업무만으로 비즈니스를 영위하기 어렵다. 해운사업자들이 전반적으로 고박업무를 경시하고 비용을 절약하려고 하므로 설사 법률이 정한다고 하더라도 고박사업자는 적정한 업무량을 확보하기 어렵다. 사실은 이 부분이 매우 중요한 부분이다.

세월호의 경우 고박업체가 화물고박업무를 담당한 것이 아니고 하역회사가 고박업무를 대신 수행하고 면허를 빌리는 대신 일정금액을 고박업체에 지급했다. 그러므로 선박사고를 방지하기 위해서는 고박업체만이 고박업무를 할 수 있도록 하여야 하고, 적정한 화물고박 업무량이 발생하도록 하여야 하고 적정한 고박수수료를 지급하도록 하여야 한다. 내항여객선에 한하여 복잡한 고박기준을 좀 단순화하여야 한다. 화물고박에 대한 R&D를 하여 화물고박 기술을 발전시켜야 한다. 또 선박검사기관이나 해운당국에서 화물고박에 대한 감시감독을 강화하여야 한다. 과거 해운단체에서 고박업무능력 양성과정을 운영했는데 참여자가 별로 없었으며 그 이유는 이 전문능력을 갖추어도 밥 먹고 살기가 어려웠기 때문이었다.

(4) "조타수의 부적절한 조타" "비상훈련부족" '선원의 여객방기'에 대하여

이에는 선박직원법, 해운법 및 선박안전법, 선원법이 관련된다. 3등항해사가 좀 더 능력과 경험이 있었으면 세월호 사고는 일어나지 않았을지도 모른다. 비상훈련은 과거에도 수없이 강조해왔지만 별로 나아진 것이 없고, 선원 윤리문제는 벌칙을 강화한다고 개선되지 않는다. 위 3가지 문제는 결국 보수, 수익, 발전가능성에 대한 개인별 해석과 관련이 있다. 3등항해사, 여객선사 또는 선장 개인을 비난해 보았자 문제는 해결되지 않는다. 개인의 도덕성의 문제를 거론하기보다는 인건비를 적절히 지급하도록 개선할 필요가 있다. 보수의 지급은 그 당시의 노동의 대가지급에 그치는 것이 아니고 장차 그 분야로 유능한 인력을 끌어들이는 능력을 표현하고 있으며, 그 분야를 평생 직업으로 할 만큼이 발전가능성이 있는가를 판단하는 기순이 된다. 정부가 솔선수범하여 인건비나 보수기준을 깎아 내리지 않아야 한다. 충분한 인건비나 보수를 지급하는 것이 장기적으로 보면 훨씬 효율적이다.

2 연안여객선 안전관리 혁신대책(2014.9.2)

해수부는 이번 세월호 사고의 근본적인 원인을 그간 적폐된 안전관리 체계 전반의 문제로 진단하고 이러한 문제점을 해소하는데 중점을 두어 안전관리 혁신대책을 마련하였다. 구체적인 내용을 살펴보면, 우선 안전관리 지도·감독체계를 전면 개편하여 운항관리자를 해운조합에서 완전히 분리 독립시키고 정부는 해사안전감독관제도 도입을 통해 직접 지도·감독하는 체계를 구축한다. 여객선 안전관리

업무를 해수부로 일원화하고 (사업자의) 안전관리 위반에 대한 처벌을 대폭 강화할 예정이다.[26)]

둘째, 안전관리관련 규제합리화를 추진한다. 선박도입, 개조, 검사 등의 과정에서 안전성 확보를 위해 여객선 선령제한 강화, 복원성 저하를 유발하는 여객선 개조 일체금지, 정부검사 대행권 개방 등을 추진한다. 국제적 수준의 운항관리를 위해 현행 운항관리규정 수립 심사체계는 국제안전관리규약기준을 도입하여 전면 개편하고 화물전산발권제도도 10월부터 전면 도입한다. 선원의 자질과 책임성을 강화하기 위해 제복착용 의무화, 여객전담 승무원제도 도입, 선장의 승무기준 상향 및 정기적성검사 강화 등을 추진한다. 아울러 승선근무예비역(군복무 대체) 배정방안을 추진할 계획이다.

셋째, 연안여객 운송사업의 안전성과 공공성 확보를 위해 근본적인 패러다임 전환을 추진한다. 선사의 열악한 경영여건 등으로 야기된 안전관리문제의 근본적인 해결과 낙후된 연안여객 운송시장의 동반성장을 위해 보조항로 등 적자생활항로에 공영제 도입을 검토하는 등 연안여객선 운영체계 개편도 적극 추진한다. 또한 안정적인 선박현대화 지원제도의 도입, 연안여객선 현대화 5개년 계획 수립 등을 통해 연안여객선이 20년 주기로 신조・대체되는 선순환구조를 정착시킨다. 아울러 면허제도와 운임제도 개편을 통해 지난 63년부터 적용되어 오던 진입장벽(운송 수입률)을 철폐하여 우수사업자의 시장진입을 촉진하고 민간선사가 안전에 투자할 수 있도록 경영여건 개선을 추진한다.

마지막으로 해양안전문화 생활화를 위하여 선사의 경영자 안전교육프로그램 마련 및 선사안전 정보공개 등을 통해 선사의 경영문화를 안전 중심으로 변화시키고 승객 참여형 비상대응훈련 시행, 학생안전교육을 위해 해양안전교실 운영 해양안전의 날(매달 1일) 지정 등을 통해 교육홍보를 강화한다.

1) 안전관리 혁신대책에 대한 본 저자의 총괄적인 평가

안전관리 지도감독체계의 개편은 먼저 현행 여객선 안전관리 지도감독체계에 대한 이해가 미흡하다. 안전관리 관련규제 합리화는 선박검사, 선박검사관, 운항관리체계 수립심사 체계, 선박직원의 자격 및 승무기준을 합리화하려고 하였으나 주로 사업자의 비용으로 정부의 목적을 달성하려고 하는 것이 문제이다. 또한 다음

사항에 대한 해결책이 없다는 점에서 문제가 있다. ① 선원근로기준 및 선원근로감독관, 여객선사업자가 사고가 발생할 경우 보험금을 받을 수 없게 되는 문제에 대한 해결책, ② 여객선 사업자의 손해배상 책임재산 유지문제, 인명 구조에 관한 것, 안전설비·안전장구의 비용부담에 관한 내용, 정부가 여객선 안전관리 분야에 재원투자를 꺼리는 것에 대한 해결책, ③ 물가안정을 위해 여객선사업자의 이익을 해치는 고질적 관행의 시정조치, ④ 수로 관리를 위한 정부의 투자가 없었다는 것에 대한 시정조치, ⑤ 해상교통 안전을 위한 정부의 투자가 매우 적었다는 것에 대한 해결책 등에 관한 합리화 추진내용이 없다.

정부가 도로의 건설관리 운영에는 매년 막대한 재원을 투입하면서 수로의 건설관리 운영에는 한 푼도 투입하지 않는다. 여러 도서의 기항지의 항, 포구의 수로시설, 수역시설, 접안시설, 승하선설비 등에 정부가 투자한 돈이 거의 없다. 지자체는 투자할 돈이 없고 전문지식이나 기술이 없고 그것에 투자할 필요성을 느끼지 않는나. 세월호 사고를 경험하고 나서 정부가 해상교통을 위한 연안해역 VTS를 보완·발전시키려면 재원을 투입하여 전국에 연안해역 VTS를 건설하고 관리 및 운영을 해야 한다. 그런데 정부가 돈이 없다고 전국 항만 VTS를 해수부로부터 빼앗아 해경으로 넘겨주었다. 지방해양수산청장의 눈을 뽑아버리면 무슨 수로 항만운영을 한다는 발인가? 항만에서 사고위험성이 수만 배 증가했는데 이것은 도대체 누구의 책임인가? 정부는 왜 외곽방파제나 항만내 수로, 항만접근수로, 수역시설 등 기반시설에 한 푼도 투자를 하지 않는 것인가? 정부가 기반시설 투자를 하지 않으면 해상운송사업자나 항만운송사업자는 미래를 기약할 수 없다. 매년 약 5,000억원의 항만입항료 수입이 있다. 과거에는 이것이 국고로 들어가 나중에 수로시설, 기반시설, 항만 VTS 등 안전시설 등의 설치 관리 운영에 투자되고 있었다. 그런데 정부가 갑자기 이 돈을 부산, 광양, 인천, 울산 항만공사(PA)에 배분하고 있다. 항만공사는 이 돈을 수익시설에 투자하거나 인건비 등으로 사용하고 있다. 그리고 정부는 돈이 없다고 수로시설, 기반시설, 안전시설 등에 투자하지 않는다. 항만공사는 이 돈을 받을 아무런 근거가 없고 또 정부가 이 돈을 항만공사에 주는 것은 예산총계주의 원칙에 위배되고 여러 법률에 위반된다. 이 돈을 항만공사에 주지 말고 국고로 넣은 뒤 이 돈을 재원으로 수로시설, 기반시설, 항만 VTS, 여객선 기항지 등에 국고투자를 하여야 한다.

선사의 열악한 경영여건을 개선하는 것은 여객선 안전을 위한 옳은 접근법이라고 생각된다. 보조항로에 공영제를 도입하는 것 외에 일반항로에 선박공유제(금융제도)를 도입하여야 하고 여객선운항관리공사를 설치하여야 한다. 그리고 면허제도와 운임제도 개편과 관련해서는 현행 제도에 대한 이해가 미흡한 것으로 생각된다. 면허제도는 매우 부정적 이미지를 가지고 있으나 사실은 인류가 개발한 매우 탁월한 사업제도이다. 사업진입제도로써 면허제도는 운임(장소이동 서비스)요금(장소이동 외의 서비스)의 결정제도로써, 운임허가제와 여객운송사업의 공공성을 고려한 벌칙제도로써 과징금제도와 밀접하게 연결되어 있다.

2) '운항관리자를 해운조합에서 완전히 분리 · 독립시키고'에 대하여

운항관리자는 운송사업 과정에서 발생하는 사고의 위험성을 줄이기 위한 제도로 해운법(해상운송사업법)에 규정된 것이다. 그러므로 운항관리는 해운법, 해운관청 및 여객선운항관리자, 해운사업자가 주역이 된다. 화물선 운항관리보다는 여객선의 운항관리를 중시하였고 운항관리 담당공무원의 잦은 인사이동과 격무로 인한 직책회피 때문에 여객선운항관리자제도를 도입하였다. 운항관리자는 운항관리 담당공무원의 보좌인이며 공권력적 업무를 수행하였다. 22년 전 서해페리호 사고 후에 재발방지 대책의 일환으로 '여객선운항관리공사'를 설립하고 위 공사가 공권력적 업무를 수행하므로 공사 운영비용(주로 운항관리자의 월급)을 국가가 지급하기로 하였다. 그런데 정부가 돈이 없다고 하여 이 업무를 해운조합으로 넘겼다. 그리고 업무수행에 따른 비용은 여객선사업자가 해운조합에 납부하도록 하였다. 그 결과 여객선 운항관리업무는 형식화되었고 세월호 사고를 초래한 중요원인이 되었다. 문제의 핵심은 여객선 운항관리업무 수행비용을 정부가 부담하는 것이며 운항관리자를 해운조합에서 떼어내는 것은 중요하지 않다.

운항관리자를 해운조합에서 떼어내어 여객선운항관리공사를 설립하고 그 업무처리 비용을 정부가 지급하면 되는데 운항관리자를 해운조합에서 떼어내어 선박안전공단에 주고 여객선 운항관리업무 처리비용은 여전히 여객선회사가 지급하도록 하려 한다. 선박안전공단은 선박법, 선박안전법이 정한대로 선박의 구조 설비가 잘못된 경우 발생하는 사고위험성을 통제하기 위한 조직이며 선박검사관이 주역이 된다. 이들은 선박법, 선박안전법, 한국선급, 선박검사관 그리고 선박 소유자와 밀접하게 연결된다. 선박검사관은 여객선운송사업자의 경영을 알지 못할 뿐만 아니라 경험도 없다. 또한 선박검사관은 여객선 운항관리를 알지 못하며 여객선 운송사업의 진입제도, 운임요금 결정원리, 여객보험 관리, 여객선사업자의 이윤동기에 대한 통제, 여객선 운송사업의 비용수입 구조, 선원의 근로기준과 근로시간, 선장선원의 윤리, 선박직원의 자격과 승무기준, 해상교통 안전관리 등을 알지 못하며 해당 법률의 규정에 따른 법률적 강제력을 동원할 수도 없다. 선박안전공단으로 하여금 여객선운항관리를 담당하게 하는 것은 외과의사 대신에 이발사로 하여금 내 몸에 대한 수술을 하게 하는 것과 같다.

운항관리자를 해운조합에서 떼어내는 방법으로 해운법에서 여객선 운항관리에 관한 규정을 삭제하는 것은 사고위험을 장기적이고 체계적으로 증가시키는 결과가 된다. 해운법에서 여객선 운항관리에 관한 규정을 삭제한 뒤 그 규정을 선박안전법에 포함시키는 것은 사람의 팔과 다리를 바꾸어 봉합하는 것과 같다. 또한 추가적으로 법률체계를 뒤흔들어 그 부작용을 오래 견디기 힘들다. 과거 '측량, 수로조사 및 지적에 관한 법률'이 있었다. 목적과 수단이 각각 다른 측량법, 수로업무법, 지적법을 강제로 묶어서 하나의 법률로 만들었다. 오랫동안 조롱거리가 되었다. 따라서 운항관리자를 해운조합에서 떼어내어 '여객선운항관리공사'를 만들고 정부가 업무비용을 부담하여야 한다. 그러면 30년이 넘는 숙원이 해결되고 여객선 사고발생 확률이 50% 이상 떨어진다.

3) "정부는 해사안전감독관제도 도입을 통해 직접 지도 · 감독하는 체계를 구축한다"에 대하여

해사안전감독관은 해사안전관리에 관하여 선박소유자를 지도 · 감독하는 공무원이다. 해사안전법에 의하면 '해사안전관리'란 "선원, 선박소유자 등 인적 요인, 선박화물 등 물적 요인, 항행보조시설 · 안전제도 등 환경적 요인을 종합적 · 체계적으로 관리함으로써 선박의 운용과 관련된 모든 일에서 사고가 발생할 위험을 줄이는 활동"을 말한다.

먼저 해사안전법의 '해사안전관리'의 정의는 학술적 정의를 사용하는데 법률적 정의를 내릴 필요가 있다. 즉, 해사안전법에 의한 '해사안전관리'는 "해상교통과 관련된 모든 일에서 사고가 발생할 위험을 줄이는 활동"이라고 정의하여야 한다. 그리고 해상교통안전법을 해사안전법으로 개명을 했는데 이는 법률 명칭이 과장된 것이다. '해사'라고 하니까 수로관리, 해상교통, 항로표지, 선원근로기준, 선박직원의 자격 및 승무기준, 해상운송사업, 선박의 구조 설비 등을 모두 포괄하는 느낌을 준다. 현행 해사안전감독관은 해사안전법의 문언에 따르면 해양조사원장, 해상교통안전관리 담당공무원, 선원근로감독관, 선박직원 담당공무원, 여객선운항관리자, 선박검사관을 모두 겸임하는 것으로 규정되어 있는데 이는 사실과 다르다. 현행 해사안전감독관은 수로, 선원근로기준, 선박직원의 자격, 여객선 운항관리, 선박검사 등에 관한 지식과 경험이 없고 법률적 권한이 없다. 현실적으로 해사안전감독관은 여객선운항관리를 하지 못한다.

해사안전법이 수로업무법, 선박법, 선박안전법, 선원법, 선박직원법, 해운법, 항로표지법 등을 모두 무효화시켰다고 할 수 없으니까 해사안전감독관은 각 법률을 통하여 인적 요인, 물적 요인, 환경적 요인 등을 관리하여야 하므로 결국 해상교통안전감독관이 되어버리는 것이다. 해사안전감독관은 결국 해상교통안전감독관이므로 해상교통 안전관리를 수행하면 족하고 여객선 운항관리업무는 해운국이 해운법에 의하여 그리고 여객선운항관리자의 도움을 받아서 수행하면 되는 것이다. 해사안전감독관은 여객선 운항관리를 할 능력과 지식이 없으므로 여객선 운항관리 업무를 하면 안 된다. 해사안전감독관은 선박소유자를 지도·감독하는 것이며 운항관리자는 여객선운송사업자를 지도·감독하는 것이다.

정부가 해사안전감독관 제도의 도입을 통해 직접 지도·감독하는 체제를 구축한다고 했는데 해사안전법(해상교통안전법)을 근거로 해상교통 안전감독관제도를 도입하여 여객선운송사업자가 아닌 선박소유자를 지도·감독하는 체계를 만드는 것은 좀 잘못된 것이다. 해운법을 근거로 해상여객 운송사업 수행과정에서 사업자의 잘못된 이윤동기를 통제하기 위하여 해운담당 공무원과 운항관리자가 여객선사업자를 지도·감독하는 것은 나름 논리를 갖춘 것이다. 만약 정부안처럼 해사안전감독관으로 하여금 선박소유자를 지도·감독하도록 하는 것은 해상교통 안전관리는 되겠지만 여객선운송사업자의 이윤동기를 통제하지 못한다. 현재 문제의 핵심은 여객선운송사업자의 잘못된 이윤동기를 통제하는 것이다.

그러므로 안전관리 지도·감독 체계를 전면 개편하려면 여객선운항관리공사를 설립하고 정부가 운항관리 업무비용을 부담하여야 한다. 해사안전법의 '해사안전관리' 정의를 변경하고 해사안전감독관은 신규 충원할 필요 없이 기존 인원으로 해상교통안전감독관의 기능을 수행하게 하면 된다. 해운국은 운항상 고의 또는 중과실의 경우에도 보험금을 받을 수 있도록 '여객보험특약'을 개발하여 보급하고, 사업자의 손해배상 책임재산이 항상 유지될 수 있도록 매년 금감원이 은행에 대하여 BIS기준 준수 여부를 감독하듯이 사업자의 책임재산 유지 여부를 감독하여야 한다. 해사안전감독관의 직접 지도·감독체계는 미성숙한 개념에서 출발한 것이므로 실행에 유의하여야 한다.

4) '안전관련 규제의 합리화'에 대하여

여객선 선령제한 강화는 선박검사관의 부담을 덜어주고 선박의 안전성 확보에 도움이 된다. 그러나 선령제한 강화조치는 여객선운송사업자의 비용감소 또는 수입확대 조치가 동반되어야 유효하게 된다. 그리고 비용감소 또는 수입확대 조치는 충분한 정도로 그 규모가 커야 한다. 선령제한 강화 조치는 여객선사업자의 비용을 증가시키면서 안전성 확보라는 정부의 목적을 달성하게 된다. 그러므로 정부의 비용부담이 있어야 제도가 유효하게 작동한다. 선박공유제 도입, 여객선사업자에 대한 보조금 지급, 운임요금 인상 허용 등이 고려될 수 있다. 이러한 조치 없이 여객선 선령제한을 강화하면 사업비용이 증가하게 되므로 사업자가 여객운송 사업을 중단하거나 여객선 운항과정에서 안전에 투입되는 비용을 줄이려고 한다. 여객선 선령제한 강화조치는 규정을 고쳐서 바로 시행해버리지 말고 일본과 같이 선박공유제를 도입하여 사업자로 하여금 다음과 같은 경영판단을 하게 한다. 20년 이상된 선박을 이용하여 사업을 하는 경우의 비용과 그 선박을 외국에 팔아버리고 선박공유제를 이용하는 정부의 금융제도로부터 돈을 빌려 신조선박을 운항하는 비용을 비교해서 사업자가 판단할 수 있도록 한다. 즉, 정부가 여객선사업자에 대하여 권력을 행사하려 하지 말고 여객선사업자가 자율적으로 바람직한 방향으로 가도록 유도하는 여유가 있어야 한다.

'복원성 저하를 유발하는 여객선 개조의 일체 금지'는 좀 추상적인 용어로 규정되어 있어 구체적으로 어떤 여객선 개조인지 알 수가 없다. 그런데 지금도 복원성 저하를 유발하는 여객선 개조는 금지되어 있다. 제안할 사항은 '선박검사에 있어서 조건부승인 제도를 폐지하는 것'이다. 선박검사관의 업무 부담을 줄일 수 있고 선박검사관은 선박의 구조 및 설비에 관한 판단만 하는 것이 좋기 때문이다. 선박검사는 합격, 불합격만 정하면 되는 것이며 선박평형수의 적절한 운용을 조건으로 선박검사를 합격시키는 것은 잘못하는 것이다. 선박검사관은 선박에 대하여만 판단하도록 하여야 하며 여객선사업자나 여객선사업, 여객선운항관리 등을 판단하거나 고려하도록 하면 안 된다.

정부검사 대행권 개방은 한국선급이나 선박안전공단의 선박검사 독점을 완화할 수 있다. 그러나 한국선급이나 선박안전공단의 비용충당에서 선박검사 수수료가 차지하는 비중이 크다는 것을 고려해야 한다. 선박검사를 받아야 할 선박소유자는 복수의 선박검사기관 중에서 가장 쉽고 저렴한 선박검사기관을 선정한다. 이렇듯 악화가 양화를 구축하는 현상이 벌어진다. 선박검사기관의 검사품질이 떨어질 가능성이 높고 대충 대충 선박검사를 하는 선박검사기관이 선박소유자의 선택을 받게 된다. 선박검사는 어느 검사기관이 하더라도 검사품질이 같아야 하는데 실제로는 검사품질이 동일하지 않다. 한국선급을 설립한 이유가 각국마다 선박검사 품질이 다르므로 국제적으로 그 품질을 통일하기 위한 것이었다. 정부검사 대행권 개방을 하게 되면 정부가 한국선급이나 선박안전공단에 지급하는 지원금 규모를 늘려야 하는 경우가 발생할 수 있다. 정부검사 대행권을 선진국 선급에 개방하는 것은 큰 문제는 없을 것으로 보인다. 상호주의를 적용하면 문제점을 해소할 수 있겠다.

선원의 자질과 책임성을 강화하기 위하여 제복착용 의무화, 여객전담 승무원제도, 선장의 자격기준 상향 및 장기 적성검사 강화 등을 시행하는 것은 모두 사업자의 비용으로 정부의 목적을 달성하려고 하는 것이다. 사고방식을 바꾸어 선원의 자질과 책임성을 강화하기 위하여 선원에게 충분한 보수가 지급되고 적정한 근로시간을 보장하도록 한다. 사업자가 선원에게 충분한 보수를 줄 수 있을 정도로 충분한 수익이 있어야 하므로 정부가 선박공유제 도입 또는 장기저리의 선박금융제도의 개발, 보조항로 공영제 도입, 운임요금 인상, 국가 또는 지자체의 보조금제도 창설, 여객선 안전설비 및 장구 무상제공, 정부재원에 의한 철저한 수로관리, 해상교통관리, 해사대학에 대한 국비 지원, 국가에 의한 여객선 기항지 개발, 여객선 부두 및 접안시설 등의 국가건설 및 무상제공, 승선근무 예비역제도 도입, 여객선사업에 대한 진입장벽을 높이는 것 등을 수행하여야 한다. 저수익 시장에서는 진입장벽을 높여야 사업자의 투자비 회수가 보장되는 것이다.

5) 연안여객운송사업의 안전성과 공공성 확보

"'선사의 열악한 경영여건으로 야기된' 또는 민간선사가 안전에 투자할 수 있도록 경영여건 개선을 지원한다"는 접근방법은 올바른 방향이다. 원래 명령항로라는 국영제가 존재했었다. 좁은 국토를 넓게 사용하기 위하여 교통약자에게 제공하는 교통복지의 일환이었다. 국가가 사업자에게 도서주민의 교통편의를 강제로 제공하라고 명령한다고 해서 명령항로라고 하였다. 어느 날 기재부가 이름이 나쁘니 낙도보조항로로 개명을 하지고 우겼다. 기재부는 보조금으로 변경한 후 점차 보조금을 줄여가는 생각을 하였던 것 같다. 명령항로는 국가항로이며 보조항로는 사업자의 항로이므로 현행 낙도보조항로는 그 기본성격이 국가항로이며 공영제로 하는 것이 정확한 것이다. 선박 확보비용, 선박 운영비용, 선원 비용 모두를 국가가 부담하여야 한다.

낙도보조항로가 아닌 일반항로의 경우에는 선박공유제 또는 선박현대화 지원제도를 도입하고 연안여객선 현대화계획을 수립·시행하여 신조선박으로 대체를 해 주어야 한다. 관계부처 설득이 어렵지만 이 조치를 하지 않으면 여객운송사업의 안전성을 제고할 수 없고 여객선사업자가 정부를 믿지 않는다. 결국 사고는 반복뒤다. 선박공유제는 돈을 국가로부터 빌려 선박을 건조하여 국가소유로 하고 매년 운항수입에서 이자 및 원금을 갚아 나간다. 대략 20년 정도 갚으면 선박의 소유권이 사업자에 속하게 된다. 이자율이 낮으면 20년 후에 선박을 외국에 팔아버리고 수익을 회수한 뒤 또 돈을 빌려 선박을 건조하여 운항한다. 국내에는 항상 20년 미만의 선박만 있게 된다. 주택모기지제도와 비슷하며 사업자가 돈을 잘 갚아 제도가 안정화 되면 유동화도 가능하다. 결국 낮은 이자율을 유지하는데 필요한 돈만 소요되는 것이며 장점이 많은 제도이다.

사업진입제도로써 면허제도는 저수익 시장을 떠받치는 마지막 보루이며 진입장벽을 철폐하면 우수사업자의 시장진입이 촉진되는 것이 아니고 불량사업자가 진입하게 된다. 현행 여객운송시장은 그 특성이 저수익성과 수요의 절박성으로 요약된다. 시장의 특성에 따라 사업진입제도를 선정하는데 저수익성과 수요의 절박성을 가지고 있는 시장은 면허제를 선택하는 것 외에 다른 방안이 없다. 면허제는 다른 사업자의 사업에 진입을 제한하는 권리로써 이해될 수 있고 다른 측면에서 면허기간 내에 사업에서 철수할 수 없는 의무로써 인식될 수 있다. 해운당국은 오래전부터 의무로써의 면허제를 중요시 하였다. 진입제한을 철폐하는 것은 동시에 퇴출장벽을 제거하는 의미가 있다. 우수사업자는 당초부터 저수익 시장에 진입하지 않는다. 다른 고수익 시장이 많이 있기 때문이다. 진입제한을 철폐하면 불량사업자나 무책임한 사업자가 시장에 진입하며 이들은 항상 퇴출이나 철수의 자유를 유보하고 있다. 갑자기 사업자가 모두 항로에서 철수하여 항로가 두절되면 이 항로와 관련한 모든 사람들이 국가로 하여금 국가 돈으로 선박을 투입하라고 요구하고 국가는 이를 거절할 수 없다. 수요자들이 너무나 절박하기 때문이다. 결과적으로 항로에 사업자가 1명만 남게 되면 사업자가 운임요금을 10배쯤 인상하고 여객은 정부를 비난하게 된다. 이에 정부가 개입하여 운임 인상을 제한하려고 하면 사업자가 항로에서 철수해 버린다. 이 경우 정부는 이를 감내하기 어렵다. 항로운영은 안정성이 있어야 한다. 일시적으로도 항로가 두절되는 일이 없어야 한다. 사업진입제도의 선택이나 진입장벽의 철폐는 행정관청 마음대로 하는 것이 아니라 시장 성격에 맞추어야 한다. 현행 여객운송시장은 저수익성과 수요의 절박성으로 요약되는 특성을 가지므로 면허제 외에는 다른 대안이 없다. 이름을 등록제와 운임신고제로 변경하더라도 실제로는 면허제와 운임허가제인 경우가 많다.

"민간선사가 안전에 투자할 수 있도록 경영여건 개선을 지원한다"는 추상적 용어로 구성되어 그 내용을 알기 어려우나 여객선운항관리공사의 설치, 선박공유제의 도입, 보조항로의 공영제 시행, 운임요금의 인상, 승선근무 예비역제도시행, 수로관리, 해상교통관리, 기항지에 대한 국가투자 등을 의미할 것이다.

6) 연안여객선 안전관리대책이 잘 시행되면 좋겠다

연안여객선 안전관리 혁신대책은 여러 가지 불비한 부분이 있지만 여객운송사업자의 열악한 경영여건을 개선하여 사업자가 안전에 투자할 수 있도록 하고 선원에 대하여 적정한 보수를 지급하게 하여 유능한 선원을 고용할 수 있게 하면 사고재발 확률을 많이 줄일 수 있을 것이다. 그를 위하여 정부의 역할이 중요하며 특히 정부가 솔선하여 비용을 부담하고 먼저 부담하여야 한다. 또 정부가 생각을 바꾸어 수로, 기항지, 접안시설, 여객터미널, 해상교통관리 등에 적극적으로 투자하여야 한다. 과거와 같이 정부가 다른 사람으로 하여금 비용을 부담하게 하고 그 비용으로 정부의 목적을 달성하려고 하면 안 된다. 정부의 비용으로 정부의 목적을 달성하려는 것을 먼저 하고, 정부의 비용으로 사업자의 목적을 달성하려는 것을 하고, 사업자의 비용으로 사업자의 목적을 달성하려는 것을 하고, 사업자의 비용으로 정부의 목적을 달성하려는 것은 나중에 하여야 한다.

3 정보의 공유

어떤 학생이 세월호 사고 신고를 하였는데 해경이 그 학생에게 사고위치를 위도와 경도로 요구하였고 학생은 침몰 장소의 위도와 경도를 알 수가 없었다. 선원과 사고신고접수기관 간 커뮤니케이션은 상당히 잘되고 있었는데 여객과 사고신고접수기관간 커뮤니케이션은 좀 문제가 있었다. 현재 항공사는 항공기 승객에게 항공기운항정보를 제공하고 있고, 호텔은 특정 TV채널을 통하여 호텔이용정보를 제공하고 있다. 물론 이 호텔이용정보는 화재시 피난통로나 행동요령 등을 포함하고 있다. 이와 유사하게 선사는 여객선 승객에게 선박운항정보를 제공하고 사고시 행동요령 같은 것을 전파하도록 하여야 한다. 즉, 여객선 내부 스크린을 통해 선박의 위치정보, 주변 섬이나 도작지 정보, 해황정보, 사고신고요령 등을 전달하는 시스템을 갖출 경우 여객과 항만관청 VTS, 해경서 등과의 커뮤니케이션을 보완할 수 있을 것으로 기대된다.

전 연안 해역에서 휴대폰 통화가 가능하다면 구조·구난이나 요트 및 어선 안전에 크게 기여할 수 있으며 군사적으로도 매우 유용할 수 있다. 현재 이어도나 독도 등 특별한 장소에서는 휴대폰 통화가 가능한데 전 연안 해역에서 휴대폰 통화는 이루어지고 있지 않다. 과거 해양수산부가 전 연안 해역에서 휴대폰 통화가 가능하도록 하는 것을 추진해왔는데 주로 재원부담 문제로 지연되고 있다.

세월호 사고 초기에 해수부 해경과 중대본의 커뮤니케이션에 문제가 있었는데 주로 용어에 관한 것이었다. 선수, 선미와 함수, 함미가 섞여 사용되었고 사망자는 시신이 수습되어 사망으로 확인된 자를 의미하는데 사망으로 추정되는 자까지도 포함되었다. 탑승자 수는 생존자 수, 사망자 수와 실종자 수를 더한 것으로 구성된다. 탑승자 수는 여객뿐만 아니라 선원과 차량 동승자 기타 인원을 합하여야 하고 이 숫자를 확인하려면 CCTV 분석대조를 하여야 하므로 약간의 시간이 소요되었다. 생존자 수는 사고현장에서 생환한 사람을 말하는데 사고현장에서 확인하고 항만에서 다시 확인함에 따라 생존자 수를 2번 계산하는 실수가 있었고 큰 혼란에 빠졌다. 중대본의 시스템을 유지하려면 사고보고자를 사전에 정하고 책임을 부여하여야 하고 중대본의 '보고를 받는 자'가 그의 상사를 납득시킬 수 있도록 해사제도에 대한 충분한 지식과 경험이 있어야 했다.

해도에 표시되는 수심은 평균저조면을 기준으로 하여 그 아래 해저면 중 가장 높은 곳까지의 거리를 표시한다. 이는 선박의 안전운항을 목적으로 해도를 작성하기 때문이다. 그런데 시신수습을 하는 작업자의 수심은 해도에 표시되는 수심과 전혀 다르다. 작업자의 수심은 해도 상 수심에 조석차를 더하고, 해도 상 등심선 안쪽의 깊이를 계산하여야 한다. 그리고 약 2미터 정도의 작업여유수심을 고려해야 하고 최고고조면과 평균고조면의 차이를 고려해야 한다. 그러나 세월호 시신수습 현장에서 작업수심을 정의하는 규정이나 지침을 발견하지 못했다.

정조시간의 계산에 있어서도 혼란이 있었다. 해양조사원은 전국에 조류조석 측정소를 운영하고 있는데 사고현장에서 가까운 진도수품 측정소와 서거차도 및 복사초 측정소의 데이터를 고려하여 사고현장의 조석 조류정보를 제공하였다. 그런데 이러한 조석 조류정보는 파도, 바람의 영향, 지형 등의 영향 등을 고려하지 못하므로 실제와 차이가 있을 수 있다. 따라서 대체로 대형 사고현장에는 이동용 측정 장비를 설치하여 데이터를 생산하여 제공하는데, 이동용 측정장비를 설치하거나 데이터를 안정시키는데 시간이 좀 소요되는 문제가 있다. 설사 이동용 측정장비를 설치하여 데이터를 제공한다고 하더라도 그 데이터는 과거 또는 현재의 데이터이며 미래에 대한 정확한 예측은 곤란하다. 해양 예측이나 예보를 위하여 운용해양학이 발달했는데 우리 정부는 많은 돈을 투자하여 개발한 결과 상당히 신뢰할 수 있는 예측 예보가 가능해졌다. 세월호 사고수습이 진행되면서 해양 데이터 문제가 해소된 것은 운용해양학 덕분이었다. 정조는 조석활동 중에서 고조 또는 저조의 전후에 해면의 승강이 느려져서 해수면이 정지되어 있는 것처럼 보이는 상태를 말한다. 조차가 작을 때 정조시간이 길게 나타나며, 썰물정조보다 밀물정조 시간이 길게 나타난다. 이론상 정조시 유속이 최저가 되지만 해저지형의 영향을 받기 때문에 지역에 따라 최저유속시간과 정조시간이 다를 수 있다. 세월호 사고현장에서는 이동용 측정장비의 설치가 늦어졌고, 데이터 해석에 불일치가 있었고 초기에 적용된 예측모델에 문제가 있었다.

해양 데이터를 제공하는 사람은 필요한 수요자에게 언제든지, 어느 장소에 있든지, 원하는 정보를 정확하게 전달하는 방법에 대해 연구를 할 필요가 있다. 재난 전문용 통신방법이나 앱 개발 및 데이터 입력 그리고 전송방법에 대하여 개선・보완되기를 희망한다. 유속이 2 m/sec 이상인 경우 원칙적으로 구조는 자제되어야 하는데 잠수사는 이것을 지킬 여유가 없었다. 국민과 유족 그리고 정부가 작업을 강요하다시피 하니 작업지침에 대하여 이야기할 수 없었으며 결과적으로 여러 명의 잠수사가 희생되거나 부상을 당했다.

사고수습에 대하여 잘 알지 못하는 국무조정실이 결함있는 사고수습 대책을 만든 것이나 사고수습 과정에서 해수부장관이 수습재원이 없어 외상으로 사고수습을 한 것이나, 세월호 사고수습 책임자가 불명확하여 많은 사람이 당황했던 것이나, 유족이 침몰장소에서만 시신수습을 하라고 우기는 것이나, 다이빙벨 논란이나, 선체가 완전히 침몰한 후 선체 절단 후 그 구멍으로 진입하여 시신수습을 하려고 한 것이나, 해경이 진도VTS 운용에 실패했으니까 그 벌칙으로 전국 항만 VTS 운용을 맡으라고 한 것이나, 여객선 운항관리업무를 해운조합에서 떼어내어 엉뚱한 선박안전공단으로 하여금 담당케 한 것이나, 유병언이 회사로부터 돈을 빼돌리고 있었는데 해운관청은 모르고 있었던 것과 청해진해운이 과적을 하고 평형수를 빼내고 고박을 부실하게 하여도 해운관청은 모르고 있었다는 것 등은 우리 사회에서 정보 및 지식의 공유나 커뮤니케이션이 적절히 작동하지 않고 있다는 것을 말해주고 있다.

4 여객운송시장의 특성

1) 여객운송시장

국내여객선운송시장의 특징은 '사업의 저수익성', '수요의 절박성'으로 요약할 수 있다. 여객선시장에서 돈 벌기 어렵다는 것과 항로가 끊기면 도서주민이 다른 교통수단을 이용할 수 없으므로 생존에 직접적 위협이 된다는 것이다. 기본적으로 여객선사업이 수익성이 없기 때문에 사업을 하려는 사람이 없다. 그러므로 국가가 면허제를 도입하여 다른 사업자의 신규진입을 봉쇄하여 사업자가 면허기간 동안 투자비를 회수하도록 하고 있다. 또 도서주민은 운임 지불능력이 없으므로 운임허가제를 채택하여 사업자가 운임을 임의로 인상하지 못하도록 하고 있다.

전형적인 여객선항로는 10개 정도의 중간기항지를 연결하여 하나의 항로를 구성한다. 도서주민은 어선, 헬기나 수영을 교통수단으로 하기 어렵기 때문에 도서주민이 국가에 대해 항로연결을 요구하고 국가는 이를 거절할 방법이 없다. 따라서 만약 항로가 끊기면 결국 국가예산이 투입될 수밖에 없다. 즉, 여객 수요가 너무 적어 면허제로도 유지할 수 없는 항로는 국가가 국가비용으로 운영하는데, 이를 명령항로라고 한다. 그런데 중간에 국가예산 절약을 위하여 항로를 사업자가 운영하도록 하고 국가는 보조금을 주는 방식(낙도보조항로라고 한다)으로 변경하였고, 매년 보조금을 줄여왔다. 이로 인해 명령항로를 운영하는 사업자는 재정압박에 처할 수밖에 없게 되었다.

사업자의 정상수입을 보장하는 면허제도는 정치외풍에 흔들려서 제대로 유지되지 않았다. 뿐만 아니라 국가는 운임인상을 지속적으로 억제하여 왔고 기항지 부두시설 및 여객시설에 대한 투자를 하지 않았다. 국가가 부담하여야 할 안전관리비용을 투입하지 아니하고 재정 절약을 선택하였다. 사업자는 수익을 확보할 방법이 없었으므로 투입비용을 줄이는 방법을 찾으려고 했다. 중고선이나 노후선이 훨씬 저렴하다. 저임금 선원을 고용하거나 선원 임금을 제약하였다. 또 사업자가 해야 하는 안전관리를 게을리 하였다. 가능한 안전관리조치 중에서 가장 비용이 덜 드는 방식을 선택하였다.

사실 안전관리비용은 정부, 승객, 사업자가 각각 부담하여야 한다. 정부나 승객이 안전관리비용을 전혀 부담하지 않은 상태에서 사업자로 하여금 3사람 몫의 안전관리비용을 부담하라고 하면 말을 잘 듣지 아니한다. 그 결과 오늘날 여객선시장은 노후선이 대종을 이루고 유능한 선원은 견디다 못해 빠져나가고 안전관리비용을 세 사람 모두 부담하지 않으려 하니까 여객선 안전관리는 방치된 것이다. 그 결과 사고위험이 대단히 높아졌다.

현재 여객선해운시장의 비용구조는 도서주민에게 안정적 교통 서비스를 제공하기에도 힘이 부족하다. 거기에 추가하여 여객선 운항안전을 도모하려면 지속적 운임인상, 해운기금의 창설을 통한 계획조선의 실시 또는 선박공유제의 도입, 선원임금 정상화를 통한 직업윤리 확보, 운임인상에 비례하는 안전관리 비용부담 요구가 필요하다. 특히 국가가 먼저 '국가가 부담하여야 할 안전관리비용'을 부담한 뒤에 사업자에게 '사업자가 부담하여야 할 안전관리비용'의 부담을 요구하여야 한다. 이 원칙을 지키지 아니하면 많은 국민을 범법자로 만들어 버리고 여객선 운항안전 제고는 달성되지 않는다. 사업자가 처벌을 두려워하지 않거나 공무원의 적법한 명령을 이행하지 않은 경우는 대체로 사업자가 막다른 골목에 내몰려 있다는 것과 해운정책이 실패했음을 말해주고 있는 것이다.

2) 국가의 안전강화 조치에 대한 사업자의 의견

세월호 사고가 발생한 후 여객선 운항의 안전을 제고해야 한다는 요구가 있었다. 원칙적으로 방향이 타당하므로 누구도 그 요구를 거절할 수는 없었다. 그러나 그 실행비용을 누가 부담할 것인가에 대하여는 아무 언급이 없는 경우가 대부분이다. 실행비용을 부담할 자가 그런 요구를 하면 좋겠는데 그 요구를 하는 사람은 대체로 비용 부담을 하지 않는 사람이었다.

이러한 안전강화 조치에 대한 여객선사업자의 속내를 기술해보면 다음과 같다. "질 좋은 선원을 확보하라"에 대하여 사업자는 "임금 차액을 국가가 지급하면 좋겠다"고 하고 "선원의 직업윤리를 강화하자"에 대하여 "이 월급으로는 직업윤리 강화가 불가능하다"고 하고 "고급 해기사를 승무시키자"에 대하여 "고급 해기사에게 지급할 돈이 없다"고 한다. 여객선운송사업의 현행 진입제도인 "면허제를 폐지하라"에 대하여 "면허제도를 폐지하면 국가가 엄청난 재정 부담을 지게 된다"고 한다. "부실사업자에 대한 면허를 취소하자"에 대하여 "면허가 취소되면 사업자는 의무면제가 되어 자유롭다"고 하고 "여객선 선령을 엄격하게 제한하자"에 대하여 "우리회사 선박이 선령을 초과하면 여객선사업에서 철수한다. 그리고 국가의 재정 부담이 늘어난다"고 한다. "여객선 운항관리를 강화하자"에 대하여 "여객선 운항관리는 국가의 업무이므로 국가가 비용을 부담해야 하는데 사업자가 비용을 부담하였다. 이를 정상화하는 것이 맞고 국가가 비용을 부담하는 것이 여객선 운항관리를 강화하는 것이다"라고 한다. "선박검사를 강화하자"에 대하여 "반대하지 않는다. 수요자가 불편하지 않도록 국고를 충분히 투입하여야 한다"고 한다. "선원근로감독 기능의 강화"에 대하여 사업자는 "돈이 없다. 선원 임금을 인상할 수 있도록 해주라"고 하고, "여객선 공영제 도입"에 대하여 "과거 명령항로 체제로 가는 것이다. 찬성한다. 다만 국고부담이 폭증하므로 예산이 확보되어야 믿겠다"라고 한다. "신조여객선을 투입하여야 한다"에 대하여 "사업자가 신조선을 투입하고 싶어도 수익성 확보가 불가능하여 투입할 수 없다. 국가가 신조선 투입을 장려하는 보조금을 지급하거나 선박공유제를 시행하여야 한다"고 한다. "여객선사의 손해배상 책임재산 확보"에 대하여 "처음 면허를 받을 때 면허기준에 따라 책임재산을 확보했고 보험가입을 하였다. 그 후 적자가 누적되니 책임재산이 소멸하거나 감소하였고 보험금을 담보로 돈을 빌려 썼다. 유병언과 같이 선사로부터 돈을 빼돌린 경우는 많지 않다"고 한다.

국가가 수로관리, 운항관리, 신규진입규제 등을 하지 아니하거나 그 비용을 사업자에게 떠넘기고, 운임허가제로써 사업자로 하여금 수익을 낼 수 없게 해 놓고선 안전관리 비용을 사업자가 전담하라고 한다. 사업자는 하고 싶어도 돈이 없어 못한다. 이 상황에서 여객선 안전관리를 강화하려면 사업자에게 그 비용을 미루지 말고, 국가가 비용을 투입하여야 한다.

5 세월호 사고 재발방지대책에 대한 검토

세월호 사고 후에 여객선 안전대책이 분출하였는데 사실 그 대책의 대부분이 실현 불가능한 것이다. 왜냐하면 대책을 실현하는데 투입되는 비용과 비용부담자가 규명되지 못했거나 여객선운송시장에 대한 이해가 부족하기 때문이다. 만약 그 대책이 산발적으로 입법이 될 경우, 예산이 없거나 비용부담자가 없어서 실행이 되지 못하고 범법자만 양산하게 되는 우를 범할 수 있다. 분출되었던 재발방지대책을 3개 유형으로 분류하여 그 유형의 대책을 실행했을 때 발생하는 결과를 예측하면 다음과 같다.

1) 여객선 사업자가 안전관리를 부실하게 하므로 처벌목적으로 면허를 취소한다

면허제는 다른 사업자의 진입을 제한하므로 사업자에게 특권이기도 하지만 다른 측면에서 사업자는 다음의 2가지 의무를 부담한다. ① 허가된 운임을 받아야 하며 운임을 임의로 인상하지 못한다. ② 면허기간에 항로를 유지하여야 하며 해운서비스를 중단하지 못한다. 따라서 면허를 취소할 경우 사업자의 항로유지 의무가 면제되므로, 면허취소는 사업자를 처벌하는 것이 아니고 오히려 특혜를 주게 되는 것이다. 또한 면허가 취소되면 국가는 국가비용으로 항로를 유지해야 하므로 막대한 재정 부담을 지게 된다. 따라서 사업자를 처벌하는 방법으로 면허취소보다는 과징금을 부과하는 것이 더 낫다. 면허를 취소했을 때 다른 사업자가 면허를 획득하기 위하여 경쟁하면 좋은 결과를 얻을 수 있겠지만, 실상은 그러한 경쟁이 나타나기보다는 도서주민의 격렬한 생존권 복원 요구민이 분출하게 된다.

공무원이 사업자의 면허를 취소하지 않으면 국민은 공무원과 사업자가 유착관계에 있다고 의심한다. 공무원은 대체로 “의심을 받더라도 면허를 취소하지 않는 것이 낫다”고 생각한다. 세월호 사고에 따라 해수부가 청해진해운의 면허를 취소했는데 그 결과 청해진해운의 재산가치가 추락하였고 손해배상 재원이 부족하게 되었다. 결국 국가가 손해배상 재원 부족에 대하여 보충재원(예산)을 지급해야 하므로 국가재정이 낭비된다. 또한 청해진해운이 담당했던 인천~제주항로나 여수~거문도항로의 복원이 쉽지 않게 된다.

2) 여객선 사고가 발생하므로 면허제도를 폐지하여 여객선시장의 진입규제를 철폐한다

이러한 의견은 일반이론이나 공부하고 해운시장을 잘 모르는 사람이나 할 수 있는 것이다. 진입규제 철폐는 퇴출규제 철폐를 동시에 의미한다. 또 운임 설정의 자유화와 연결된다. 진입규제를 철폐해도 항로에 진입하여 사업을 안정적으로 영위할 사업자가 별로 없으며 운임 인상은 필연적이다. 사업자의 시장진입과 퇴출이 빈번해지면 수급이 교란되고 도서주민과 국가가 큰 타격을 받는다. 기본적으로 도서주민의 생존권을 구성하는 해상운송 서비스는 안정적으로 공급되어야 한다. 선박이 하루만 운항을 중단해도 격렬한 항의와 민원이 발생한다. 사업제도는 시장의 특성을 고려하여 선택하는 것이며 여객선 사고방지 수단으로 채택하는 것이 아니다. 잘못된 이론이나 생각을 실험할 정도로 여객운송시장이 여유롭거나 한가하지 않다.

3) 여객선 운항안전을 제고하기 위하여 사업자의 비용으로 안전조치를 하라고 하는 경우

예컨대 승선안전감독관 배치, 선령제한, 화물고박장치 개선, 선원직업윤리 강화 및 선원임금 인상, 선원승무기준 강화, 선박검사 강화 등을 입법을 하여 강제하면 사업자가 명령을 따르려고 해도 비용이 없어서 따를 수가 없다고 한다. 처벌을 강행하여 범법자를 양산할 수는 있으나 안전제고는 되지 않는다. 사업자는 "국가나 승객은 각각 안전비용을 부담하여야 하는데 자기 몫은 부담하지 않으면서 사업자로 하여금 세 사람 몫의 비용을 부담하라고 한다"고 반발한다. 사업자가 안전관리 비용을 부담하지 않거나 안전조치를 하지 않는다고 하여 국가가 면허취소나 진입규제 완화를 하게 되면 결국 사업자에게 특혜를 부여하고 국가 부담만 추가된다. 국가의 명령에도 사업자가 반발하거나 따르지 않는 경우에는 대체로 국가가 잘못했기 때문이다.

여객선 운항안전을 제고하기 위하서는 국가, 승객, 사업자가 각각 안전비용을 부담하여야 한다. 안전은 공짜가 아니다. 정부는 낙도항로 보조금을 줄이지 말고 매년 증액하여야 한다. 여객선운항관리공사를 설치하고 정부의 비용으로 운영하여야 한다. 기항지의 부두 및 여객시설을 건설 관리하여야 한다. 여객선 수로관리를 하여야 한다. 운임을 억제하지 말고 현실화하여야 한다. 해운기금을 설치하여 신조 여객선을 저리로 공급하여야 한다. 면허제를 정확히 유지하여야 한다. 운임 인상에 비례하여 해상보험 의무가입 금액을 설정한다. 지자체는 교통쿠폰을 매입하여 도서주민에게 지급하여야 한다. 정부는 운임 인상에 비례하여 안전조치를 발전시켜야 한다. 선원 임금을 정상화 하여야 한다. 여객선 안전관리에 있어서 국가는 먼저 국가 몫을 부담하여 정당성을 확보하고 사업자에게 안전관리를 할 것을 요구하여야 한다. 사업자도 정부의 정책방향에 순응하는 노력을 해야 한다.

6 추가적인 사고방지대책

1) 운항관리공사의 설치

여객선 운항관리는 "여객선 운항에 따른 종합적 위험관리"이다. 개별적이고 주기적 성격을 갖는 선박검사, 선원자격, 위생 점검, 기상통제, 여객선 영업통제(승객 및 화물, 운임 및 요금) 등을 종합적으로 점검하여 운항에 따른 위험을 줄이는 것이다. 선박검사 등을 받지 아니한 선박을 영업에서 배제시키는 기능을 한다. 여객선 운항관리는 특히 수요 부분이 너무나 절박하다. 선박운항이 정지되면 많은 섬 주민에 대하여 생필품공급이 되지 않고 주민은 섬에 고립된다. 과거에 지방해운항만청 해무과 운항담당이 10명 정도의 직원을 지휘하여 이 업무를 수행하여 왔다. 1년 내내 비상근무를 해야 했고, 물러날 곳이 없는 절박한 사람을 만나야 하고, 많은 여객선의 검사나 수리를 하게 해야 하고, 검사나 수리 기간 동안에 대체선을 그 항로에 투입하여야 한다. 이 업무는 3D 업무 중에서도 최악의 업무였다. 그러나 여객선 운항관리업무는 전체 여객선 안전관리 업무 중에서 대략 60%의 비중을 갖는 중요한 업무이다.

여객선 사고가 자주 발생하자 정부는 여객선 운항관리업무를 재검토하기 시작했는데, "이 업무가 여객선 안전관리에 중요한 요소를 구성하고 시간과 공간 측면에서 일관성이 필요한 업무이고, 공무원의 인사이동이 잦아서 능력과 경험이 축적되지 아니하고, 인원 · 장비 · 시설이 부족하고, 수요 부분이 절박하여 '교통두절이 되더라도 좀 참아라' 라고 할 수가 없다"고 판단하였다. 이를 토대로 개선안을 마련하였다. 개선안은 "해운법을 개정하여 여객선 운항관리업무를 공무원 업무에서 떼어내고, 이 업무를 중심으로 '여객선운항관리공사'를 만들고, '운항관리자'라는 자격제도를 창설하여 장기적으로 이 업무를 담당하게 하고, 인원 · 시설 · 장비를 대폭 보완한다"이었다. 그러나 정부는 재원 마련의 어려움으로 동 계획을 실행하지 않았다.

서해페리호 사건 후에 고위층으로부터 이 안을 집행하라는 지시가 있었는데 당시 실무지휘부가 모두 문책을 당하여 개선안 추진이 지체되어 집행 타이밍을 맞출 수가 없었다. "최소한 운항관리자의 급여는 국가가 부담하자"는 의견에 대하여 돈이 없다고 거절되었고, "여객선 요금에 '운항관리비'를 포함시키고 이를 국고수입으로 하고 국가가 그 돈을 공사에 주어 운항관리자의 급여로 지급하자"는 의견에 대하여 "물가관리 때문에 곤란하다"고 하여 정부적 차원의 이 개선안은 좌초되었다.

그 뒤에 해운항만청 차원의 개선안이 나왔는데 "여객선사가 돈을 내어 운항관리자의 급여를 주고, 이 업무를 공무원 업무에서 떼어내어 해운조합에 위탁하고, 해운조합에 운항관리본부를 두고 조합지부에 운항관리실을 설치하는 방안이다." 당시 해운조합은 "조합이 여객선사로 하여금 돈을 내도록 하는 것은 실행하기 어렵고, 결국 여객선사에서 급여를 받는 운항관리자가 여객선사를 규제하기 어렵고, 정부가 못하는 업무를 힘도 없는 조합이 하라고 하는 것은 안 된다"고 주장하였다. 그 외에 "개악이 될 텐데 차라리 공무원 업무로 그대로 두는 것이 낫다"는 의견이 있었다. 그런데 "내년에 예산이 확보되면 이 업무를 조합에서 떼어내서 공사를 만들 것이고, 인원·장비·시설을 보완하겠다. 공무원들이 운항관리업무를 기피하고 또 제도개선 지시를 받은 이상 이 업무를 공무원 업무에서 분리하여야 한다"는 주장 때문에 이를 해운조합에 위탁하게 되었다. 그 후에, 조합이 여객선사에 불이익 처분을 하기 어려울 때에는 해경의 지휘를 받아서 또는 해경에 보고하여 해경이 처분하는 것으로 하였다. 그리고 3년 전에 운항관리업무를 해운조합에서 떼어내어 공사로 만드는 방안이 추진되었으나 조직 및 예산문제로 재차 좌절되었다.

진도 참사가 발생했고 온 국민이 슬픔에 빠져있고 분노가 하늘을 찌르고 있다. 또 안전의 중요성이 크게 강조되고 있다. 세월호 사건을 잊으면 안 될 것이다. 여객선 안전은 매뉴얼만으로는 달성되지 않는다. 안전비용을 지불하고 국가예산을 투입하여 실행에 옮겨야 한다. 잘못한 자를 처벌하는 것만으로는 충분한 대책이 될 수 없다. 지난 30년 동안 예외 없이 처벌은 하였으나 안전비용을 지불한 적은 없었다. 해운조합이 수행하고 있는 여객선 운항관리업무를 떼어내어 '여객선운항관리공사'를 설립하고 그 직원의 급여를 국가가 부담하여야 한다. 그리고 승객의 운임에 운항관리비용을 추가하여 그 추가 징수된 돈으로 운항관리를 위한 시설과 장비를 확충하여야 한다.

2) 진입면허제, 운임인가제로부터 진입등록제, 자율운임제

면허제는 초기 투자비용이 많이 들고 수익률이 적어 투자비를 회수하는 기간이 매우 길 때, 사업자의 안정적인 사업운영을 보장하고자 일정 기간 경쟁자가 시장에 들어오는 것을 막는 제도이다. 반면, 진입등록제는 등록기준을 두고 이 기준에 부합하는 사업자는 사업등록을 하고 사업을 할 수 있는 제도이다. 동 제도는 다수의 참여자가 있을 정도로 수요의 볼륨이 크고 수익률이 높고 투자회임기간이 짧아야 하며 일시적 또는 영구적 서비스의 중단이 있어도 다른 대체공급이 있을 때, 적절한 제도이다.

진입등록제와 면허제 중 어떤 제도가 나은지를 판별하기 위해서는 다음 2가지 질문을 던지면 된다. ① 복수의 선사가 동일 항로에서 영업하다가 망해서 항로가 끊길 때(도서교통 불능 상태) 정부가 제3자의 입장에서 방관할 수 있는가? ② 복수의 선사가 동일 항로에서 영업하다가 (승선인 수는 증가하지 아니하므로) 요율을 2배로 인상했을 때 정부가 제3자의 입장에서 방관할 수 있는가? 이 두 개 질문에 대해 모두 부정적인 답변을 할 경우 면허제 시장이 적합하므로, 내항해운업은 진입등록제보다는 면허제가 적합한 시장이다.

현재의 시장 상황은 명목상 등록제 및 명목상 요율신고제를 채택하고 있다. 현재의 시장상황을 좀더 살펴보면, 새로운 진입예정자가 기존 항로를 분석해보니 수익이 없으므로 등록제이지만 시장진입을 하지 않는다. 기존 사업자가 어떤 이유를 제시하여 항로에서 철수하려고 하고 지방해양수산청장은 기존 사업자의 항로 철수 시 도서민의 민원이 발생하니 사업자가 항로에서 철수하지 못하도록 한다. 요금책정이 명목상 자율화되었으나, 사실상 허가제와 유사하게 운영되므로 선사는 요금을 올릴 수 없다. 따라서 사업자는 운항비용을 줄이는데 전력을 다하고 특히 안전관리비를 줄이거나 운송 서비스의 질을 떨어뜨리는 경향이 있다. 또한 사업자가 선박에 재투자할 여력이 없어 선박은 노후화될 수밖에 없다. 심한 경우는 예컨대 총수입이 운항경비에 미치지 못한 경우, 선사가 선박 점검이나 수리 등을 이유로 휴항을 자주 신청하여 도서민 불만이 고조된다.

선사가 여객선의 안전수준을 높이고 서비스의 질을 높이기 위하여 노력할 경우 더 큰 수익이 보장되어야 한다. 그런데 현 시장 상황에 등록제 및 자율요금제(신고

제)를 채택하는 것은 "선사가 수익을 추구하기 위하여 안전수준을 낮추고 서비스의 질을 낮추라고 하는 것과 같다." 여객선 운송시장은 진입제도로써 면허제와 요금인가제가 적절하며 규제완화를 명분으로 이를 무리하게 등록제와 요금신고제로 변경하여 운용하는 것은 잘못된 것이다.

3) 명령항로와 낙도보조항로

명령항로란 운항경비가 운항수익보다 더 커서 상업적 운송서비스가 불가능한 경우 국가가 국가비용으로 도서민의 이동권 보장, 도서개발 및 국민통합의 차원에서 항로를 운영하는 것을 말한다. 국가가 여객선사업자에게 명령한다고 해서 명령항로라고 하며 모든 비용은 국가가 부담한다. 사업자가 운임요금을 받는 경우에는 총보상비에서 그 수익부분을 차감하여 지급한다. 이는 해운항만청이 제공해 왔던 오래된 교통복지행정이다.

낙도보조항로의 정의는 원칙적으로 사업자의 상업항로이지만 일부 공공기능을 포함하여 수행하는 경우에 국가가 그 부분에 대하여 보조금을 지급하는 항로제도를 말한다. 명령항로나 낙도보조항로는 국가재원을 지급한다는 점에서 같으나 지급비율이 상당히 다르다. 특히 보조금법이 제정된 후부터는 보조율 통제가 시행되었으며, 명령항로와 낙도보조항로는 질적으로 차별화 되었다. 90년대 중반에 명령항로를 폐지하고 낙도보조항로 제도를 신규 도입하였고, 그 후 정부가 점차 보조율을 줄여서 항로 폐지가 속출하게 되었다. 그런데 WTO 보조금 규제에 있어서도 낙도보조항로의 보조금은 규제되는 보조금이 아니라고 규정하여 규제대상에서 빠졌음에도 불구하고, 정부는 단순히 정부재원 절약을 목적으로 보조금을 줄임으로써 큰 부작용이 발생하고 있다. 그 부작용으로 도서민의 이동권이 크게 제한되었고, 도서개발이 지연되었고 국민통합이 제약되었다. 일부 도서지역의 항로가 중단되었고 도서민이 어선 등을 타고 다니므로 위험은 더욱 가중되었다. 한편 보조금의 감소는 결국 여객선사로 하여금 안전관리비용을 줄이게 만들었고, 그 결과 운송서비스의 질이 저하되기 시작하였다. 그리고 지방도시가 국가를 대신하여 보조금을 지급하거나 교통쿠폰을 지급하기 시작하였으나, 대체로 해당 지역주민에 한정하고 있어 지역차별성이 부각되고 있다. 따라서 명령항로는 도서민에 대한 중요한 교통복지제도인데 국가가 예산을 줄이기 위해 철폐하였고 부작용만 발생하게 하였다.

4) 차도선

차가 도로를 가다가 강이나 바다를 만나면 선박에 올라타서 선박이 이동하고 육지에 도착하면 차량이 선박에서 내려서 다시 섬의 도로를 달린다는 개념이 있다. 그러니까 차도선은 교량기능에 해당한다. 원래 도선이라는 개념에서 차가 건넌다는 의미를 붙여 차도선이라고 했다. 차도선은 출발지와 도착지가 각각 1개씩이어야 하는데 여러 섬을 연결하여 출발지와 도착지가 여러 개이면 사실은 부정기여객운송사업이 된다. 차도선은 양 방향 출입구가 있어 차량이 손쉽게 직진하여 승하선할 수 있어야 하는데 우리나라의 차도선은 일방향으로 승하선하도록 되어 있다. 그러므로 승선시 후진으로 승선하는 것이 대부분인데, 후진승선은 상당히 위험하다.

현실적으로 보면, 차도선은 도선이 아니고 화객선이다. 여객이 승선하므로 여객선 기준으로 안전규제를 해야 하는데 현재는 화물선 기준을 적용하고 있다. 이로 인해 영업허가, 선박직원 자격, 선박검사, 승무정원, 안전설비, 보험가입 등이 문제가 되고 있다. 차도선은 출발지와 도착지가 복수로 거의 부정기화객운송사업에 해당한다. 대체로 60톤~150톤 정도의 크기이며 농협 등이 조합원만을 위하여 운영한다고 하면서 일반인도 승선하고 있다. 차도선은 일방향 차량승하선 설비만 있으므로 승선시 위험하다. 차량을 낮은 쪽으로 후진하여 승선하는데 운전자는 주변 환경을 볼 수가 없어 위치나 공간 파악이 어렵다. 여객선이 두절되는 경우가 있으므로 섬 주민들이 예비로 차도선을 갖기를 원하고 있으며, 농협조합원의 내부의 교통목적으로 하고 회비를 징수하며 지자체의 보조금을 받고 있다. 그리고 여객선의 수익구조를 훼손하고 있으므로 장기적으로 볼 때 보통 교통수단의 제공이라는 측면에서 불리하게 작용하는 결과가 된다. 차도선이 없는 농협 등은 어떻게든지 차도선을 마련하려고 하고 그러면 여객선의 수익기반이 파괴되어 여객선이 항로에서 이탈하게 된다.

결론적으로 차도선은 안전 리스크가 높으며 승선 정원, 안전설비, 보험 등 많은 문제를 가지고 있는데 사회적 필요성은 있다고 믿어진다. 그리고 쌍방향 승하선 설비를 갖추어야 하고 안전설비 기준을 강화하여야 한다.

5) 호수 · 하천의 관광선

선박에 의한 상업적 서비스가 있기 위해서는 수로 및 해도, 선박, 승무선원, 수로교통사업자에 대한 영업허가(보험 안전조치, 운항계획, 안전설비, 요금통제 등)에 관한 제도가 있어야 한다. 즉, 호수 · 하천의 관광선에 대한 영업허가시에 여객보험가입 여부, 안전설비 및 안전장구의 구비 여부, 자격 있는 선원의 승무 여부, 적절한 운임 및 요금설정 여부를 체크하여야 한다. 그런데 호수 · 하천을 운항하는 관광선은 수로관리가 되어 있지 않고 수로도가 없고, 선원의 자격 체크가 되지 않고 있으며, 선박검사는 충주호 사고 후에 적용되고 있는데 적절하게 감독되고 있는지는 의문이다. 수로교통은 항행선박이 적으므로 간략히 시행해도 큰 문제가 되지는 않는다. 사업허가는 예컨대 보험, 안전설비, 운임, 구조 · 구난 등을 검토하는 것은 대략 적용되는 것으로 보이나 지자체마다 기준을 달리 적용하고 있다.

호수 · 하천의 관광선은 그 운항이 상당히 위험한 상황이며 지자체마다 관광선을 허가하여 사실상 행정수요가 폭증하고 있다. 그러나 규모의 경제 때문에 안전을 위한 서비스를 제공하지 못하고 있다. 그러므로 수로 및 해도, 선박, 선원, 수로교통사업자에 대한 영업허가의 5가지 안전요소에 대하여 간이형태의 기준을 만들어 적용해야 위험도를 떨어뜨릴 수 있다.

6) 구조 · 구난

세월호 사고 등 여러 사건을 거치면서 구조 · 구난 전문기관의 필요성이 인식되었다. 구조는 원칙적으로 국가의 비용으로 국가가 직접 수행한다. 침몰선박에서 시신을 수습하는 것도 구조로 취급하기도 한다. 시신수습은 2m/sec 이하의 조류에서만 수행하도록 되어 있다. 세월호 침몰장소는 2.5m/sec의 유속으로 시신수습을 하면 사실 매우 위험한 장소이다. 구난은 침몰선박을 수중에서 꺼내는 것을 말하는데 원칙적으로 선박소유자가 그 비용을 부담한다. 선박소유자가 돈을 부담할 수 없으면 어쩔 수 없이 구난을 하고자 하는 자가 부담한다. 선박이 군함인 경우 국가가 그 비용을 부담한다. 구난활동은 사업화가 진행되어서 구난사업자가 돈을 받고 구난활동을 한다. 물론 국가가 직접 수행하는 경우도 있다.

구조 · 구난을 위해 숙련된 인력, 고가의 장비, 첨단기술, 막대한 재원이 필요하다. 우리는 해군이 자체 필요에 의하여 인력을 양성하고 장비 등을 도입하고 있으므로 해군예비역을 이용하고 재원을 투입하면 구조·구난을 크게 발전시킬 수 있다. 우리나라는 해운업의 강국이고 조선업도 크게 발전하였다.

미국은 수심 200미터 수역에 잠수함이 침몰한 사건을 거친 후 고가의 구조·구난장비를 몇 개의 기관에 분산·관리하고 구조·구난능력을 크게 발전시켰다. 군인들이 침몰된 잠수함에 있었는데 구조정을 보내서 잠수함 해치부분에 결합시켜 승무원을 탈출시켰다. 미국도 준비를 하지 않고 있었으나 짧은 시간에 임시방편을 마련하여 인명을 구조하였고, 이 사건을 계기로 구조능력을 강화할 필요성을 절감했고 많은 예산을 투입하였다.

세월호 사고를 계기로 우리나라에서도 국가구조능력을 크게 향상시킬 필요성이 인식되었다. 구조분야에 과학기술과 기능을 결합시켜야 한다. 과학연구소를 지정하여 구조분야에 새로운 과학기술을 투입하도록 하여야 하고 기능을 투입하기 위하여 국가 구조인력 양성, 잠수사 자격기준이나 보수기준, 재해보험, 잠수활동 가이드 라인 등을 마련해야 할 것이다. 국가가 조선소와 대형장비의 사용협약을 체결하고 사용 후에 용선료를 반드시 지급하도록 하고, 챔버 등 장비 등은 일정 규모를 국가가 구입하여 연구소나 공단 같은 곳에 보관해야 할 것이다. 또한 해군의 잠수인력을 활용하기 위하여 예비군 훈련제도를 이용하여 기능을 유지케 하고 유사시에 현장에 투입하도록 하면 비용을 절약하게 될 것이다.

제 7 절 현행 수습체계의 문제점

1 세월호 사고수습을 위한 역할분담 및 수습현황

시신수습은 해수부가 담당했는데 시간 및 비용에 대한 통제에 성공적이지 못하여 다른 사고수습에 부정적 영향을 미쳤다. 시신수습은 사실상 종결되었으며 선체인양이 되면 화물에 깔려 있는 시신을 발견할 수 있을지 모르겠다. “4·16세월호참사 피해구제 및 지원 등을 위한 특별법" 제19조는 "생사가 분명하지 아니한 희생자는 4·16세월호참사로 사망한 것으로 본다"고 규정하였다. 이 규정은 시신수습의 목적을 충족시키는 역할을 하고 있다.

선체인양은 해수부가 담당하였는데 국가재난임에 불구하고 상업적 원리를 적용하였고 중국 인양사업자가 우선협상대상자로 선정되었고, 선체인양이 진행 중이다. 작업여건이 유사한 시신수습은 비상업적 원리를 적용했는데 선체인양은 상업적 원리를 적용하므로 국민의 공동체에 대한 충성심이 약화될 가능성이 있다. 상업적 원리를 적용하는 근거인 인양 확실성 역시 좀 검토를 해 보아야 할 것 같다. 우리나라 구난사업자가 세월호 인양을 확실하게 하지 못한다는 판단에 대하여도 평가를 해야 할 것이다. 선체인양은 물적 증거를 통하여 재판이나 재발방지대책을 지원하는 역할을 하는데 선체인양이 늦어지므로 별다른 의미를 갖지 못하게 되었다. 과거 해경이 '구난업규정'을 수난구호법에 포함시켰는데 이는 구조와 구난을 혼동하여 둘 다 못하는 결과가 되었다. 시신수습은 일종의 구조에 해당하는데 구난기술이 필요하기 때문에 구조와 구난을 혼동하게 하였다. 수난구호법은 인명구조에 집중하고 '구난업규정'은 수난구호법에서 분리하여 해수부 소관 법률로 새로이 제정하여야 한다. 우리나라 구난업이 좀 발달했으면 좋겠다.

징계는 안행부가 주로 담당하는데 사고원인을 축소, 제거하는 것을 주목적으로 하는 것이 아니고 사고와 관련한 국민들의 불만을 달래기 위한 측면이 부각되고 있다. 행정상 부작위에 대한 광범하고 신속한 징계를 해야 했고 정무직이나 고위직에 대한 문책이 부족하였다. 징계 시점이 늦추어졌으며 적절한 사고수습체제가 적시에 갖추어지도록 하지 못했다. 사고원인을 제거하는 것을 주목적으로 했다면 해수부장관이 징계 요구를 적극적으로 해야 했다. 감사원이나 수사기관의 업무집행은 사고수습에 지장을 주기도 하였다.

처벌은 검찰이 주도하고 있는데 징계와 같이 사고원인을 제거·축소하기보다는 국민 불만을 달래기 위한 측면이 부각되고 있다. 유병언을 체포하지 못하여 대위청구권 행사를 행하기 어렵게 되었다. 증거수집이나 수사과정에서 해수부 및 해경의 업무가 마비되어서 세월호 사고수습에 지장을 초래하였다.

배상·보상, 지원 등의 업무는 국무조정실 및 해수부가 '피해구제 및 지원 등을 위한 특별법'에 따라 담당하고 있고 실무는 심의위원회가 담당하고 있다 특별법은 손해배상에 관하여 결국 민법을 적용하는 것이며 대위변제 및 대위청구를 규정하였다. 그리고 사망의제에 관한 특칙과 지원금 지급 및 손실보상에 관한 사항을 규정하였다. 국가재난 때마다 이런 종류의 특별법을 만들어야 하는가에 대한 의문이 생기기는 하지만 그래도 민법을 적용하도록 한 것은 그나마 다행이라고 생각한다. 위로금을 포함한 '총배상금액'이 너무 높고 대위청구나 구상권 행사가 사실상 어렵고, 국가가 회수할 수 있는 금액이 적으므로 국고부담이 커지게 되었다. 사고가 발생했을 때 총배상금액이 종전보다 급격히 인상되면 여러 가지 변수를 조정하여야 한다. 먼저 보험가입금액을 대폭 인상하여야 하고 여객선사의 손해배상책임재산을 증가시켜야 하므로 면허기준을 상향 조정한다. 결국 여객선 운임 및 요금을 상향 조정하지 않으면 안 된다. 여객선 운항관련 각종 비용이 조정과정을 겪게 되며 화물선 차도선, 국제선의 운임요금이 조정되어야 한다. 또 상당한 비례관계를 갖는 버스, 항공기 등 사고의 손해배상금액에 영향을 주어 그것의 운임요금에도 영향을 미칠 수 있다. 서해페리호 사고 후 여객선 보험금액이나 선원 재해보상금을 약 2~3배 인상하고 면허기준을 상향 조정했으며 운임요금을 큰 폭으로 인상하였다. 유병언이 사망함으로써 유병언 재산을 회수하기 어렵게 되었다. 해수부가 청해진해운으로 하여금 손해배상책임재산을 유지하도록 하는데 실패했고 산업은행은 청해진해운에 내하여 융자금반환청구를 하고 있다 또 해수부는 청해진해운의 여객운송사업면허를 취소함으로써 청해진해운의 재산은 급격히 감소케 하였다. 보험금청구는 여객선사의 운항 상 고의 또는 중대한 과실이 있는 것으로 판명되어 여러 어려움이 있을 것 같다.

재발방지대책은 정부 또는 해수부가 담당하고 있다. 국민안전처 신설은 재난관리와 관련하여 오히려 퇴보하였다고 볼 수 있다. 국민안전처는 해상안전, 메르스 대응, 원자력사고, 화학물질사고, 항공기사고 등에 대하여 무력하다. 잘 아는 전문가도 없고 법률이나 조직이 발달하지 않았다. 국민안전처는 기획기능에 집중하고 집행기능은 전문부처로 넘겨야 한다.

여객선운항관리는 원칙적으로 공권력적 업무이고 여객선 안전을 확보하기 위한 가장 중요한 제도이다. 여객선운항관리가 실패하게 된 원인은 국가가 운항관리자의 급여를 주지 않아서이다. 운항관리자의 급여를 여객선사가 돈을 걷어서 지급하니 운항관리자가 여객선 회사를 규제·감독할 수 없었던 것이다. 여객선 사고가 발생할 때마다 운항관리자 급여 문제가 제기되었지만 지난 40년 동안 변한 것이 없다. 해수부가 여객선운항관리업무를 해운조합에서 떼어내어 선박안전공단이 동 업무를 처리하도록 하였으나 이번에도 운항관리자의 급여문제는 해결되지 않았고 여객선운항관리제도는 계속해서 헛돌게 되었다. 여객선 운항관리는 강제력이 해운법 규정에 의하여 부여되는데 선박공단은 선박안전법, 선박법의 집행업무를 수행하는 기관이므로 여객선운항관리업무는 훨씬 퇴보하였다고 평가한다.

해수부가 수행하고 있던 전국 항만VTS를 국민안전처로 이관한 것은 매우 잘못된 결정이다. 해경이 세월호 구조과정에서 진도VTS 운용을 잘하지 못했는데 이에 대한 문책의 일환으로 전국 항만VTS를 국민안전처로 이관한다는 것이 참 이상하다. 전국 항만VTS는 진도VTS에 비하여 수백 배 큰 업무이고 해수부가 잘 운용하고 있었는데 국민안전처로의 이관으로 해상사고 확률은 급격하게 높아졌다. 지체없이 원상회복하여야 한다.

여객을 보호하는 선장의 책임이 선원법에 규정되어 있는데 세월호 선장이 승객을 보호하지 않고 도주한 사례가 있으므로 선원법을 개정하여 벌칙을 크게 강화하였다. 그런데 벌칙 강화와 동시에 선장이 그 책임을 이행할 수 있도록 경제적 토대를 갖추는 것이 필요하다. 선장 월급이 250만원인 경우 벌칙 강화만으로 책임이행을 보장하기 곤란하다. 우수한 선장 및 선원을 고용하자는 것에 대하여 우수한 선장이나 선원은 많이 있지만 그들은 급료가 높다. 여객선 회사는 줄 돈이 없고 정부 또한 급료를 지불하거나 면세혜택이나 보조금을 지급할 생각이 없다.

법인책임주의 원칙이 구현되어야 한다. 법인은 인격이 있으므로 손해배상 같은 것은 법인이 책임지도록 하여야 한다. 법인재산을 유병언 같은 사람이 빼내가지 못하도록 막아야 한다. 일단 빼어내 간 후에 사고가 발생하였고, 여객선사가 손해배상금을 지불할 돈이 없으니까 정부가 '사실상 선주' 등이 빼내어간 돈을 회수하려고 한다. 이것은 별로 좋은 방법은 아니다. 먼저 면허기준에 따라 여객선사의 손해배상책임재산을 규정하고 매년 책임재산의 변동내역을 감시하여야 한다. 금감원이 은행의 BIS 기준 준수 여부를 감독하는 것과 같이 하면 된다. 이러한 법인책임주의는 상법의 기본원칙인데 개선에 관한 목소리나 진전사항이 없다. 여객선 사고가 발생하여 보험금을 받는 것이 긴요할 때 보험사가 여객선사의 운항 상 '고의 또는 중대한 과실'을 이유로 보험금지급을 거절하는 사례가 많으니까 우리나라 여객선 사업의 실정에 부합하는 보험을 개발하고 보험료를 인상해서라도 사고가 발생했을 때 항상 보험금을 받을 수 있도록 하여야 한다.

여객선 탑승절차를 항공기 탑승절차와 유사하게 하면 차후 실종자 파악을 용이하게 할 수 있으므로 여객선 탑승절차를 강화하자는 안이 있었고 해수부가 이를 채택하였다. 실제로 크루즈선이나 국제여객선은 이와 유사한 제도를 운영하고 있다. 그런데 여객선 탑승절차를 강화하면 도선, 단거리 운항선, 영세규모의 선박회사들은 비용을 부담하기 어렵다. 탑승이 복잡해지거나 지연되면 여객은 가급적 선박을 이용하지 않으려 한다. 강제로 여객선 탑승절차를 강화하기보다는 유인책을 사용하는 것이 낫다. 강제로 여객선 탑승절차를 강화하려면 정부재원의 투입이 불가피해진다. 그냥 탑승 CCTV를 추가 설치하는 것이 비용이 적게 들고 유효할 수도 있다. 실제로 세월호 사고 때에 CCTV가 실종자 파악에 도움이 되었다.

여객선 사고가 발생하면 대체로 손해배상금액(성금을 포함한다)이 대폭 상승하므로 균형을 맞추기 위하여 보험금을 올려야 하고 이를 위해서는 보험료를 많이 지출하여야 한다. 또 면허기준을 올려서 선사의 손해배상책임재산을 증액하여야 한다. 안전설비를 설치하여야 하므로 운임과 요금을 조정해야 한다. 그리고 선원근로감독을 강화하고 산재보험금을 올리고 선원인건비를 상향하여야 한다. 선원근로감독제도는 법령과 제도가 구비되어 있으므로 이를 강화하는 것은 비용이 소요되지 않는다. 세월호 사고 때에 이 선원근로감독제도가 부실하게 운영되어 사고를 방지할 수도 있었던 기회를 놓쳤고 선장과 선주가 책임을 방기하고 도주하는 일이 발생하였으며 '종교적 저임금'이라는 변태적 근로형태가 실행되었다.

선박공유제는 국가와 여객선 회사가 선박을 공유하는 제도로 여객선 확보비용을 낮추기 위한 방안이다. 선박의 공유는 일종의 담보에 해당한다. 여객선 확보비용을 낮출 수 있으나 정부의 재원이 많이 투입 된다. 결국 정부의 돈으로 여객선 구입비용을 지원하는 것이다. 기재부가 돈이 없다고 반대하니 실행하기 곤란하기는 하다. 그러나 선박공유제는 여객선 사고를 방지할 수 있다.

선박검사 강화는 재발방지대책의 단골 메뉴인데 항상 개선되지 않는다. 적절한 선박검사가 이루어지려면 선박검사관을 최소 2배 증원하여야 하고, 선박검사 수수료를 대폭 인상하고, 정부가 선박공단이나 한국선급에 위탁수수료를 지급하여야 한다. 선박검사 용량을 발전시킨 뒤에 선박검사를 강화하여야 한다. 정부가 재원투입을 할 의사가 없으면 선박검사 강화는 유효하게 실행되지 않는다. 지금까지 할 수 있는 것은 다했다.

화물고박을 강화하는 것은 생각보다 비용이 많이 소요되는데 사실 비용을 부담할 자가 없다. 부실한 화물고박은 선박을 전복케 하거나 복원 능력을 제한한다. 화물고박은 전 세계 해상운송 관계자가 고민하는 문제이다. 먼저 화물고박에 관하여 효율적인 방안을 찾아내는 국가 R&D가 필요하다.

결론적으로 세월호 사고 재발방지대책은 유효하게 실행된 것이 별로 없다. 원래 재발방지대책은 사고 후 100일 이내에 재발방지대책과 그 재원마련이 궤도에 올라야 한다. 시신수습이나 선체인양, 보상 또는 배상 등에 집중하다 보면 가장 중요한 재발방지대책을 소홀히 다루게 되어 다시 사고가 발생하게 된다. 특별히 강조하고자 하는 것은 '여객선운항관리'를 강화하는 것이다. 연간 200억원이 소요될 것이나 이 제도는 여객선 안전관리의 최종적 제도이고 여객선 회사의 자체적 운항관리, 선박검사제도, 선원근로감독제도, 적절한 수로 이용, 적절한 기상 및 해황정보 이용 등을 촉진하게 되므로 여객선 사고의 확률을 50% 이상 낮출 수 있다.

진상규명은 '4·16세월호참사 진상규명 및 안전사회건설 등을 위한 특별법'에 따라 특별조사위원회가 주도하도록 되어 있다. 위원회는 세월호 사고 원인규명에 관한 사항, 사고원인을 제공한 법령, 제도, 정책, 관행 등에 대한 개혁 및 대책 수립, 구조·구난작업과 정부대응의 적정성에 대한 조사, 언론보도의 공정성, 적정성과 정보통신망 게시물 등에 의한 피해자 명예훼손 실태에 대한 조사, 재해재난의 예방과 대응방안 마련 등 안전한 사회건설을 위한 종합대책 수립 등을 수행한다. 그런데 위원회의 사고원인 규명, 재해재난의 예방과 대응방안마련 등 안전사회 건설을 위한 종합대책수립 등은 시기적으로 너무 늦은 것이다. 사고수습이 진행되면서 담당부처에 의하여 원인 규명 및 재발방지 대책 등이 진행되고 있고 그 담당부처는 많은 재원과 수많은 전문 인력을 동원하고 있다. 위원회의 존속기간, 인원 수, 전문분야, 능력을 고려했을 때, 위원회가 할 수 있는 일이 한계가 있다. 또 설사 원인 규명 및 종합대책을 수립하여도 실행주체와 실행재원 문제가 여전히 남아 있다. 위원회는 원칙적으로 과거의 사고가 아닌 미래의 사고를 방지·예방하기 위한 제안을 하는데 그쳐야 한다.

2 세월호 사고수습 전망

시신수습은 사실상 종결되었고, 선체인양은 진행 중이다. 선체인양이 되면 먼저 선내 시신 수색이 있게 되고 사고원인 확인 작업이 있게 된다. 선체인양 후 사고원인 확인이 이루어지면 그 간 징계 처분된 자의 사고원인 확인에 따른 시정요구가 있을 수 있다. 징계는 2015년 후반기에 종료될 예정이고, 범죄 수사 및 처벌에 관하여는, 수사는 종결되었고 일찍 기소되었지만 재판이 진행되고 있으며 재판은 대체로 2016년 하반기 정도면 대부분 종결될 것으로 보인다. 손해배상은 2015년 9월 29일까지 배상금 지급신청을 하여야 하므로 2016년 초까지는 배상문제가 일단락 될 것으로 보인다.

재발방지대책은 재원마련과 대책내용으로 구성되는데 원칙적으로 여객선운송사업 분야에서 재원을 마련하고 당해 산입에서 인력, 지식, 기술을 채택하고 동원하여 해결하여야 한다. 지금까지 여러 재발방지대책이 제안되었지만 대부분 실효성이 없거나 과도한 규제가 되거나 재원을 부담할 자가 없는 경우가 많았다. 몇 가지가 실행되었으나 유효한 재발방지대책이 아니고 사고재발을 촉진하는 경우도 있었다. 그 이유는 사안을 잘 알지 못하는 사람이 결정을 해 버리는 경우가 많았으며 정부, 여객선사업자, 여객, 국민이 모두 사고재발방지를 위한 재원부담을 거부했기 때문이다.

사고피해자에 대한 '총손해배상금(지원금 포함)'을 일단 정했으면 이러한 '총손해배상금'은 기성사실로 받아들여야 하고, 정부, 여객선사업자, 여객, 국민은 모두 배상금을 분담할 준비를 하여야 한다. 특히 정부는 '총손해배상금' 분담에 대하여 리더십을 보여야 하고 먼저 재원을 부담하는 모범을 보여야 한다. 정부가 재원 부담을 거부하면 재발방지대책은 어떤 것도 실행되지 않으며, 법률상 손해배상액과 실제로 타협된 '총손해배상금액'의 차이가 크게 벌어져, 손해배상제도 운영이나 형평성에 큰 문제점이 대두하게 된다.

3 사고수습의 비용 통제

세월호 사고수습에 있어서 시간 및 비용을 통제하지 못하여 사회 전반적인 피해가 눈덩이처럼 불어났다. 그나마 비용은 여러 견제장치가 있어서 어느 정도 통제가 되었는데 시간은 거의 통제가 되지 않았다. 일례로 현장 업무인 시신수습과 선체인양을 종결하는데만 2년 이상의 기간이 소요되었다.

사고수습을 위한 재원마련은 원칙적으로 사고가 발생한 산업 또는 분야에서 수행되어야 한다. 세월호 사고의 경우에는 여객선사업 분야, 해운산업 분야, 해수부 소관 예산에서 일차적으로 마련하여야 한다. 그것이 모자라면 정부에서 지원 및 보충해 주면 된다. 시신수습 및 선체인양은 기본적으로 국가의 업무이므로 비용은 해수부의 2014년 및 2015년 예산을 전용하여 마련했어야 했다. 정부나 국회에 사고수습예산을 반영 요구하거나 신청하는 것은 너무 느리기 때문에 적절한 방법이 아니다. 손해배상금 재원은 보험금, 선사의 손해배상책임재산, 선주 또는 사실상 선주가 선사에서 빼돌린 재산, 성금 등으로 마련하고 재발방지대책에 소요되는 비용은 정부, 여객, 선사, 국민이 분담하여 마련한다. 여객이나 국민이 분담한다는 것은 운임, 요금, 보험료, 선원 인건비 등을 인상 조정한다는 의미이다.

사고수습은 급박한 사정 하에 수행되므로 먼저 해수부 기존 예산을 전용하여 사용한다. 초기에 돈이 많이 필요하면 일단 토목예산 등을 타절하여 사용하고 특정 금액의 추가예산을 신청하여 과도한 타절을 조정할 수 있겠다. 해수부가 재난수습예산 6,213억원을 요구했고 사고수습 예산이 확보될 때까지는 사고수습 비용을 외상으로 하였는데 이 경우 사업자가 말을 듣지 아니하고 장관의 영이 서지 않는다. 재난수습 예산을 신청하는데 많은 인력과 시간이 소요되고 재난수습 예산이 언제 올지도 모르는데 마냥 기다리고 있을 수는 없는 것이다.

초기에 '긴급조치비'는 장관이 지체 없이 투입할 수 있어야 한다. 초기에 투입되는 재원은 나중에 투입되는 돈의 10배의 효력이 있다. 이 '긴급조치비'는 사고수습 체제로 신속한 변경을 할 수 있도록 하며, 피해가 확산되는 것을 선제 제압하는 능력이 있다. 과거에는 해양환경공단 같은 곳에 '긴급조치비'를 숨겨둔 사례가 있었는데 지금은 기재부가 다 적발하여 회수해 가버린 탓에 장관이 긴급한 조치를 하려고 해도 할 수가 없는 사태가 벌어졌다. 정부에 예비비가 있고 재난관리법상 재난예산이 있으나 실제로 사용하려면 시간이 소요된다. 다음은 태풍 루사의 재난피해 복구 예이다.

〈태풍 루사의 재난피해 복구〉

당시 강원도에 많은 비가 내렸는데 피해가 엄청나게 커졌다. 강원도의 금고가 바닥나고 외상으로 긴급복구를 했는데 사업자가 말을 듣지 않았다. 국회에서 특별재난구역을 결정하고 예산을 마련한 뒤, 지방으로 영달하여 계약을 체결하고, 계약자가 준비를 하여 복구공사를 개시하는데 통상 90일이 소요되었다. 그에 따라 지체되는 기간에 피해가 눈덩이처럼 커져간다. 당시에 해수부는 비가 그치자마자 해양쓰레기 예산을 전용하여 현금으로 바꾸고 몇 개 사업팀을 조직하여 강원도에 배치하였는데 그들은 쓰레기를 모으는 취로사업, 포클레인이나 트럭을 이용하는 운반, 포화된 쓰레기장을 대체하는 중간쓰레기장 마련, 부비트랩 제거, 해변의 중량쓰레기 제거 등을 하였고 그 보수를 현금으로 지급하였다. 사업성과가 매우 좋았는데 범죄예방, 질병차단, 생계수단이 없는 자 보호, 주민에게 자존심 부여 등의 목적을 달성하였다. 개인적인 생각이지만 이 돈은 나중에 투입된 재난복구비보다 10배 이상 유효하게 사용되었다.

사고수습 계획은 사고수습 과정에서 비용과 시간을 통제하기 위하여 작성한다. 물론 사고수습 조치들이 사고수습 목적에 정확하게 기여한다는 것을 전제로 한다. 사고수습 계획은 비용추정, 재원확보 방안, 인력, 기술, 장비 등의 동원, 시간통제, 책임분담 등을 기술하는 것이다. 그리고 수습참여자나 정부 전체를 지휘하기 때문에 적절한 전문성, 책임, 권한 등이 있는 사람이 작성하여야 한다. 세월호의 경우 사고수습 계획을 국무조정실에서 작성하였는데 그 내용이 부실해서 그 계획을 따라갈 수가 없었다. 국무조정실은 사고수습 비용을 추정하거나 재원확보나 인력, 기술, 장비, 지식 등을 동원할 수가 없으므로 해수부에 사고수습 계획의 작성을 명령했어야 했다.

업무의 분담은 장관의 책임과 권한을 강화하는 방향으로 이루어져야 한다. 장관은 수습비용 추정을 할 수 있고 수습재원을 확보할 수 있으며 인력, 기술, 장비, 지식 등을 동원할 수 있다. 그리고 시간에 대해서도 잘 알고 있다. 많은 법령이 장관을 중심으로 구성되어 있고 예산도 법령과 연결되어 있다. 정부는 가급적 장관의 요청이나 요구를 수용해 주는 방법으로 장관을 지휘하면 된다. 급하다고 해서 장관에게 선택가능성이 없는 지시를 하게 되면 매우 곤란한 상황이 발생한다.

4 기타 사고 처리의 예: 허베이스피리트호 사고

1) 소득증명이 없는 자

2007년 12월 7일 발생한 허베이스피리트호 사고와 같은 유류오염사고의 경우에는 소득증명이 없어 배상받지 못하는 자가 발생하였다. 그것은 "P&I 보험이나 펀드는 증명된 손해에 대하여 배상한다"는 원칙 때문이었다. P&I 보험이나 펀드의 원칙은 선진국의 일반원칙에 해당하므로 우리나라가 이를 변경할 수 없다. 소득을 증명하려면 대체로 국가 조세제도를 이용하는데 국가 조세제도는 국가마다 형편에 따라 좀 다를 수 있다.

미국의 경우 개인별로 사회보장번호(Social Security Number, SSN)가 부여되고 여기에는 평생소득과 세금납부내역 등이 기록된다. SSN이 없는 사람이 노동을 하여 소득이 발생하는 경우에는 세금번호(Tax Number)를 부여하여 개인의 소득 세금관리를 하고 있다. 반면, 우리나라는 면세점[27] 이하의 소득자에 대하여 세금관리를 하지 않고 있다. 그러므로 유류오염사고가 발생하면 면세점 이하의 소득자는 소득증명을 하기 어렵고 손해액을 입증하기 곤란하며 배상금을 받지 못한다. P&I 등은 우리나라 스스로 소득증명이 없는 자에 대하여 국가 재원을 투입하여 배상하는 것에 대해서는 반대하지 않는다. 일례로 건설토목사업을 진행할 때 소득증명이 없는 자에 대해서는 인우보증을 사용하여 배상문제를 처리한다. 즉, 이웃이 "이 사람의 연소득이 3,000만원이다"라고 보증하면 그것을 기준으로 보상금을 지급한다. 동 제도는 악용할 수 있는 소지가 많으므로 문제가 많은 제도이지만 현재 우리나라에서 통용되고 있다. 그런데 이러한 인우보증을 펀드나 P&I는 인정하지 않으므로 국가는 이러한 문제점을 인식하고 준비를 하여야 한다. 따라서 유류오염사고가 발생하였을 때 국가는 국가재원으로 소득증명이 없는 자를 위하여 일정 금액을 손해배상금으로 지급하는 제도를 마련하여야 한다. 상당수의 해안가 주민이 어업권 같은 권리를 가지지 아니한 채 공공수역에서 맨손으로 조개 등을 채취하여 생활을 하고 있다. 이러한 사람들에 대한 손해배상책임을 사고를 야기한 자에 부담시키는 것은 외견상 합리적인 것 같으나 '선주책임제한'의 취지에 반한다. 국가가 의무사항인 소득 세금관리를 하지 않아서 소득증명이 없는 자가 발생했고 사고를 야기한 자가 사전에 보험제도를 통하여 배상준비를 할 수가 없었기 때문이다. 이러한 제도를 신설하는 것은 국가사회 내 갈등관리에 있어 매우 중요하다.

2) 허베이스피리트호 사고의 보험금청구

허베이스피리트호 사고는 인천대교 건설사(10개 회사)가 교량상판 거치공사를 하기 위하여 거제에 있는 삼성크레인운용주식회사의 크레인을 인천으로 오게 하여 상판 거치공사를 하고 이를 다시 거제로 돌려보내게 되었는데 귀환 도중 태안 앞바다에서 정박 중이던 허베이스피리트호를 들이받아 발생한 사고였다. 인천대교 건설사는 녹일식 제3자피해보험을 각각 700억원 한도로 가입하였고, 이 보험은 거제에 있는 크레인을 인천으로 가져오고 인천에서 작업을 한 뒤 거제로 돌아가는 전 부문을 커버하는 것이었다. 그 외에도 교량건설사들은 공사현장과 선박이 충돌하는 것을 방지하기 위하여 예선 2척을 고용하여 교량 안밖에서 대기하면서 선박과 교량이 충돌하지 않도록 조치하였다. 그러므로 허베이스피리트호 사고의 배상재원마련을 위하여 허베이스피리트호가 가입한 보험금을 청구하고 위 인천대교 건설사가 가입한 제3자피해보험의 보험금을 청구했어야 했다. 그런데 위 인천대교 건설사가 가입한 피해보험의 보험금을 청구하지 않았고 시효가 도과하였다.

삼성크레인운용주식회사에게 배상청구를 했으나 배상재원이 부족했고 삼성중공업에 대하여 피해배상을 요구하였으나 재판에서 패소하였다. 그런데 피해배상요구자 등은 삼성전자나 개인주택 앞에서 시위를 하는 등 불편한 활동을 계속하여 결국 삼성중공업으로부터 2,900억원의 지역발전출연금을 받았다. 유류오염 손해배상은 피해규모가 크기 때문에 원인자에 대한 책임추궁보다는 피해자의 손해전보에 중점을 두고 있다. 허베이스피리트호는 돈을 내고 정박지에서 정박하고 있었는데 예인선에 의하여 이끌리던 크레인이 줄이 끊어지면서 선박을 들이 받은 것이다. 허베이스피리트호는 억울하지만 해사제도가 그렇게 되어 있으므로 보험금을 청구하여 지급하는 것으로 종결되었다. 펀드에 배상금청구는 소득증명이 문제가 되었다.

삼성크레인운용주식회사와 같은 소규모회사가 엄청난 피해를 야기할 수 있는 것은 복잡한 현대사회의 특징이기도 하다. 삼성크레인운용주식회사는 법률이 정한 책임보험을 가입하였다. 회사의 책임재산과 보험금을 합한 총손해배상준비금을 초과하는 피해가 발생했을 때 그 초과액을 처리하는 것은 대단히 중요하다. 대체로 정부, 피해자 및 해당 산업계가 각각 그 고통을 분담하여야 한다.

법률로 사업자의 책임을 너무 강화하게 되면 사업자가 책임을 면하려고 여러 가지 수단을 사용한다. 예컨대 주택건설회사가 주택건설을 하고 판매를 한 뒤 하자보수책임을 피하기 위해 파산이나 회사소멸신고를 하거나, 항공기를 동체 · 엔진 · 날개 등 부품으로 판매하고 조립은 다른 소규모 조립사업자가 하도록 한 뒤 항공기사고가 나면 "부품을 팔았으니 책임 없다"고 하고 고속철도사업자나 원자력발전사업자가 업무를 종횡으로 세분하여 아웃소싱하였는데 사고가 발생하면 사고책임자를 밝혀내는데 3년이 소요되게 하여 아무도 처벌할 수 없게 하는 경우가 발생한다.

3) 삼성중공업의 지역발전출연금 2,900억원의 처리

삼성중공업은 손해배상금이 아닌 지역발전출연금으로 2,900억원을 출연하였다. 분명하지는 않지만 이 돈은 허베이스피리트호 사고로 인하여 피해를 본 피해지역의 지역발전을 위하여 삼성중공업이 출연하였다. 이 돈은 수협은행에 예치되어 있는데 아직 사용되지 못하고 있다. 유사사례에서 이러한 돈을 사용하게 되면 사용한 사람은 대체로 횡령배임죄에 저촉되는 경우가 발생한다. 그러므로 이 지역발전출연금을 어떻게 사용할 것인가에 대하여 고민을 많이 하여야 한다. 허베이스피리트호 유류오염 사고로 인하여 직접 피해를 받은 지역은 통상 11개군 지역으로 보고 있는데 사실은 이 부분도 약간의 의심이 있다. 또 기초자치단체를 기준으로 하지 말고 광역자치단체를 기준으로 하자는 의견도 있다. 구성피해지역에 대한 발전기금 배분비율에 대하여 정해진 것이 없다. 그리고 누가 피해지역이나 배분비율을 결정할 것인가에 대하여도 의문점이 있다. 지역발전출연금은 지역발전을 위해 사용해야 하지 배상을 받은 피해자에게 배분하는 것은 곤란하다. 대체로 정부는 중앙단체를 통한 지역발전출연금의 사용을 주장하고 지역주민대표들은 11개 피해지역에서 각각 지역발전출연금 수탁관리기관을 세운 뒤 11개 피해지역에 돈을 나누어 주면 각 수탁관리기관이 지역발전출연금을 운용하자고 주장한다. 출연금 배분에 관하여 충남은 전북과 '8 : 2'비율로 주장하고 있고 전북은 '충남 55% : 전북 45%'를 주장하고 있다.

출연금의 사용과 관련하여 다음과 같은 의견을 제시한다. 먼저 소득증명이 없다는 등의 이유로 손해배상을 받지 못한 피해자가 많으므로 이들로부터 손해배상청구권을 매입한다면 소송 건수를 대폭 감소시킬 수 있다. 매입비를 지역발전출연금에서 사용하면 된다. 이것은 정부 주장을 채택하였을 때 실행가능한 방안이다. 지역주민대표의 주장 중 "11개 피해지역에 돈을 나누어주자"라는 주장은 중앙정부가 책임을 지고 나누어준다는 것을 전제로 하는 것이어서, 실행이 곤란하고 기금운용방식이 추가적으로 정해져야 한다. 여당의원이 준비 중인 '허베이스피리트호 유류오염사고 피해주민의 지원 및 해양환경의 복원 등에 관한 특별법' 개정안은 수탁기관 및 배분비율의 불확실성을 해소하려는 것이다. 유류오염피해지원위원회를 설립하고 지원위원회가 피해지역지원기금을 설치하는 것이다. 그런데 지역발전기금(관리운영)재단을 설립하고 재단이사회를 통하여 운영하는 방안이 더 간략할 것이다.

4) 유류오염사고의 손해배상청구

오염사고의 피해자는 사실상 손해배상을 받기 어렵다. 배상금을 받기까지 상당한 시간이 소요되고 얼마의 시간이 소요될 지 알 수 없을 뿐만 아니라 배상금을 받을 수 있을지 확신할 수도 없다. 당장 생계를 유지하여야 하는데 나중에 배상금이 나온다고 현재의 생활고가 해결되지는 않는다. 손해배상청구를 하려면 변호사비나 피해입증 또는 피해액 산정 등에 소요되는 비용이 먼저 지출된다. 특히 배상청구금액이 소액인 경우에는 청구비용에 비해 받게 되는 손해배상금이 적을 수 있는 문제가 있다. 또한 관계법률이 너무 많고 법률관계가 복잡하여 전문가 역시 청구의 성공을 자신하지 못한다.

그러므로 유류오염사고의 피해자는 배상금을 받기 위한 법률절차를 따르기보다는 과격한 시위를 하거나 의원을 통한 정치적 해법을 모색한다. 주기적인 선거시기를 잘 이용하면 상당히 유효한 청구방법이 된다. 불법어업권이 피해를 본 경우나 면허양식장의 위치, 면적, 품종, 사업자가 다른 경우가 있고, 사실상 어업을 했는데 소득증명이 없고 심지어는 어업을 한 흔적도 없는 경우가 있다. 그러므로 피해자 확정, 피해 여부의 판정, 피해액 산정방식, 피해액 산정 소요시간 등이 모두 불확실하다. 가해자 확정, 배상재원 마련, 상법상 선주책임제한, 외국 법률이나 국제협약의 개입, 청구절차의 복잡성 등이 항상 문제가 된다. 기초적인 확술 연구가 진전되어 있지 아니하므로 공무원 등이 판정기준을 채택하거나 결정하기도 곤란하다. 예컨대 약간의 유분이 있는 물이 일시적으로 양식장에 흘렀을 경우 이 양식동식물이 살아 있어도 이것을 먹거나 판매할 수 있을지 불명확하고 피해판정 역시 곤란하다. 왜냐하면 생물농축문제가 있고 충격과 생물반응 사이에 시차가 있을 수 있기 때문이다.

정부가 현행 법률과 제도를 제공한 것으로 그치지 말고 부작용을 해소하려는 적극적인 노력을 해야 할 것으로 보인다. 특수목적 법인을 설립하여 배상금청구를 대행하거나 거중조정을 하거나 일정 기간의 생계비를 지급하거나 또는 배상금청구 절차를 간략하게 하거나 판정기준 등을 설정하는 제안을 만드는 등의 활동을 하면 좋겠다. 피해자가 배상금을 받는 방법으로 시위를 하는 것보다 법률절차를 이용하는 것이 더 빠르고 유효하도록 해야 할 것이다. 유류오염사고에 따른 손해배상 문제는 장기적으로 소득 및 세금납부와 결부되어야 한다. 모든 국민의 일정 기간 소득과 세금납부를 기록하고 활용하여야 한다. 이것은 선진국가의 책무이기도 하다. 단기적으로는 국가책임으로 인우보증과 유사한 소득증명 방식을 도입하거나 어민표준소득 또는 어민최저소득 등을 산정하고 배상금 산정시 통계적 방식을 응용할 수 있겠다. 기초적인 학술연구가 진흥되어야 하겠다. 이러한 기초적인 학술연구는 공동체를 건설하는 초석과 같은 것인데 실제로는 연구를 위한 재원공급이 거의 없다.

제 8 절 마무리 말

1 사고방지 체제

사고가 발생하는 개연성을 줄이는 방법으로 개념 및 재원, 인력을 운용하여야 한다. 수로업무법, 항로표지법, 선박법, 선박안전법, 선원법, 선박직원법, 해사안전법, 해운법, 국가재정법 등이 각각 소관분야를 규정하고 있다. 그런데 각 법률이 타 법률을 침해하거나 타 법률과 조정되지 않은 분야가 있다.

수로관리 분야에서 가장 큰 문제는 국가의 수로투자가 없다는 점이다. 또 기항지투자가 매우 적다. 정부가 도로투자에는 막대한 예산을 투입하지만 수로투자에 대해서는 아예 예산편성 항목이 없다. 여객선 기항지에 대해서도 지사체가 투자하라고 해서 투자경로가 이상하고 예산편성 항목이 정확하지 않다. 항만 내 수로관리를 항만당국에 넘겼는데 항만당국은 수로투자를 거의 하지 않는다. 등대 등 수로표지를 해상교통당국으로 넘겼는데 명칭을 항로표지로 바꾸었고 연안해역 VTS를 추가하였다. 업무이관 과정에서 수로관리의 문제점이 드러나고 있다. 수로는 토사 이동, 침몰선박, 해저케이블, 파이프라인, 가공선로, 기상 및 해황, 인공구조물, 그물과 로프 및 쓰레기, 교량설치 등에 의하여 제약을 받으므로 적극적으로 위험을 제거하고 돈을 들여 관리하여야 한다.

선박검사는 당초 복원성 검사에서 출발했는데 안전 설비 및 장구 검사, 환경, 위생, 노동, 복지 분야로 확장되었고 외국선박에 대한 연안국 통제가 실시되고 있고 수상 및 수중구조물로 안전검사 기능이 확장되었다. 인력이 부족하고 기준미달 선박이 너무 많다.

사고를 방지하려면 결국 사람을 움직여야 하는데 사람을 관리하는 선원법은 대단히 복잡하다. 선원근로기준과 책임 및 기여도가 분리되는 현상이 보이고 있다. 책임을 지는 사람에 대하여 정당한 보수가 지급되어야 하고 선원근로감독을 강화하여야 한다. 주로 과학기술의 발달에 따라 적정한 선원 자격 및 승무 기준이 변경되고 있으므로 이를 상시적으로 조정하여야 한다. 과거 예부선에 대하여 선장의 자격 등을 상향 조정하려고 했는데 업종을 말살하려 한다는 격렬한 반대 때문에 그 계획은 실패했고 계속해서 사고가 발생했다.

해상교통 부문은 집행체계에서 고장이 났다. 원래 해수부가 정책업무와 일부 집행업무를, 해경이 일부 집행업무를 분장하는 형태이었는데 해수부, 국민안전처가 해상교통 업무를 먼저 분할하고 각각 지방청과 경비안전서를 지휘하여 집행업무를 수행한다. 둘 다 책임을 지면 좋겠지만, 실상은 둘 다 책임을 지지 않으려 하고 결국 정부 전체가 책임을 지게 된다.

해운은 사업자의 이윤동기를 통제하여야 한다. 그런데 해운법의 여러 장치들이 형해화 되었다. 사고만 발생하면 사업자에게 손해배상을 할 수 있는 재원이 없다. 보험제도를 고치고 BIS 감독과 유사한 것을 도입하여야 한다. 또한 사업제도를 안정적으로 유지하여야 한다. 여객선운송시장의 특성(저수익성, 수요의 절박성)을 고려하여 제도를 구축 운영하여야 한다. '사업자의 이윤동기 통제'는 포괄적이고 매우 중요한 사항으로 다른 부분의 부족한 점을 보충할 수 있다. 여객선운항관리공사를 설립하여야 하고 운항관리자의 급여를 국가가 지급해야 한다.

구조는 먼저 승선자 명단을 확보하여야 하고, 구조신호의 수신 또는 해역감시, 내부소통이 중요하다. 구조현장에 숙련된 인원, 적정한 장비, 해양 데이터 등을 가장 빠르게 집중시킬 수 있는가가 문제가 된다. 현행 입출항신고제도를 통한 승선자 파악은 신뢰성이 떨어진다.

전체적으로 수로관리와 해상교통관리를 혼동하고, 해상교통과 항만운영을 혼동(항만 VTS 이관)하며, 선박관리와 해운관리를 혼동(선박공단이 운항관리를 담당)하며, 해상교통과 해운 관리를 혼동(해사안전감독관)하고 있다. 그리고 수로투자의 필요성에 대하여 예산당국을 설득시키지 못하고 있으며 여객선운송시장의 특성을 고려한 제도운용이 잘 되지 않고 있다.

2 사고수습

사고수습 계획이 부족하여 사고수습에 투입되는 시간과 비용을 통제하지 못했고 정부 전체의 협력을 이끌어 내거나 국민, 피해자 등에게 예측가능성을 제시하지 못했다. 사고수습의 경험이나 기술이 누적되거나 전수되지 못하였고 사고가 발생할 때마다 다시 원점에서 출발해야만 했다. 구체적으로 문제를 살펴보면, ① 책임과 권한배분이 명확하지 않아 수습주체 간 갈등이 있었고 그나마 해수부가 빠르게 범대본 체제로 전환했는데, 범대본 체제는 임시조직이라서 재원과 인력동원에 문제가 있었다. 장관에게 사고수습을 위한 인력이나 재원에 관한 권한이 없어서 외상으로 수습을 하였고 수습 조직을 꾸리는데 많은 제약이 있었다. ② 사고수습을 위한 재원 마련은 수습의 중요한 부분인데 다른 부처 등에서 결정을 하였으므로, 사고수습의 정밀성이 떨어지고 국고가 많이 투입되었으며 수습 조치가 해운법이나 선박안전법 등과 간격이 벌어지게 되었다. ③ 피해자의 감정이 극단적으로 분출되었고 관피아 논란, 유병언, 사고수습의 정치화, 언론의 선동성 등이 문제가 되었다. 사고수습을 방해하였으며 특히 사고수습을 위한 입법과정이나 협의 및 절충과정은 사고수습을 결정적으로 방해하였다. ④ 효율적 사고수습을 위한 과학기술, 해양 데이터, 장비, 인력 등이 준비되지 않았고 이것을 결합할 기획 능력이 크게 부족한 것으로 드러났다. 재원, 인력, 시간을 통제할 종합적 사고수습 능력도 매우 부족했다. 국민·언론·피해자·자원봉사자에게 설명해 주거나 필요한 정보를 적시에 제공하는 것도 성공적이지 못했다.

세월호 사고수습 조치 중 시신수습 등에 수습 자원을 다 써버렸고 이로 인해 정부가 기진하여 정작 중요한 재발방지대책을 실행할 여력이 없어 보인다. 국민은 사고 자체를 잊어버리고자 한다. 그래도 정부가 힘을 잘 배분하여 수습 조치를 완주하여야 한다. 수습 조치의 도중에 지쳐 쓰러지는 것은 곤란하다. 세월호 사고의 수습 뿐만 아니라 미래에 발생할지도 모르는 사고 대응을 위해서라도 다음과 같은 조치들이 필요할 것 같다. ① 여객선 운임 및 요금, 보험료 등을 조정하여야 하고 여객선운항관리공사를 설립하고 선박공유제와 보조항로 공영제를 시행하고 해상보험 특약을 개발하고 선주의 책임재산 유지를 감독하여야 한다. ② 제도의 배후에 있는 것에 대한 인식이나 가치체계를 변경하여야 한다. 세월호 사고가 아니어도 국민소득이나 안전의식 등이 높아지고 있으므로 이에 대응하여야 한다. ③ 재발방지대책 팀을 구성하고 시한을 설정하여 임무를 수행하게 한다. 잘못 신설된 제도 등은 우선적으로 제거한다. 재발방지대책을 실행할 때에는 비용부담자와 수익자가 일치되도록 한다. ④ 사고수습 인력을 양성하고 사고수습 지휘체계를 정립하여야 한다. 장관은 재원, 인력, 시간에 관한 권한을 확보하여야 한다. 잠수사 자격제도, 보수기준 등을 정하고 잠수인력을 양성하며 국가 구조능력을 향상시킬 수 있는 조치를 취하여야 한다.

[주]

1) 사고수습 이정표를 제시하려면 재원, 시간, 인력, 기술, 해야 할 일 등이 개략적으로 결정되어야 한다.
2) 예비비를 사용하거나 다른 부처의 예산을 전용하는 것은 시간이 많이 소요될 뿐만 아니라 확실성도 떨어진다. 또한 해수부는 수습업무에 집중하기 때문에 소관 예산의 소진이 느려지므로 불용을 막는 의미도 있다.
3) 사망의제란 사망과 같은 법률효과를 발생시키는 것이다.
4) 행정상 부작위범은 행정상 해야 할 의무가 있음에도 불구하고 행위를 하지 않음으로써 성립하는 범죄이다.
5) 손해배상금을 담보로 사용하고, 이자부분은 국고로 지급하는 것이 바람직할 것 같다.
6) 신규 화물차를 담보로 사용하고 정상이자분과 저리이자분의 차이를 국고로 지급하는 것이 바람직할 것 같다.
7) 다만, "이 행정절차가 재판절차와 부합할 수 있는가?"만이 문제가 될 수 있다. 하지만 신속성이 무엇보다 중요한 경우 이미 행정절차로 법적 절차를 대신한 사례가 있다. 일례로 한국전쟁 때 많은 실종자가 발생했고 호적 등 신분관계를 정리해야 결혼, 상속 등이 가능하였으므로 정부가 명령을 발동하여 실종자신고를 하게 하였고 일정 요건이 되면 사망으로 처리하였다. 그 후에 실종자가 돌아오면 재판절차를 거쳐 복적하게 한 사례가 있다.
8) "해상운송에서 선주들이 서로의 손해를 상호간에 보호하기 위한 보험이다. 통상의 해상보험에서 담보하지 않은 인명이나 여객에 관한 선주의 손해, 선원의 과실에 의해서 발생한 선체 또는 적하품의 손해 등을 보상해 주는 보험으로 간략히 P&I보험이라고도 한다"(두산백과사전: http://terms.naver.com/entry.nhn?docId=1228037&cid=40942&categoryId=31864).
9) 민법은 '잔존근로연수 곱하기 소득'의 형태로 배상금액을 정하기 때문이다.
10) 책임재산이란 사고가 발생하여 손해배상책임을 부담할 경우 이 책임을 이행하기 위한 채무자의 재산이다.
11) 실제로 요구를 들어준 이후 실종자 유족이 해수부와 해경을 비난하는 사례가 확연히 줄었다.
12) 통계적으로 사고발생 후 100일이 경과하면 전체 사고수습 자원량이 급격히 퇴조하게 된다. 시신수습자원이 이탈함에 따라 해수부와 해경은 민간잠수사를 고용하는 등 상업적 방식으로 시신수습 방식을 전환하였다. 그러나 시간이 갈수록 비용이 커져가고 재원확보가 어려워짐에 따라 시신수습활동을 결국 중지하였다.
13) 타절이라는 말은 공사를 중단한다는 의미이며, 시공사의 책임 또는 발주자의 사정 등에 의해 발

생한다.

14) 섬이 없으면 수심이 낮은 곳에 말뚝을 몇 개 박고 말뚝에 의지하여 선박을 붙여 놓고 그 선박에서 침몰선박을 끌어낸다.

15) ILO에서는 매 10년마다 해상근로에 대한 총회를 개최하고 있다.

16) 노정과는 사실 해상노동부에 해당하는 기능을 수행하고 노사정 3자의 시각을 운용하고, 노동원리를 적용하고 있으므로 이것을 없앨 수가 없는 것이었다. 사법경찰관을 겸임하고 있으므로 훈련과 인력양성이 필요한 것이다. 차라리 선원과를 없애서 노정과에 합쳤더라면 세월호 사고 때와 같은 혼란은 없었을 것이다.

17) 당시 침몰해역에는 기타 어선 20척 정도가 있었다.

18) 이와 관련하여 정부와 협상 및 협의하는 피해자 단체의 구성에 관한 가이드라인 같은 것이 있었으면 좋겠다.

19) 차후에는 사고가 났을 때 해운회사에 배상책임 재원이 남아 있도록 하고 유효한 보험청구권이 있도록 하여야 한다. 다른 여객선회사의 경우에도 사고가 났을 때 배상재원이 없게 되는 경우가 있는지 살피고 사전적으로 시정하여야 한다.

20) 사고가 발생했을 때 손해배상재원이 법인재산과 유효한 보험금청구권 형태로 남아 있어야 하는데 없으므로 이를 시정하여야 한다. 공무원 징계, 그 기업에 대한 사후 시정조치, 유사사례에 대한 사전적 시정조치가 필요하다

21) 유병언이 청해진해운에서 돈을 빼먹으면 안 되는데 그렇게 했으므로 이를 시정하여야 한다. 처벌, 환수, 유사사례에 대한 사전적 시정조치가 필요하다

22) 사업자가 반칙으로 돈을 벌려고 하면 망하게 된다. 그런데 망하지 않고 있으므로 시정하여야 한다. 사업자 처벌, 해당사업자에 대한 시정조치, 다른 사업자에 대한 사전적 시정조치가 필요하다.

23) 이를 가능하게 하기 위해서는 검사원의 수를 늘려야 할 뿐만 아니라 검사에 필요한 다양한 제반 기술 및 여건을 마련해야 하므로 비용이 많이 들게 된다.

24) 복원성이란 물위에 떠 있는 선박이 설사 옆으로 기울어졌다고 하더라도 곧 정상상태로 복원하는 성질을 말한다.

25) 조건부승인제도가 있다는 것은 세월호와 같은 복원성 기준을 충족하지 못하는 선박이 상당수 존재한다는 것을 의미한다.

26) 과징금 3천만원을 10억원으로 상향 조정하였다.

27) 면세점은 소득이 수준 이하로 떨어지는 경우 소득세를 납부할 필요가 없어지는 소득수준을 의미한다.

참고문헌

감사원(2014). 「세월호 침몰사고 대응 및 연안여객선 안전관리 · 감독실태 결과 최종발표」. 감사원 보도자료, 2014-10-10.

민변(민주사회를 위한 변호사모임)(2014). 「416 세월호 민변의 기록」. ㈜도서출판 아름다운 사람들.

세월호 기록팀(2016). 「세월호, 그날의 기록」. 진실의 힘.

부록1

에피소드 1(염○섭 청장과 사고수습계획)

염○섭 청장은 서해페리호 사고시 해운항만청장이었다. 50대 후반이었고 교통 분야에 오래 근무를 해서 지식과 경험이 풍부했고 참을성이 많으신 분이었다. 보고를 받거나 결재를 할 때 나를 보시고는 "당신은 너무 직설적이다. 시원시원하기는 한데 다른 사람의 체면도 고려해야 하니 화법이나 태도를 고쳐야 한다"고 주의를 주곤 했다. 서해페리호 사고가 발생한 뒤 얼마 지나지 않아서 염청장이 사표를 냈다는 소문이 돌았다. 나중에는 뵙지 못할 것 같고 청장을 위로할 목적으로 청장실에 들어갔는데 뭐라고 말하기가 곤란하여 그냥 가만히 있었다. 잠을 잘 자지 못하여 얼굴이 부석 부석하여 보였고 좀 부어보였다. 커피를 주시면서 "서해페리호 사고를 수습하기 위하여 수습재원을 먼저 마련해야 하는데 이게 쉽지 않다. 후임청장은 잘 모를 것인데 내가 뭘 좀 해주고 갈 수 있으면 하는데…… 해운국장이 어제 보험사(해운조합 공제담당 곽상무, 동양화재, 자동차보험 등)를 불러 보험금 이야기를 했더니 그들이 '보험약관'에 따라 지급할 수 없다"고 한다. 서해페리회사를 팔아보았자 얼마 안 되고 이것을 어떻게 해야 하나? 참 고민이 많다"라고 말했다. 내가 가만히 듣고 있다가 옛날 생각이 나서 다음과 같이 이야기하였다. "그런데 청장님, 우리 상법을 보면 '선사의 고의 또는 중대한 과실'로 손해가 발생한 경우라도 사람이 죽으면 보험금을 지급해야 한다는 특칙이 있습니다. 그것을 근거로 보험금을 받을 수 있을 것입니다. 제가 대학원 다닐 때 그 상법개정안에 대한 의견서를 다른 교수님께 설명하는 심부름을 한 적이 있습니다.” 염청장이 비서에게 상법을 가져오라고 하고 나에게 상법 그 조항을 찾으라고 해서 그것을 찾아서 보여드렸다. 상법조항은 보험약관을 지배하는 것이므로 보험약관이 “선사의 고의 또는 중대한 과실로 손해가 발생했을 때 보험금을 지급하지 아니 한다”고 규정했더라도 상법조항을 근거로 보험금을 청구할 수 있다. 우리나라의 해상보험약관은 P&I약관을 모델로 해서 사용하는데 이 P&I보험은 영국 상선법에 근거하고 선진국의 보험일반원칙을 채택하였다. 사실은 공정하기는 하다. 그런데 우리 상법은 우리나라의 다음과 같은 특수한 상황을 고려하여 특칙을 규정하였다. “보험사가 보험금을 지급할 때가 되면 여러 가지 트집을 잡아 보험금의 지급을 거절하여 보험금이 절실히 필요한 보험가입자나 국가가 곤란한 상황이 자주 발생했다. 특히 사망손해의 경우 보험가입자의 고통이 너무 심하니까 설사 선사의 ‘고의 또는 중대한 과실’로 인하여 사고가 났다고 하더라도 그것이 사망사고이면 보험금을 지급하도록 규정하였다”고 설명하였다.

“그리고 지금 여러 곳에서 성금모금을 하고 있는데 이를 전부 인수하여 배상재원으로 하면 좋겠습니다. 아마도 내무부장관과 협의하면 해줄 것입니다. 성금을 인수하는 것이 복잡하고 일거리가 많으니까 양○관 과장을 시키는 것이 좋을 겁니다. 선사나 선주로부터 재원을 확보하는 것은 검찰의 도움을 받는 것이 맞는데 그러면 시간이 많이 소요됩니다. 회수금액이 적으니까 우리가 직접 수행하고 필요한 부분에 한하여 검찰 협조를 구하는 것이 좋겠습니다”라고 추가적으로 이야기를 했다. 염청장이 “어이 그런데 사망자 1인당 얼마씩 주면 합의가 이루어질까?”라고 물어서 “그건 귀신도 모릅니다. 이 숫자에 대해 책임을 지지 않습니다. 강제로 말하라고 하시면 1인당 8500만원이면 될 것입니다”라고 했더니 “그러면 총 260억원 정도가 되는데 보험금과 성금, 선사와 선주재산 그리고 집행 잔액을 합하면 얼추 맞아 돌아간다. 시신수습과 선체인양 비용은 우리 예산을 타절하거나 전용해서 마련하면 되고, 재발방지대책은 후임 청장이 알아서 하면 되니까 이것을 기준으로 ‘서해페리호 사고수습 계획’을 작성할 수 있겠다”고 하더니 “당신, 보험금 및 성금문제를 각 한 페이지로 정리하고 이러한 수입지출 계획을 중심으로 해서 ‘서해페리호 사고수습 계획’을 만들어서 12시 55분까지 가지고 와라. 1시에 재경원, 법무부, 내무부, 총리실에 협조를 구하러 가야겠다. 불특정한 사정이 많아서 사고수습 계획을 수립하기 어렵지만 언제 사표가 수리될지 모르는데 그 때면 너무 늦는다. 사고수습 계획이 좀 부정확해도 어쩔 수가 없다. 그래도 그것이 없는 것보다는 훨씬 낫다. 다른 부처에 협조를 구하러 가면서 사고수습 계획이 없으면 좀 그런 것이다. 내일 아침에 보험사를 소집하여 보험금 지급준비를 지시해라. 각 보험사가 금액이 포함된 보험금지급계획서를 제출하도록 시켜라'라고 지시하였다.

'서해페리호 사고수습 계획'은 2시간 만에 만든 것이다. 먼저 사고수습을 위해 해야 할 일을 적고 각각에 대하여 소요비용과 시간을 추정하였다. 그리고 재원(동원)계획을 작성하였는데 금액과 시간을 추정하였다. 해야 할 일에 대하여 각각 책임자를 지정하였다. 세부적인 업무에 대하여 방침을 제시할 수 있는 것은 그 방침을 적시하였으나 나머지는 각 책임자가 알아서 처리하기로 하였다. 각 책임자는 필요한 인력을 각자 확보하여야 했다. 사고수습 계획이 당시에 결정한 주요사항은 다음과 같다. 전국에 실종자 신고를 하게 하고 이를 전국 경찰이 확인한다. 해군에 선체인양 준비지시를 한다. 선체인양비, 시신수습비, 현장을 찾은 장관, 의원, 기자 등이 사용한 여관비, 식사비 등은 토목예산을 타절하여 사용한다. 손해배상은 민법을 적용한다. 해운항만청이 서해페리회사를 대행하여 배상문제를 처리한다. 성금은 회수하여 배상금에 포함하여 지급한다. 배상협의회를 구성한다. 배상협의회에서 결정한 사항에 불복하는 사람을 위하여 민사소송절차를 이용하게 하고 가급적 충돌이 없게 한다. 배상기준액은 민법이 노년층이나 청소년층에 불리하게 규정하였으므로 '단일 배상기준액'으로 제시한다. 금액은 함구한다.

이 사고수습계획은 업무량 계산을 잘못해서 계획시간에 맞출 수 있는 것이 소수이었다. 그래도 해야 할 일과 시한, 책임자를 적어 놓았는데 수습계획의 변경을 불허하였으므로 많은 사람들이 자신의 업무를 준비하기 시작했다.

이 수습계획으로 인하여 서해페리호 사고수습 지휘부가 마음의 평정을 얻었다. 당황해서 어쩔 줄 몰랐던 상황에서 이 계획을 따라가면 사고수습은 될 것이라고 굳게 믿었다. 이 계획은 서해페리호 사고수습 지휘부로 하여금 다른 부처에 협조를 구하거나 부하를 지휘할 때 자신감을 가지고 말할 수 있도록 하였다. 이 계획은 해야 할 일을 모두 적시하였으므로 다른 부처에 협조 요청할 사항이나 부하에 지시할 사항을 추리할 수 있도록 하였고 사전에 조치를 취할 수 있게 하였다. 좀 과장해서 말하면 이 계획은 서해페리호 사고수습의 지휘체계를 확립시켰고 정부 내 협동 작업을 지도하였다.

그날 저녁 늦게 염청장이 불러서 갔더니 "보험금 관련하여 재경부장관과 법무부장관이 도와주겠다고 했고 예산실장이 '약간의 돈이 있는데 이것을 먼저 주고 각 부처의 집행 잔액을 확인하고 모아서 주겠다. 금액은 모르겠다'고 했다. 행자부는 성금을 몰아주기로 했고 총리실에서는 이것을 국무회의 보고안건으로 하자고 하더라"라고 말했다. 염청장의 얼굴색이 많이 밝아졌다. 타이핑된 사고수습 계획을 보고했는데 새로이 진전된 부문별 세부계획을 수습계획 뒤에 추가하는 방식으로 하라고 했고 내일 보험사 소집 건이 잘못되면 지체없이 보고하라고 하였다.

염청장은 얼마 지나지 않아서 퇴임하였다. 사표를 낸 후에는 일이 손에 잡히지 않은 법인데 이 분은 최악의 경우에도 불구하고 마지막 봉사를 하시고 갔다. 아주 짧은 기간에 많은 결정을 하였고 서해페리호 사고수습의 기틀을 마련했다. 서해페리호 사고수습은 사고 발생 후 90일 정도에 대부분 마무리 되었다. 퇴직 후에 중소기업을 경영했는데 적자상태를 흑자로 바꾸어 오랫 동안 현역으로 있었다고 한다. 책임감이 남다른 분이셨다.

부록2

에피소드 2(김○훈, 서해페리호 사고시 군산청장)

김○훈씨는 서해페리호 사고 발생 6일전에 군산청장으로 발령을 받았다. 그는 50대 후반으로 인천지방해운항만청 과장으로 근무하고 있었고 연말에 명예퇴직을 하려고 생각하고 있었다. 부인이 비즈니스를 하고 있어서 퇴직 후에도 경제적으로 걱정할 필요가 없었다. 성격은 매우 온순하고 단정하신 분이며 큰 욕심이 없는 사람이었다. 행동이 조신해서 오랜 공무원 생활 동안 풍파가 거의 없었던 사람이었다. 당시 군산청장이었던 H씨가 술을 좋아하고 취하면 언행이 거칠어지는 습벽이 있었다. 여러 번 정보보고가 올라오고 본청장이 주의를 주어도 잘 교정이 되지 않았으므로 본청장은 H씨를 대인관계가 적은 부서로 이동시키고 군산청장에 조신한 사람을 임명하여 더 이상 정보보고가 올라오지 않도록 하려 하였다. 군산청장 적격자를 물색하다가 김○훈씨를 생각해 내었으므로 전화를 해서 '마지막 공직으로 군산청장으로 가는 게 어떠냐'고 권유하였다. 김○훈씨가 "퇴직계획을 이미 세웠고 준비가 상당히 진행되었으므로 군산청장으로 가지 않겠다"고 답변하였다. 본청장이 다른 사람을 물색하려 해도 적당한 사람이 없었고 참모들이 "김○훈씨를 군산청장으로 임명하면 문제는 틀림없이 없어진다"고 하므로 자주 전화해서 강권하다시피 하였다.

김○훈씨는 3층 건물을 소유하고 3층에서 살았는데 어느 날 비가 왔고 3층에서 미끄러져서 등과 머리를 아래로 해서 계단을 타고 굴러 떨어졌다. 급히 병원으로 실려 갔는데 두 다리가 부러졌고 왼손이 부러졌다. 몸 여러 곳이 긁히고 찢겼다. 그런데 이상한 것은 머리를 다치지 아니하였고 허리나 목도 큰 이상이 없었다. 병원에서 3군데 이상 기브스를 하고 누워 있는데 부인이 매우 놀라서 달려왔다. 남편의 몸을 살피고는 '괜찮냐'고 물어보았는데 대답을 잘 하니까 크게 안심하였다.

부인은 독실한 기독교 신자이었는데 어느 날 기도 중에 "당신에게 큰 위험이 닥친다"는 계시를 들었고 마음이 불안해지고 어지럽게 되었다. 그 후부터 '위험을 피할 수 있게 해 달라'는 간절한 기도를 하였다. 비즈니스는 안정되었고 남편은 3~4개월 후면 퇴직하게 되어 있고, 자녀는 건강하고 아무 문제가 없었으므로 큰 위험이라는 것을 알 수가 없었다. 남편의 사고소식을 듣고 그 사고가 그것인가 보다 하고 불안한 마음에 황급히 왔는데 머리를 다치지 아니하였고 정상적인 대화를 하므로 안심을 했다. 그래도 뭔가 불안한 구석이 있어서 남편에게 '당신 신변에 무슨 일이 있느냐'고 계속해서 물었다. 남편이 '없다'고 대답하다가 "아 그런데 본청장이 나더러 군산청장으로 가라고 했는데 내가 가지 않겠다고"고 한 것이 있다고 하였다. 부인이 "기도 중에 큰 위함이 닥친다고 해서 마음이 불안하여 '위험을 피하게 해 달라'고 간절히 기도를 했다"고 하면서 "당신의 두 다리를 분지르고 팔을 부러뜨린 것과 머리를 다치지 않게 하신 것은 하나님이 내 기도에 응답하시고 본청장의 제의를 거절할 명분을 주신 것이니 절대로 군산청장으로 가겠다는 말을 하지 마라. 본청장의 명령을 도저히 거부할 수 없으면 차라리 오늘이라도 명예퇴직을 신청하는 것이 좋겠다"고 하였다. 남편에게 수십 차례 '안 가겠다'는 약속을 받았다.

며칠 후 본청장으로부터 위로전화가 왔다. 여러 가지 불편한 사항을 물어보고 다정다감한 말로 위로를 하다가 말미에 "내가 어쩔 수가 없으니 당신의 의견에 불구하고 발령을 내겠다"고 하고 "군산에서 병원을 알아보고 봉고차를 빌려서 통원치료하면 된다. 몸 상태가 그러니 업무를 할 수 없으니까 당분간 그것을 양해하겠다"고 하였다. 김○훈씨가 차마 사표를 낼 수가 없어서 군산지방해운항만청장으로 가기로 했다. 병원을 알아보고 봉고차를 빌렸다. 취임식 등은 하지 못했고 군산청을 한번 방문했다. 결재를 할 수도 없었다. 군산에 온지 며칠 만에 서해페리호 사고가 발생하였고 약 300명이 죽었다. 사고 후 얼마 지나지 않아서 본청장이 나를 불러서 갔더니 "군산청장이 극단적인 선택을 할 지 모르니 오늘 밤에 군산에 가서 군산청장 및 그 신변을 자세히 살펴서 극단적인 선택을 할 것인지 아닌지를 판단해서 보고하라. 판단은 100% 정확성을 유지하여야 한다. 그리고 군산청장이 요청하는 사항이 있거든 모두 들어주고 당신이 못하는 것은 나에게 보고하라"고 지시를 하였다. 다음날 군산청장을 만났더니 "300명이나 죽였으니 내가 무슨 얼굴을 들고 다니겠나?" "하나님이 다 알려주고 막아주려고 했는데 이게 이렇게 되었네, 이게 내 운명인가 보다"고 하므로 내가 몹시 불안하여 "청장님이 도덕적으로 비난받을 만한 일을 한 것도 아니고 사고를 막는데 무슨 일을 할 수 있었던 것도 아니지 않습니까?" 라고 말했다. "화장실을 가려면 2명이 나를 들어서 변기에 올려주어야 하는데 창피하기도 하고 엄청 불편하다." "브리핑하거나 설명을 해야 할 때 사람들이 오래 기다려야 하고 나도 굉장히 고통스럽다. 사람이 죽은 것, 뭐 잘못한 것을 계속해서 말해야 되니 참 죽을 맛이다. 사표를 좀 빨리 수리해서 나를 병원으로 돌려보내주었으면 한다"고 하였다. 내가 점점 불안해지므로 화제를 가족으로 돌리려고 하였다. 자녀 이야기를 하니까 김청장의 얼굴이 좀 펴지는 것 같았다. 그 때 부인이 전화를 했는데 "식사는 잘하는가, 어디 아픈 데는 없는가, 화장실은 잘 가는가, 잠은 잘 자는 가" 등을 물어보았다. 그리고 "자녀나 부인이 아빠를 부끄럽게 생각하지 않는다"고 하였고 "지금 인천에서 출발하니 오후에는 군산에 도착할 것이다. 하나님이 당신을 위해서 다른 길을 준비하신 것 같다. 사랑한다"는 말을 하였다. 옆에서 전화통화를 들으면서 안심이 되고 기분이 좋아져서 "청장님은 결혼을 엄청 잘했네, 자녀와 부인이 존경한다는 사람 흔하지 않습니다"라고 말했다. 군산고속터미날에서 본청장에게 전화해서 "이 분은 자살 안합니다. 확실합니다. 소소한 요청사항을 다 들어주었습니다. 그런데 '너무 불편하니 사표를 빨리 수리해 주면 병원에 가서 쉬고 싶어 합니다'"라고 보고하였다.

다음날 본청장이 군산청장의 사표를 수리하려고 하였더니 참모 전원이 반대하였다. "군산청에 총리, 장관, 국회의원, 기자, 유족 등 많은 사람이 방문하는데 김청장이 거북이처럼 기브스를 하고 불편한 몸으로 최선을 다해 설명을 하면 사람들이 좀 봐주는데 멀쩡한 사람이 브리핑을 하면 반쯤 죽을 것입니다. 누가 후임 군산청장으로 가려는 사람이 있습니까? 김청장은 모든 것을 포기한 사람이니까 대답도 분명하고 힘도 있습니다. 군산청장을 비워두면 현장책임자인 신○웅 국장이 군산청장 일을 대행해야 하는데 그러면 사고수습이 불가능해 집니다."

며칠 후 본청장이 불러서 갔더니 "나는 그 사람을 위하여 아무 것도 들어줄 수가 없네, 가장 빠른 방법으로 사표를 수리해 줄 테니 그때까지 좀 참아 달라. 그리고 미안하다"고 전달하라고 했다.

김청장은 얼마 후 퇴직하여 병원에 있다가 회복하여 부인 비즈니스를 도우며 잘 살고 있다. 어느 날 내가 김○훈씨에게 "염청장을 원망하십니까?"고 물어보니까 "그 분은 나를 매우 신뢰하는 사람인데 우리 인생행로는 정말 모르겠다. 원망이고 뭐고 다 잊어버렸다"라고 답하였다.

찾아보기

ㅇ

ㅈ

ㅊ

ㅋ

ㅌ

ㅍ

ㅎ

저자소개

공동성(孔東聲): 현 성균관대학교 행정학과/국정관리대학원 교수. 전 미국 캘리포니아주립대(SJSU) 정치학과 교수(1991~2005). 최근 저서로는 한국 거버넌스 사례연구, 성과관리: 한국제도편 & 외국제도편, Public Governance and Management 등이 있다.

심동현(沈東炫): 현 해양과학기술원 상임감사. 서울대 독문학과, 동 대학원 법학과 석사, 독일 괴팅겐대학 법학부 및 한국해양대 법학박사. 행정고시(26회). 해양수산부 재직(31년)

윤기웅(尹紀雄): 현 국립안동대학교 행정학과 교수. 최근 논문으로는 "재정사업 목표치 달성도에 영향을 미치는 비평가 요인 분석," "문화외교의 성과 및 성과에 영향을 미치는 요인 분석," "The Social Dimensions of Immigration in Korea" 등이 있다

세월호 침몰

-한국 재난 거버넌스의 진단-

펴낸날 제1판 제1쇄 2016년 7월 1일
지은이 공동성 · 심동현 · 윤기웅
펴낸이 임춘환
펴낸곳 도서출판 대영문화사
주소 서울특별시 용산구 청파로 61길 5(청파동 1가) 제일빌딩 2층
등록 1975년 12월 26일 제3-16호
전화 (02)716-3883, (02)714-3062
팩스 (02)703-3839
홈페이지 http://www.dymbook.co.kr

ISBN 978-89-7644-561-2
값 12,000원